高等职业教育"十四五"规划教材

畜牧企业经营与管理

张学伟 主编

中国农业大学出版社
· 北京 ·

内容简介

本教材是根据高等职业教育培养畜牧企业经营与管理人才的需要，本着“够用、实用”的原则，以培养懂经营、会管理的高素质技能型人才为目标，以我国畜牧企业的生产经营实践为基础进行编写。内容包括畜牧企业经营与管理概述、畜牧企业产业结构与合理布局、生态畜牧业与畜牧业现代化、智慧畜牧业、畜牧企业生产管理、畜牧企业合同管理、畜牧市场营销管理等项目。编写时，尤为注重教材的实用性和针对性以及技能的培养，同时力求能反映学科前沿。

本教材由具有丰富实践经验的教师和企业一线工作人员共同精心编写。既可作为高等职业院校畜牧兽医类专业教学用书，也可作为畜牧兽医类行业从业人员继续学习的参考用书。

图书在版编目(CIP)数据

畜牧企业经营与管理 / 张学伟主编. -- 北京 ：中国农业大学出版社，2025. 8.
ISBN 978-7-5655-3461-4

Ⅰ. F326. 35

中国国家版本馆 CIP 数据核字第 20256D0R71 号

书　　名　畜牧企业经营与管理
作　　者　张学伟　主编

策划编辑　康昊婷　　**责任编辑**　康昊婷
封面设计　郑　川　李尘工作室
出版发行　中国农业大学出版社
社　　址　北京市海淀区圆明园西路 2 号　　**邮政编码**　100193
电　　话　发行部 010-62733489，1190　　读者服务部 010-62732336
编辑部 010-62732617，2618　　出　版　部 010-62733440
网　　址　http://www.caupress.cn　　**E-mail** cbsszs@cau.edu.cn
经　　销　新华书店
印　　刷　北京溢漾印刷有限公司
版　　次　2025 年 8 月第 1 版　　2025 年 8 月第 1 次印刷
规　　格　185 mm×260 mm　　16 开本　　13 印张　　321 千字
定　　价　39.00 元

图书如有质量问题本社发行部负责调换

编审人员

主　编　张学伟（徐州生物工程职业技术学院）

副主编　郑怡坦（南阳农业职业学院）

沈鑫健（南阳科技职业学院）

张海涛（徐州生物工程职业技术学院）

参　编　唐式侠（盐城光明生猪有限公司）

唐　剑（盐城光明生猪有限公司）

黄霁晖（江西生物科技职业学院）

主　审　孙　朋（徐州生物工程职业技术学院）

前　言

畜牧业是关系国计民生的重要产业，也是我国农业农村经济发展的重要支柱产业和实施乡村振兴战略的重要抓手。近年来，随着我国畜牧业由传统畜牧业向现代畜牧业的转型升级，养殖主体格局发生了深刻变化，小散养殖场(户)加速退出，我国畜牧业逐渐进入以规模化、集约化养殖为主的新的发展阶段。党的二十大报告指出：要加快构建新发展格局，着力推动高质量发展。加快建设农业强国。随着畜牧业技术发展和网络经济时代的到来，畜牧企业的经营与管理方式也正发生着革命性的变化，这是我国畜牧行业面临的挑战，同时也给畜牧行业带来前所未有的市场机会。客观上要求畜牧业工作者不但要学会和掌握先进的畜牧业科学技术，还要掌握畜牧企业经营与管理有关的基础知识和科学理念等，才能更好地推动我国畜牧业高质量发展的进程。

畜牧企业经营与管理是畜牧兽医类专业学生的专业必修课。为使学生具备从事畜牧业生产所必需的经营与管理的基本知识和技能，本教材立足于畜牧兽医类专业学生的实际需求，以突出应用性、加强实践性、强调针对性、注重灵活性为宗旨，以培养懂经营、会管理的高素质技术技能型人才为目标。在内容组织上按照畜牧企业经营与管理活动所涉及的重要环节及各种要素进行编排，包括畜牧企业经营与管理概述、畜牧企业产业结构与合理布局、生态畜牧业与畜牧业现代化、智慧畜牧业、畜牧企业生产管理、畜牧企业合同管理、畜牧市场营销管理等项目。力求能充分体现学科和畜牧企业经营与管理的新成就和现实需要，以及应用型和创新型人才在知识和技能方面的要求。

本教材由徐州生物工程职业技术学院张学伟担任主编，南阳农业职业学院郑怡坦、南阳科技职业学院沈鑫健、徐州生物工程职业技术学院张海涛担任副主编。具体编写分工如下：张学伟负责编写项目一、项目二、项目四、项目五（任务一、任务三）、项目六、项目七（任务三至任务八）、项目八及附录的部分内容；郑怡坦负责编写项目三；沈鑫健负责编写项目七（任务一、任务二）；唐式侠、唐剑负责编写项目五（任务二）及附录中的部分内容；张海涛、黄霁晖为本教材的编写提出了许多宝贵意见和建议，并提供了资料等，全书由张学伟统稿整理，孙朋审稿。编写过程中，引用了同行、专家的一些资料和文献，并得到了本教材编者所在单位的大力支持，在此一并表示衷心的感谢。

由于编者水平所限，时间仓促，教材中如有疏漏之处，敬请广大读者批评指正。

编　者

2025 年 3 月

目　录

项目一
畜牧企业经营与管理概述

学习目标

1. 了解畜牧企业经营与管理的相关概念。
2. 了解并掌握畜牧业经济的主要特征。
3. 掌握畜牧业的经济形式与主要经营方式。
4. 掌握畜牧业产业化经营组织的主要类型及特点。

项目一思维导图

素质目标

1. 热爱畜牧兽医事业，培养奉献精神和敬业精神。
2. 养成科学的态度和实事求是的作风，并努力提升自身综合素养。

畜牧企业经营与管理项目一课件

学习内容

任务一　畜牧企业经营与管理的相关概念

一、畜牧业的概念及特征

(一)畜牧业的概念

畜牧业是利用畜禽等已经被人类驯化的动物，或者鹿、麝、狐、貂、水獭、鹌鹑等野生动物的生理机能，通过人工饲养、繁殖，使其将牧草和饲料等植物能转变为动物能，以取得肉、蛋、奶、羊毛、山羊绒、皮张、蚕丝和药材等畜牧产品的生产部门。畜牧业的本质是利用动物机体的生命活动，将植物性产品转化为各种动物性产品的生产活动。

(二)畜牧业的特征

1. 现代畜牧业的主要特征

我国畜牧业发展历程

按照畜牧业发展的历程，可将畜牧业划分为传统畜牧业和现代畜牧业。前者通常是依靠农牧民直接的生产生活经验，简单地利用自然条件和畜禽的生理机能进行生产，往往规模较小，缺乏必要的社会分工和生产协作，存在着养殖环境差、畜禽发病率高、养殖效益低下等问题。而在传统畜牧业基础上发展起来的现代畜牧业，则是用现代畜牧兽医科学技术和装备及经营理念武装，基础设施完善，营销体系健全，管理科学，资源节约，环境友好，质量安全，优质生态、高产高效的产业。它以布局区域化、养殖规模化、品种良种化、生产标准化、经营产业化、商品市场化、服务社会化为主要特征。

2. 畜牧业经济的特点

畜牧业经济的根本特点是经济再生产与动物再生产交织在一起。畜牧业与种植业一样，都是以自然生态环境条件为基础的经济再生产过程，它受益于自然，主要通过动物的生理机能将植物能转化为各种动物性产品，又受控于自然，受到自然的制约。从这个角度来说，畜牧业经济表现为以下几个特点：

（1）畜牧业是建立在第一性生产基础之上的第二性生产。第一性生产是指植物生产（饲草料生产），畜禽生产是将饲草料转化为动物性产品的过程，因此属于第二性生产。这一特点说明，发展畜牧业必须高度重视饲草料的生产，应合理利用和保护各种饲料资源，建立稳定的饲草料生产基地，以饲草料的产量确定畜禽的发展规模和速度。

（2）畜牧业生产是畜禽的自然再生产与畜禽产品的再生产二者的密切结合。畜禽的自然再生产，是指每种畜禽均是依靠其特有的新陈代谢机能，通过生长、发育、繁殖等一系列生命活动不断更新其后代的过程。畜禽产品的再生产，是指作为生产资料和消费资料的畜禽，不仅是其本身的自然再生产，同时又具有了产品再生产（又称为经济再生产）的属性，二者总是密切交织在一起，无法分割。这就要求畜牧企业不但要按照畜禽生长繁育的自然规律组织生产经营，还要遵循经济规律进行生产经营，以取得良好的经济效益和生态效益。

（3）畜牧业生产周期长，产品提供具有间歇性，饲养管理具有连续性。畜禽自然生长具有周期性，受动物生长的自然规律限制，畜牧业生产的周期一般较长。例如，商品肉猪的出栏时间一般为6～7个月，6月龄肉牛育肥期多为10～12个月出栏为宜。同时由于动物生理上的原因，其生产在时间上又具有间歇性，如奶牛存在着干乳期、蛋禽有停产期等。但即便在畜禽不提供产品期间，仍需饲养管理，故在管理上具有连续性。

此外，畜禽产品多为鲜活产品，还具有不耐贮藏，容易腐烂变质，不便于运输的特征。以上这些特点，要求畜牧企业在组织畜牧业生产时，既要注意均衡生产，采用科学饲养管理，又要重视畜牧产品的营销工作，走种养加、产供销一体化的经营之路。

二、畜牧企业经营与管理的概念及研究内容

畜牧企业的运营不仅要靠高水平的饲养技术，更重要的是要靠企业整体经营管理水平的提升。畜牧企业管理者经营管理水平的高低，是决定企业能否长远发展的关键。

（一）经营与管理

1. 经营

经营是指企业以市场为对象，有目的地将劳动力和生产资料结合起来，进行商品的生产和交换（或提供劳务）的动态活动过程。从经营的概念可知，经营是对外的，追求从企业外部获取资源和建立影响，经营的目的是以最少的投入获得最佳经济效益，经营好坏的关键是决策。

2. 管理

管理是指企业为了实现预期经营目标，对经营要素的结合与经营过程的运转进行决策、计划、组织、指挥、协调、控制等全部工作的总和。管理是对内的，强调对内部资源的整合和建立秩序，体现在企业的所有经营活动中。管理的目的是着眼于提高生产效率，是实现正确决策的手段。

经营与管理是企业运营的两个主要环节，共同存在于各种经营组织中，二者既有区别，又是紧密联系不可分割的统一体。

(二)畜牧企业经营与管理

畜牧企业经营与管理是指畜牧企业为了达到一定的经营目标，而对其生产、交换、分配、消费等方面的经济活动进行决策、计划、组织、指挥、协调、控制等各项活动的总称。畜牧企业经营管理的目的是取得最大的投入产出效率，即在充分合理地开发利用企业的人力、物力、财力、信息等资源的前提下，生产出尽可能多的符合社会需求的畜牧产品。

(三)畜牧企业经营与管理的研究内容

畜牧企业经营与管理研究的主要内容为畜牧企业在生产经营活动中所涉及的各个环节和各种要素，一般可分为畜牧企业宏观经营管理和畜牧企业微观经营管理两部分。

(1)畜牧企业宏观经营管理是指从国家层面或行业层面对畜牧企业进行的管理和调控。这种管理不仅关注单个企业的运营，更注重整个行业的健康发展和可持续性。

(2)畜牧企业微观经营管理是指畜牧企业正确制订经营目标，科学安排生产计划，有效运用各种生产资源，合理组织生产，制订正确的营销策略和科学的管理制度等。

(四)畜牧企业经营与管理的学习方法

畜牧企业经营与管理是一门集经济管理学、畜牧兽医学、财务管理学、市场营销学等多门学科于一体的交叉学科，具有很强的实践性和应用性。因此，学习本课程应具备一定的经济学、管理学、财务管理、计算机等方面的基本知识和技能，并应注重理论联系实际，密切关注当前国内外畜牧业宏观与微观经济发展动态，及时吸收先进的科学方法和管理经验，努力提升自身分析问题、解决问题的能力。

任务二　畜牧业经济形式与经营方式

一、畜牧业经济形式的概述

经济形式，也称为“生产资料的所有制形式”，解决的是生产资料或企业的资产归谁所有，以及由此所决定的产品归谁占有，成果归谁分配，并由此而引起的一系列社会关系或基本经济制度的概括。

畜牧业经济形式是指在畜牧业生产、交换、分配和消费等经济活动过程中，所采取的各种具体的经营方式和组织形式。它反映了畜牧业经济活动中各方面的经济关系以及资源配置、生产经营决策等的方式。不同的畜牧业经济形式会对畜牧业的发展速度、效率、效益等产生不同影响。

二、我国畜牧业主要经济形式

我国实行的是公有制为主体、多种所有制经济共同发展的基本经济制度。多种所有制共同发展的经济形式，能适应不同生产力水平的要求，有利于充分利用我国各种自然资源和劳动力资源，促进我国畜牧业的快速发展。现阶段，我国畜牧业所采取的具体经济形式主要有以下几种(图 1-1)。

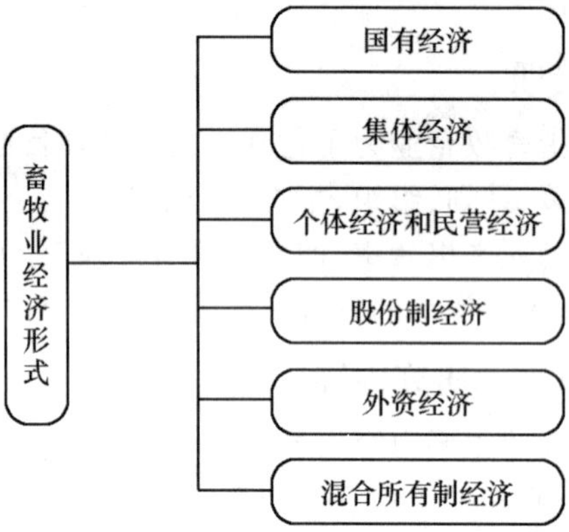

图 1-1　畜牧业经济形式(按照畜牧业资产的所有制分类)

(一)国有经济

国有经济是指由国家出资或由国家控股并由国家直接或者间接管理和经营的畜牧业经济形式，在所有制上属于全民所有制。在我国当前的畜牧业经济形式中，是以国家投资为主兴办的各种种畜、种禽和商品畜禽场及为畜牧业服务的企事业单位，如中粮集团有限公司、光明乳业股份有限公司、中牧实业股份有限公司等。虽然国有经济在畜牧业经济形式中所占比重不大，但国有经济一般具有较强的技术力量和管理人员、雄厚的财力和丰富的生产资料，适于大规模的统一经营，具有较高的劳动生产率和商品率，对我国畜禽品种改良和整个畜牧业的发展起到了积极的推动和促进作用。

目前，该经济形式大部分被改制为股份制经济，但国有股份占比较大，属于国有控股的股份制企业。

(二)集体经济

集体经济主要是指农村、牧区由乡镇、行政村、村民小组等统一经营的集体畜牧业经济。它是我国社会主义公有制畜牧业经济的组成部分，具有如下特点。

(1)生产资料及财产归集体成员所有。

(2)根据市场需求和本集体的生产、生活需要组织生产经营，实行自主经营、自负盈亏、自我发展。

(3)生产经营成果归集体所有，扣除有关税费、提留后，根据按劳分配原则，在集体成员中分配。

(4)民主管理和选举产生领导成员。

(5)饲养的家畜主要是猪，其次是奶牛。

与国有经济形式相比，集体经济通常设备比较落后、生产水平较低、管理不善，经常处于亏损状态。目前，多数集体经济组织都采用了承包制的经营方式或者向股份合作制过渡。

(三)个体经济和民营经济

个体经济是指生产资料全部或部分归劳动者私有，以劳动者个体劳动力为基础，经营所得归个体劳动者自己支配的经济形式。如个体饲养户、个体商贩等。

民营经济是指生产资料私有，以雇佣劳动力为基础，以按资分配为主的经济形式。在所有制上与个体经济相同，属于个体所有。如民营养殖场、民营畜牧公司等。

个体经济和民营经济是市场经济发展的产物，是社会主义经济的重要组成部分，对国民经济的发展和市场经济体制的确立发挥着重要作用。由于其规模小、分散、灵活多样、适应性强，带动了个体畜牧业经济向商品化、专业化的发展，有利于农业剩余劳动力的转移和资源的合理开发利用，为农民劳动致富起到了示范作用，促进了农村经济的发展。

(四)股份制经济

股份制经济是指将分散的社会资金、设备、技术、信息按现实价值折合成股，合股经营，按股分红的一种经济形式。它是一种跨地区、跨部门、跨所有制的新型合作经济。其特点是将人力、财力、物力集中起来，便于扩大生产规模，增强企业经济实力，为参股者带来更多的经济效益。例如，集饲料加工、生猪育种、生猪养殖、屠宰加工为一体的牧原食品股份有限公司，以养鸡业、养猪业为主导兼营食品加工、动物保健品的跨行业、跨地区的广东温氏食品集团股份有限公司等。

(五)外资经济

外资经济，又称为外商投资经济，是指国外投资者和港澳台投资者根据我国有关涉外经济的法律、法规，以合资、合作或者独资的形式在大陆境内开办企业而形成的一种经济类型。包括中外合资经营企业、中外合作经营企业和外资企业三种形式。这种经济形式一般是由我方提供经营场地、劳动力和部分经营资金，由投资者提供技术、设备和主要经营资金，实行合资经营，利润分成。

我国在加入世界贸易组织(WTO)后，人力发展外资经济，吸引外资的规模仅次于美国，位居全球第二。外资已经成为我国经济的重要组成部分，对我国经济的发展具有不可缺少的推动作用。

(六)混合所有制经济

混合所有制经济是指在畜牧企业或经济组织中，同时存在多种所有制混合的经济形式。如国有与集体、国有与个体或民营的混合、国有或集体与外资经济间的混合等形式。混合所有制经济存在于各种形式的合作、联营、股份制等经营形式中。

三、畜牧业经营方式

畜牧业经营方式是指畜牧业在经营活动中采取的具体方式和方法，主要包括以下几种。

(一)家庭经营

所谓畜牧业家庭经营，是指以农牧民家庭为单位独立或相对独立地从事畜牧业生产经营活动的经营形式。畜牧业家庭经营的类型多种多样，目前我国畜牧业家庭经营方式主要有两种：一种是农牧民个体所有制的家庭经营，另一种是国有、集体所有制承包形式的家庭经营。

1. 畜牧业家庭经营的主要类型

根据经营规模、经营方式、畜种选择以及资源条件等因素的不同，可以划分为以下几种主要类型：

(1)传统小规模家庭牧场。传统小规模家庭牧场是最常见的一种畜牧业家庭经营类型。这种类型通常在农村地区，以家庭为单位，利用自家的土地和劳动力，养殖一定数量的家畜，如牛、羊、猪等。经营规模相对较小，主要满足家庭日常消费和少量市场供应。其经营方式较为简单，主要依赖传统养殖经验，在生产条件、养殖技术、品种改良、疫病防治、抵御市场风险等方面的能力较差。同时，由于规模有限，这种类型的家庭牧场在市场竞争中也往往处于弱势地位。

(2)专业化家庭牧场。专业化家庭牧场是在传统小规模家庭牧场基础上发展而来的，更加注重畜种的专业化和养殖技术的现代化。家庭牧场主通常会选择一种或几种具有市场潜力的畜种进行养殖，如奶牛、肉羊、特种野猪等。在养殖过程中，他们会采用先进的养殖技术和管理方法，提高养殖效益和市场竞争力。专业化家庭牧场通常规模较大，有一定的市场竞争力，但也面临着技术更新和市场波动的挑战。

(3)家庭牧场合作社。家庭牧场合作社是由多个家庭牧场组成的联合经营体，旨在通过资源共享、技术合作和市场开拓来提高整体经营效益。合作社成员之间可以互相交流养殖经验、共享市场信息、统一采购和销售等。这种类型的经营模式有助于降低生产成本、提高产品质量和市场竞争力。同时，家庭牧场合作社还能促进农村经济的发展和社会稳定。

(4)家庭养殖与休闲农业结合。随着休闲农业的兴起，越来越多的家庭牧场开始将养殖与休闲农业相结合，发展出一种新型的家庭经营模式。这种类型的家庭牧场不仅提供畜牧产品，还提供观光、体验、娱乐等多种服务。游客可以在这里参观养殖过程、学习养殖知识、品尝农家美食等。这种经营模式既能增加家庭牧场的收入来源，又能满足游客对农耕文化的体验需求，实现经济效益和社会效益的双赢。

(5)家庭牧场与电商平台结合。随着互联网技术的发展，越来越多的家庭牧场开始利用电商平台进行产品销售。通过电商平台，家庭牧场可以将产品直接销售给消费者，减少中间环节，提高利润。同时，电商平台还能帮助家庭牧场扩大市场范围，吸引更多消费者。家庭牧场主可以通过电商平台了解市场需求和消费者反馈，及时调整经营策略。这种经营类型要求家庭牧场主具备一定的电子商务知识和技能，同时也要注意提升产品质量和服务质量。

由上述可知，畜牧业家庭经营的类型多种多样，每种类型都有其特点和优势。从畜牧业家庭经营的整体而言，这种经营方式的优点是成本低、简单易行，但通常存在着经营规模小、饲养技术较为粗放、大多缺乏现代技术装备、农牧民的文化和科技水平及疫病防控能力低，以及商品化程度、对市场适应程度和家庭经营的社会化程度不高等弱点。因此，家庭牧场在选择经营模式时应以市场为导向，根据自身条件、市场需求和资源环境等因素进行综合考虑，选择最适合自己的经营模式，并逐步向现代畜牧业家庭经营过渡，实行专业化和适度规模经营。同时，政府和社会各界也应加强对畜牧业家庭经营的支持和引导，通过不断完善这种制度来推动畜牧业家庭经营的健康发展。

2. 现代畜牧业家庭经营的特征

现代畜牧业家庭经营的特征主要包括以下几个方面：

(1)畜牧业家庭经营的商品化。随着社会分工的发展和社会生产力水平的提高,畜牧业家庭经营必然要由自给自足的自然经济逐渐走向商品化,即从为自己生产转向为社会生产。只有如此,才能打破自给自足的自我封闭状态,促使家庭经营模式走上专业化的道路,从而提高经济效益和增加收入。

(2)畜牧业家庭经营的专业化。畜牧业家庭经营的专业化是指畜牧业家庭经营逐步摆脱小而全的生产结构,由自给自足转变为专门为市场生产某种畜牧产品。家庭经营的专业化不仅有利于提高劳动者劳动熟练程度和技术水平,以及畜牧业机械和畜牧业技术的运用,还有利于畜牧产品的贮藏、加工、包装、运输和销售等。

(3)畜牧业家庭经营的规模化。畜牧业家庭经营的规模化是指通过采用现代化的生产技术,畜牧业家庭经营逐步实行集约化经营,规模逐渐扩大,劳动生产率越来越高。

(4)畜牧业家庭经营的社会化。畜牧业家庭经营的社会化是指畜牧业家庭由孤立的、封闭型的自给性生产转变为分工细密、协作广泛、开放型的社会化畜牧业生产的过程。畜牧业家庭经营的社会化有利于充分发挥分工协作的优势,获取更大的经济效益,同时也有利于使畜牧业家庭在市场竞争的压力下,按照市场的需求进行畜牧产品的生产。

(5)畜牧业家庭经营的企业化。畜牧业家庭经营的企业化是指畜牧业家庭经营由非企业向具有法人资格,并实行企业化经营的转变过程。畜牧业家庭经营的企业化,有利于优化各种生产要素的配置,提高畜牧业生产的经济效益,以实现利润最大化的目标。

(二)统分结合经营

统分结合经营是指将畜牧业集体经营改变为集体统一经营和家庭分散经营相结合的一种经营方式。统一经营是指饲料地和草场在权属上仍归集体所有,由集体统一安排和协调生产计划,统一管理和使用基本建设设施等;分散经营是指将饲料地、草场、生产工具和家畜承包给农户,或将畜禽折价归农户私有经营,实行生产责任制,承包者在合同规定的范围内有生产经营自主权和产品支配权等。农户按合同的规定完成国家税收,向集体上交各种提留之后,其余产品收入归农户所有。统分结合经营方式中的家庭经营已不再是孤立的、个体生产方式,而是被纳入了社会化生产体系。

在我国畜牧业中实行统分结合的双层经营方式,既可以发挥家庭经营调动劳动积极性的作用,又可以发挥集体统一经营规模优势的作用。但这种经营方式目前存在的主要问题是,双层经营体制中集体经济组织"统"的作用发挥得不好,集体经济组织大多只是作为政府部门的一个基层管理单位对广大农牧民进行管理,没能充分发挥出集体经济组织的经济功能,使双层经营体制的两个经营层次不能协调发展。所以,为了弥补集体经济组织经济功能薄弱的缺陷,应积极探索利用各种新型合作经济组织把农牧民联合起来,发挥"统"的经济功能,以适应市场经济的客观要求。

(三)产业化经营

1.产业化经营的概念及基本特征

(1)产业化经营的概念。畜牧业产业化经营是指以国内外市场为导向,以提高经济效益为中心,以龙头企业或农牧业合作组织为纽带,将农牧民与市场联结起来,将畜牧业再生产过程的产前、产中、产后各个环节联结为一个完整的产业系统,实现种养加、贸工牧一体化经营的经营形式。畜牧业产业化的实质,是将养殖企业与市场有机连接,根据市场需求,以畜牧产品为主导，加强生产、加工、销售等环节的衔接，形成市场—中介组织—农户的产业化格局，将产前、产中、产后组成一个完整的产业链，实行共担风险、均享利益的运行机制，使畜牧业纳入自我发展、积累、约束、调节的可持续发展的良性轨道，促进优质、高产、高效畜牧业的发展，加速畜牧业现代化的进程。畜牧业产业化的核心，是形成畜牧产品生产与经营一体化的体系。共同利益是实现一体化的基础，也是发展一体化的根本动力。这种经营方式的产生，是市场经济条件下经济发展的内在需要所发生的诱致性制度变迁，也是经济利益驱动下的产物。具有消除畜牧企业进入市场的体制障碍，形成规模优势，生成新的发展机制，降低交易成本等功能。

(2)产业化经营的基本特征。

①产业一体化。即以市场为导向，通过合理配置资源，产加销一条龙、贸工牧一体化经营，把畜牧业的产前、产中、产后环节有机地结合起来，使各环节参与主体真正形成风险共担、利益均享、同兴衰、共命运的利益共同体。

②专业化。即生产、加工、销售、服务实行专业化，畜牧业产业化经营要求提高劳动生产率、土地生产率、资源利用率以及畜牧产品商品率等，这些只有通过专业化才能实现。

③产品商品化。是指畜牧业产业化经营必须改变传统的小农经济自给自足、自我服务的封闭式状态，要以国内外市场为导向，其产品的购销等要靠市场机制进行配置和实现。

④管理企业化。即用管理企业的办法经营和管理畜牧业，以降低生产成本、提高产品质量，扩大销售范围，实现优质、高产、高效的目标。

⑤服务社会化。是指通过一体化经营，不仅可以利用“龙头”企业资金、技术和管理优势，而且还能组织有关科技、信息、供销等机构，对一体化内各个组成部分提供产前、产中、产后的信息、技术、管理的全程服务，促进各种要素直接、紧密、有效地结合。

2.产业化经营组织的类型

通常可从以下两个角度来划分畜牧业产业化经营组织的类型。

(1)按照产业化组织之间联系的紧密程度划分。

①松散型。即产业链中企业与农牧民的联系较为松散，企业与农牧民经营相互独立，只是在某一时期、某个环节、某个过程实行联合，双方的权利义务往往通过合同予以明确规定。

②半紧密型。即产业链中的龙头组织与农牧民之间有一定的合作关系，一般为企业负责种畜禽、技术、加工、销售，农牧民负责生产管理。企业按照保护价(高于平均生产成本)收购畜牧产品，主要承担市场风险，而农牧民主要承担生产风险。

③紧密型。即产业链中参加联合的各方组成一个经济利益共同体，明确约定各自在共同体中的分工、职责、权利、义务和利益分配，并以一个联合的经营主体参与市场竞争，共同承担经营风险。

(2)按照带动产业链的主要动力来源和生产结构划分。

①龙头企业带动型。即以经济实力较强的企业为龙头，与畜牧产品生产基地和养殖户结成紧密的产、加、销一体化生产体系，如双汇集团。此种类型在外向型畜牧业中较为流行。

②主导产业、特色产品带动型。即从利用当地资源和开发特色畜牧产品入手，逐步扩大经营规模，提高畜牧产品档次，组织产业群、产业链，形成区域性主导畜牧业和拳头畜牧产品，走产业化道路。

③中介组织带动型。是指以养殖专业合作社、技术协会、畜牧兽医站、供销社等实体组织为纽带，通过充分发挥中介组织在信息、资金、技术、销售等方面的优势，带动和引导养殖户发展生产，实现各生产要素的优化组合和资源的合理配置。

④科技实体启动型。是指以科研院所、高等院校及民营企业创办的科技产品开发实体为中心，通过转让科技成果、选派科技人才、实行技术入股等方式，同基地、养殖户建立的集科技、畜牧养殖、产品加工、贸易为一体的产业经营组织。

由上述产业化组织类型演变的具体形式主要有“公司＋农户”“中介组织＋农户”“专业市场＋农户”“公司＋协会＋农户”等。目前，在我国的“公司＋农户”等模式中，公司与农户之间实质上是一种买卖关系，多属于松散型的合作，公司与农户之间并未形成较为紧密的经济利益共同体，甚至还存在经济利益冲突；即使有合作组织的参与，合作组织的作用也没有得到充分地发挥。相比较而言，在先进的“合作社＋公司＋农户”模式中，合作社是公司的所有者，农户是合作社的股东。因此，农户也是公司的所有者，公司经营的好坏与农户的经济利益息息相关，经营期末农户可以享受合作社的分红。公司和农户之间在开拓市场、打造品牌方面存在一种互动力，形成了“品牌—市场—收益—品牌”的良性循环。

3.促进畜牧业产业化发展的措施

(1)因地制宜，确立主导产业，建立主导产业基地。确立和培育主导产业是实施畜牧业产业化经营的战略基础。确立主导产业，就是根据地方资源优势选择市场容量大、效益好的畜牧产品作为开发重点，从而将区域优势转化为产业优势。选择和培育主导产业的有效途径：一是进一步巩固提高原有传统产业，通过增加科技含量，提高竞争能力；二是着眼于发展新技术支柱产业，对那些既有资源优势，又有经济、技术优势的项目应加快发展；三是注意名特珍稀畜牧产品开发，立足创特色。选择和培育主导产业要在对资源和市场全面调查的基础上进行规划，避免趋同和盲目上马。

产业基地是产业化的基础，是龙头企业的依托。只有生产形成一定的规模，方有利于资金投放和技术指导，也有利于给龙头企业和市场提供质优、量大且稳定的货源。所以，要重视建设覆盖面大，辐射力强的产业基地。在基地建设上要注意做到“一稳”“六化”，即在稳定家庭经营的基础上，做到生产规模化、布局区域化、经营集约化、服务系列化、产销合同化、保护法治化。

(2)重点培育“龙头企业”。由于龙头企业既是畜牧业产业化经营的组织者、带动者，也是畜牧科技创新的主体，又是联系农户和国内外市场的纽带，具有开拓市场、深化加工和技术创新的综合功能。所以，龙头企业必须具有开拓市场、深化加工、提供全程服务的综合能力，是发展产业化经营的核心，决定着产业化经营的规模和成效。要按照大(规模大、带动面大)、高(技术水平高、附加值高)、外(外向型)、新(新技术、新产品)、多(多种所有制、多种组织形式)的原则，精心培育龙头企业，并促进其发展壮大。在培育龙头企业过程中，要重视发挥现有大型畜牧产品或饲料加工企业，尤其是外向型创汇企业和民营企业的重要作用。

(3)大力发展畜牧产品加工业。畜牧产品加工业是畜牧业产业化经营的重要环节，是将资源优势转化为效益优势的关键。实施畜牧业产业化的一项重要措施就是大力发展畜牧产品加工业。未来，我国畜牧产品加工业要形成以下 4 个系列：一是食品工业，这是畜牧产品加工业的主导产业，以满足国内外消费者对食物的需求为主要目的；二是纤维工业，随着人们生活水平的提高，对以畜牧产品为原料的丝、毛、皮、羽等轻纺工业品的需求将会大幅度上升，以畜牧产品为原料的加工业将会上升为主导地位；三是医药工业，以畜牧产品加工的副产品（如血、骨、内脏等）为原料生产生物药品，以满足国内外消费者对保健和医疗的需求；四是肥料工业，利用现代化工业技术把畜禽粪便加工成优质的有机肥料，既可以满足农业对肥料的需求，又可以减少环境污染，改善生态环境。

(4)进一步加强销售市场的培育。销售是畜牧业产业化中最为重要的一个环节，直接影响农牧民的经济利益。因此，必须加强销售市场的培育。农牧民应根据市场需求，生产适销产品，参与国内外市场竞争和大循环；大力培育和建设销售市场，增强销售市场的承载能力和辐射能力；努力营造销售市场良好外部环境，为畜牧产品销售创造有利条件；加强流通组织的建设，为畜牧业服务，把产品推向国内外大市场。

(5)增强科技意识，推进科技与畜牧业产业化的紧密融合。科技是推动经济增长的重要因素，因此要进一步增强科技意识，牢固树立科技兴牧的战略思想。在科学技术研究开发上实现突破，加强超前研究，为畜牧业的发展提供先进技术、装备和良种；在农牧民科技培训提高上实现突破，有计划地通过多种形式对农牧民进行科技培训，实行绿色证书制度，提高农牧民的科技水平，增强农牧民学科学、用科学的意识；在科技推广应用上，应突破原有的推广模式，建立科技推广的有效运转体系和农科教有机结合的运行机制，加大常规技术和新技术普及的力度。

(6)提高服务水平，加强配套设施建设，完善服务体系。只有通过建立高质高效的服务体系，才能更好地建立良种繁育体系，开发名、特、优新品种，提高畜禽的生产性能；才能建设和发展饲料工业，初步形成由饲料原料工业、饲料添加剂工业、饲料机械工业、饲料加工工业以及科研、教育、培训、质量监督、检测等构成的饲料工业体系，促进规模化养殖业的迅速发展，提高畜牧业生产的科技水平和经济效益；才能建设畜禽保健体系，保障畜牧业健康发展。

(7)创新运行机制。畜牧业产业化联合与一般的联合不同，其核心是产业化内部合理的利益分配。只有不断创新和不断改进运行机制，产业化内部才能长期合作，共同发展。因而，运行机制创新是畜牧业产业化生产的关键。

(8)加强宏观调控，以政策扶持为关键，改善发展环境。实施畜牧业产业化，必须有政府的宏观调控和相应的政策保障及多方面的扶持。政府要转变职能，搞好服务。将直接用行政手段管理的职能转变为运用价格、税收、信贷、财政等手段进行间接管理的职能，并搞好政策、技术、信息等服务和进行投资补贴的扶持，加大对畜牧业的投入。

4. 畜牧业产业化的意义

畜牧业产业化的意义主要包括以下 6 个方面。

(1)有利于解决小生产与大市场的矛盾。

(2)有利于提高畜牧业的比较效益。

(3)有利于加速畜牧业现代化进程。

(4)有利于加快城乡一体化进程。

(5)有利于促进管理体制的深化改革和政府职能的转变。

(6)有助于畜牧业的科技进步。

综上所述，畜牧业产业化不仅能够提升经济效益，还能带来社会效益和生态效益，对于推动整个社会的可持续发展具有重要意义。

复习思考题

1. 畜牧业的含义是什么？其主要特征有哪些？
2. 目前我国畜牧业经济形式及经营方式有哪些？
3. 什么是畜牧业产业化？畜牧业产业化的核心是什么？
4. 以具体案例说明推进畜牧业产业化的意义。
5. 促进我国畜牧业产业化发展的措施有哪些？

项目二
畜牧业产业结构与合理布局

学习目标

1. 了解畜牧业产业结构的概念及分类。
2. 掌握我国当前畜牧业产业结构的特点。
3. 掌握影响畜牧业产业结构变化的主要因素。
4. 了解畜牧业合理布局的概念、依据及原则。
5. 了解我国优势畜禽产品及特色草食牲畜区域布局规划的有关知识。
6. 掌握我国畜牧业生产区域布局概况，以及不同区域畜牧业布局的优化方向及重点。

项目二思维导图

畜牧企业经营与管理项目二课件

素质目标

1. 提高对我国畜牧业产业布局及结构变化的认识，增强发展现代畜牧业的信心。
2. 能以开阔的视野在理解畜牧业合理布局和产业结构调整政策的基础上，提升创新意识。

学习内容

任务一　畜牧业产业结构概述

一、畜牧业产业结构的概念及分类

(一)畜牧业产业结构的概念

产业结构指的是一个国家或地区的各产业部门及产业部门内部各产业项目之间的构成及其相互关系。某一产业部门或产业项目既与同级的产业部门或产业项目存在着密切的相互关系，同时其内部又存在着不同的产业层次，前者称为外部结构，后者称为内部结构。就畜牧业来说，其外部结构是指畜牧业与种植业、林业、加工业、渔业的相互关系；其内部结构包括畜种结构、品种结构、畜群结构等。

在广义的农业产业中，农（种植业）、林、牧、渔业属于一级产业部门，各产业的构成比例称为一级产业结构。种植业中的粮食作物、油料作物、经济作物、饲料作物等，畜牧业中的牛、马、猪、绵羊、山羊、家禽等，属于二级产业部门，即我们所说的产业项目。畜种的结构，可称为二级产业结构。伴随着产业分工的发展和产业的不断细化，又出现了三级、四级产业结构。

畜牧业产业结构也称为畜牧业生产结构，是指一个国家、地区或一个企业的各种畜禽和各种畜禽内部的组成及其相互之间的比例关系。从狭义上讲，畜牧业产业结构主要是指畜牧业内部的畜种结构、品种结构和畜群结构等。从广义上讲，畜牧业生产结构，是畜牧业生产各要素的构成情况，不仅包括畜牧业内部结构，还包括外部结构（如畜牧业与种植业等其他生产部门的比例结构、饲草结构、所有制结构和经营结构等）和地区结构等（表 2-1）。

表 2-1　畜牧业产业结构

<table>
<tr><td rowspan="6">广义畜牧业产业结构</td><td>内容</td><td colspan="2">内涵</td></tr>
<tr><td>外部结构</td><td colspan="2">畜牧业与种植业、林业、渔业等</td></tr>
<tr><td rowspan="4">内部结构（狭义畜牧业产业结构）</td><td>一级结构（畜类结构）</td><td>如猪、牛、羊、马、驴、骡、鸡、鸭、鹅、兔、蜂等</td></tr>
<tr><td>二级结构（畜种结构）</td><td>如肉牛、奶牛、肉奶兼用牛等</td></tr>
<tr><td>三级结构（品种结构）</td><td>如长白猪、约克夏猪、杜洛克猪、汉普夏猪等</td></tr>
<tr><td>四级结构（畜群结构）</td><td>如基础母畜、种公畜、仔畜、青年畜、育肥畜等</td></tr>
</table>

（二）畜牧产业结构的分类

畜牧业产业结构可从不同角度，按不同标准进行分类。例如，依据产品种类，可将畜禽划分为肉用、奶用、蛋用、毛用等；依据食草与否，可划分为食草畜禽和非食草畜禽等。比较常见的畜牧业产业结构分类是依据畜禽的类别、用途、品种及其畜群进行划分，并分成 4 个层次的畜牧业产业结构。

1. 畜类结构

畜类结构是按家畜的类别进行划分的，可分为猪、牛、羊、马、驴、骡、鸡、鸭、鹅、兔、蜂等。畜类结构决定畜牧业面貌，大致可以反映出一个国家或地区畜牧业生产发展的方向。

2. 畜种结构

畜种结构是依据畜禽主产品的不同，在同一种畜类内部所做的进一步细分。例如，牛可细分为肉牛、奶牛、肉奶兼用牛等；鸡可细分为肉鸡、蛋鸡、肉蛋兼用鸡等。畜种结构是决定畜牧产品结构的重要环节。

3. 品种结构

品种结构是指同一畜种内品质特征显著区别于其他群体的独特畜禽群体。例如，猪可进一步划分为长白、大白、约克夏、杜洛克、汉普夏等；肉牛可进一步细分为荷斯坦、西门塔尔、夏洛来、利木赞等。品种结构对产品率、产品质量、经济效益等有着重要影响。

4. 畜群结构

畜牧结构是依据畜禽的年龄、性别、生产性能和差异化饲养管理的要求等所做的划分。例如，基础母畜、种公畜、仔畜、青年畜、育肥畜等。畜群结构决定了一个畜牧产品生产经营企业的畜牧产品产量及其对饲料、畜舍、人力等方面的需要，因而控制畜群结构是畜牧企业经营管理的重要内容。

二、我国畜牧业产业结构的特点

(一)畜牧业占农林牧渔业总产值的比重仍然较小

我国当前畜牧业产值占农林牧渔业总产值的比重情况，见表 2-2。

表 2-2 畜牧业产值占农林牧渔业总产值的比重

项目	各年份产值及比重						
	2017 年	2018 年	2019 年	2020 年	2021 年	2022 年	2023 年
农林牧渔业总产值/亿元	109 331.7	113 579.5	123 967.9	137 782.2	147 013.4	156 065.9	158 507.2
畜牧业产值/亿元	29 361.2	28 697.4	33 064.4	40 266.7	39 910.8	40 652.4	38 964.6
畜牧业产值所占比重/%	26.9	25.2	26.7	29.2	27.1	26.0	24.6

资料来源：根据《中国统计年鉴》各年数据整理。

从表 2-2 中可以看出，2017—2023 年我国畜牧业产值占农林牧渔总产值的比重不到 30%，与发达国家超过 50%的比重相较而言仍有较大差距。

(二)畜牧产品产量稳步增长，肉产品结构有所改善

我国 2010—2023 年畜牧产品产量及肉产品结构变化情况，见表 2-3、表 2-4。

表 2-3 2010—2023 年全国主要肉类产量及其结构变化

年份	主要肉类产量总计/万 t	猪、牛、羊肉								禽肉	
		合计		猪肉		牛肉		羊肉			
		产量/万 t	比重/%	产量/万 t	比重/%	产量/万 t	比重/%	产量/万 t	比重/%	产量/万 t	比重/%
2010	7 994.6	6 173.5	77.22	5 138.4	83.23	629.1	10.19	406.0	6.58	—	—
2011	8 023.8	6 140.3	76.53	5 131.6	83.57	610.7	9.95	398.0	6.48	—	—
2012	8 471.1	6 462.8	76.29	5 443.5	84.23	614.7	9.51	404.5	6.26	1 823	21.52
2013	8 632.8	6 641.6	76.93	5 618.6	84.60	613.1	9.23	409.9	6.17	1 798	20.83
2014	8 817.9	6 864.2	77.84	5 820.8	84.80	615.7	8.97	427.6	6.23	1 751	19.86
2015	8 749.5	6 702.2	76.60	5 645.4	84.23	616.9	9.20	439.9	6.56	1 826	20.87
2016	8 628.3	6 502.6	75.36	5 425.5	83.44	616.9	9.49	460.3	7.08	1 888	21.88
2017	8 654.4	6 557.5	75.77	5 451.8	83.14	634.6	9.68	471.1	7.18	1 897	21.92

续表 2-3

年份	主要肉类产量总计/万 t	猪、牛、羊肉								禽肉	
		合计		猪肉		牛肉		羊肉		产量/万 t	比重/%
		产量/万 t	比重/%	产量/万 t	比重/%	产量/万 t	比重/%	产量/万 t	比重/%		
2018	8 624.6	6 522.9	75.63	5 403.7	82.84	644.1	9.87	475.1	7.28	1 994	23.12
2019	7 758.8	5 410.1	69.73	4 255.3	78.65	667.3	12.33	487.5	9.01	2 239	28.86
2020	7 748.4	5 278.1	68.12	4 113.3	77.93	672.4	12.74	492.3	9.33	2 361	30.47
2021	8 990.0	6 507.5	72.39	5 295.9	81.38	697.5	10.72	514.1	7.90	2 380	26.47
2022	9 328.4	6 784.2	72.73	5 541.4	81.68	718.3	10.59	524.5	7.73	2 443	26.19
2023	9 748.2	7 078.3	72.61	5 794.3	81.86	752.7	10.63	531.3	7.51	2 563	26.29

资料来源：根据《中国统计年鉴》各年数据整理。

表 2-4　2015—2023 年全国禽蛋、牛奶产量及其结构变化　　万 t

种类	各年份产量								
	2015	2016	2017	2018	2019	2020	2021	2022	2023
禽蛋	3 046.13	3 160.54	3 096.29	3 128.28	3 308.98	3 467.76	3 408.81	3 456.38	3 562.99
牛奶	3 179.83	3 064.03	3 038.62	3 074.56	3 201.24	3 440.14	3 682.70	3 931.63	4 196.65

资料来源：根据《中国统计年鉴》各年数据整理。

我国的畜牧产品主要由肉、蛋、奶和毛构成。从表 2-3、表 2-4 中可以看出，我国畜牧产品产量在稳步增长，2023 年全国主要肉类总产量达到 9 748.2 万 t，禽蛋产量为 3 562.99 万 t，牛奶产量为 4 196.65 万 t；另据国家统计局公布的数据，2024 年，全国猪牛羊禽肉产量为 9 663 万 t，比上年增加 21.7 万 t，增长 0.2%，为 2017—2024 年这 8 年间最高，且连续 2 年突破 9 600 万 t，畜牧产品供给充足，满足了城乡居民对肉、蛋、奶的需求。同时，四大肉类产量的比重也发生了很大变化，猪肉产量占全国肉类总量的比重由 2013 年的 65.08%下降到 2023 年的 60.10%，牛肉产量由占比 7.10%上升至 7.81%，羊肉产量由占比 4.75%上升至 5.50%，禽肉产量由占比 20.83%上升至 26.29%，肉产品结构有所改善。从整体来看，我国的畜类结构仍然以猪肉为主，但随着居民生活水平的提高和饮食观念的改变，牛羊肉和禽肉的消费量呈现不断上升趋势，预示着未来肉类消费结构将更加均衡。

从世界范围来看，我国畜禽肉类产量约占全球总量的 29%。其中，生猪出栏量、鸡蛋产量排名世界第一，肉鸡出栏量排名世界第二。据 2023 年 5 月 21 日中国农业科学院发布的《中国农业产业发展报告 2023》显示，我国蛋禽产业竞争力指数在 108 个国家中排名第 1 位，表明我国蛋禽产业竞争力强且处于世界领先水平；生猪、肉羊和肉禽产业竞争力指数分别在 112 个、108 个、109 个国家中排名第 6 位、第 5 位和第 7 位，表明我国生猪、肉羊和肉禽产业竞争力处于世界相对较强水平；肉牛产业和奶业竞争力指数分别在 124 个、132 个国家中排名第 34 位和第 42 位，表明当前我国肉牛产业和奶业竞争力相对较弱。

(三)畜禽品种结构不断改善，良种覆盖率有不同程度的提高

随着畜牧业科技的进步和一大批科研成果和应用技术在畜牧业生产中的广泛应用，畜禽的品种结构也得到了不断改善，猪、牛、羊和蛋鸡的良种覆盖率有不同程度的提高。在 2025 年

国家畜禽遗传资源品种名录(2024 年版)

2 月 6 日国家畜禽遗传资源委员会发布的《国家畜禽遗传资源品种名录(2024 年版)》中，收录了 1 090 个畜禽品种及配套系，比 2021 年版新增了 142 个品种及配套系，涵盖了传统畜禽和特种畜禽两大类。其中，猪品种及配套系共计收录 147 个，与 2021 年版相比，本次新名录新增 17 个猪品种及配套系；牛品种共计收录 142 个，新增 10 个牛品种；羊品种共收录 200 个，新增 33 个羊品种；鸡品种及配套系共计收录 289 个，新增 49 个鸡品种及配套系；鸭品种及配套系的收录总数达到 66 个，新增 11 个鸭品种及配套系；鹅品种及配套系共收录 43 个，新增 4 个鹅品种及配套系；鸽品种及配套系共收录 13 个，新增 4 个鸽品种及配套系；兔品种及配套系共收录 40 个，新增 5 个兔品种及配套系；马品种收录总数达 60 个，新增 2 个马品种。由此可知，我国在畜禽品种结构、良种覆盖率等方面均有了较大变化。

但常年来，我国在牛、猪、鸡种源方面对外依存度尚较高。例如，从农业农村部公布的数据来看，我国种猪市场目前主要被进口猪占领，规模化养猪场 80%以上种猪为进口品种。据国家核心育种场年度遗传评估报告统计数据显示，2020 年，我国生猪国外引种量高达 2.58 万头(图 2-1)。

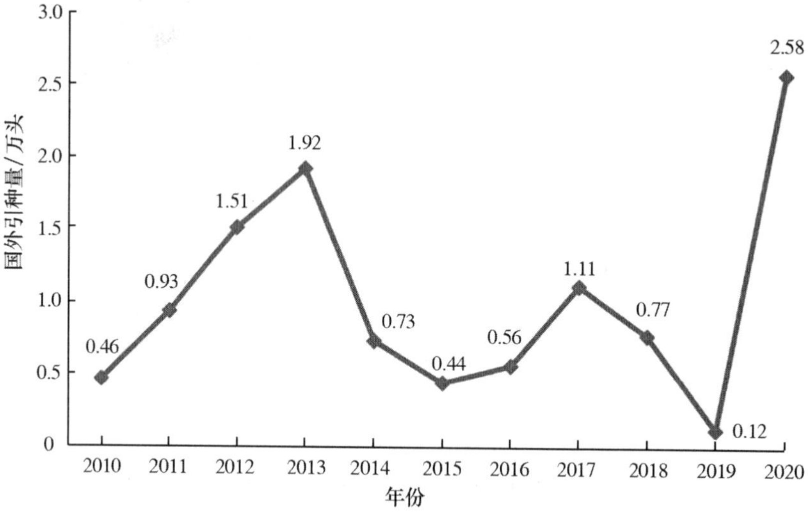

图 2-1 我国近 10 年生猪国外引种量变化

(资料来源：国家核心育种场年度遗传评估报告)

近年来，新一轮《全国遗传改良计划》和国家对种业企业扶持政策的发布，将会进一步推进我国畜牧种业的创新发展，并为行业内国内头部企业的发展营造良好的空间。

(四)畜牧业生产结构高耗低效，资源利用率低，猪的比重过大

各类畜禽对饲料主要营养物质转化率的高低顺序为：奶牛、蛋鸡、肉鸡、肉牛、肉猪。但从我国 2010—2023 年主要肉类产量及其构成变化看，我国现有畜牧产品产量结构与饲料转化率呈"倒金字塔"形，即转化率高产品的产量低，转化率低的产品产量高，由此构成了我国畜牧业生产高耗低效的内耗结构，资源优势得不到充分发挥，畜牧产品供给受到了严重牵制，亟待调整。

长期以来，我国养猪生产发展速度一直快于牛、羊等大小草食畜生产发展速度。在消费结

构由数量型向质量、数量并重型转变的情况下，现阶段我国畜牧业生产以猪为主的结构与消费需求不符。与此同时，我国是个饲料资源短缺的国家，猪的比重过大还将加剧饲料供应的紧张局面，也与我国饲料生产供应现状很不协调。此外，现有猪的畜种结构、品种结构也存在不合理的状况，主要是瘦肉型猪所占比例过低、良种猪比例也不高；产品结构上高端产品和特色产品生产跟不上市场需求，功能结构上生产强生态弱。针对我国畜牧业生产结构仍然不平衡的问题，农业农村部提出了一系列重构新型种养关系、支持畜牧业差异化和特色化发展等政策要求，并开展马、驴、兔、蜂、奶山羊等特色产业的发展研究，制定了马、蜂产业发展规划及蜜蜂遗传改良等计划，在一定程度上改善了“一猪独大”的畜牧业结构。

三、影响畜牧业产业结构变化的因素

畜牧业产业结构不是一成不变的，随着条件的改变，畜牧业产业结构正处于不断变化之中。影响畜牧业产业结构变化的因素有很多，包括自然资源条件（如耕地、草地等），社会经济发展水平，人口的变化，交通、通信、运输等基础设施条件，饲料、加工、防疫等相关产业的发展水平，历史上已经形成的产业结构及其特点，科学技术的发展和应用情况，政府的产业和贸易政策等。上述因素的变化，都会在不同程度上引起对畜牧业产业结构调整的要求，并且这些要求将综合地通过市场供求状况反映出来。因此，影响畜牧业产业结构的因素大致可以归纳为以下几个方面。

（一）生产力发展水平

不同的畜牧业产业结构是一定时期生产力水平提高到不同程度的产物。人类的历史发展表明，生产力的发展进程通常会决定产业结构的发展进程。在较低的生产力水平下，产业规模较小、产量低、自给自足是其最明显的特征。而生产力发展水平高的国家或地区，由于科学技术进步和文化经济的发展，能够较合理地利用本国或本地区的自然资源，扬长避短，形成较合理的产业结构与布局。另外，随着科学技术的发展，还可能使原来不能饲养或饲养不利的野生动物和外地畜禽转变为适宜饲养的动物，从而改变畜类的结构。由此可见，生产力发展水平往往对畜牧业产业结构的形成和变化起决定作用，畜牧业科学技术的推广与应用是畜牧业可持续快速发展的强大推动力。

（二）自然资源条件

畜牧业生产是建立在第一性生产基础之上的第二性生产，对自然环境有很大的依赖性。不同的动植物要求与之相适应的自然条件，如光照、温度、水分、土壤、地貌等，就会在此基础上形成农牧业不同的地域分工。可以说，有什么样的自然资源条件，就会形成与之相适应的畜牧业产业结构。如青藏高寒草原只有牦牛和藏羊才能适应。再如在农区，具有大量的劳动力资源和丰富的农产品，就会形成以发展养猪和养禽为主的畜牧业产业结构；而在牧区，有丰富的草场资源，就会形成以发展草食家畜（牛、羊）为主的畜牧业产业结构。因此，自然资源条件对畜牧业产业结构的形成和变化有重大的影响作用。

（三）畜牧产品市场需求变化

畜牧产品需求变化是促进畜牧业发展与畜牧业产业结构变化的重要因素。畜牧产品市场的需求变化不仅会影响畜类结构和畜种结构，甚至会引起品种结构和畜群结构变化。例如，我国奶牛业、肉牛业和肉鸡业的产生和发展就源于牛奶、牛肉和鸡肉市场需求的推动。

导致畜牧产品需求变化的主要是人口增长、食物构成及购买力或消费水平等因素。人口增长只是影响畜牧产品产量增长的原因之一，不同国家或地区在人口数量、消费习惯、传统文化、饮食习惯等方面存在着差异性，导致对于畜牧产品的需求也不同。这种需求差异不仅会影响畜类结构和畜种结构，也在很大程度上会影响品种结构和畜群结构的变化。例如，猪肉产量在我国畜类产品总量中始终占有较大比重，就是受传统饮食习惯的影响。而购买力或消费水平的提高对畜牧业产业结构的影响与经济发展水平相关。当经济发展处于较低水平时，人们购买力或消费水平的提高主要影响畜牧产品需求总量的变化，但对畜牧业产业结构的影响较小；当经济发展处于较高水平时，人们购买力或消费水平的提高，则不仅会导致畜牧产品需求总量的增加，而且会导致畜牧业产业结构的变化。也就是说，经济发展水平越低，需求变化对畜牧产品数量增长的影响越大，对畜牧业产业结构变化的影响越小；经济发展水平越高，需求变化对畜牧产品数量增长的影响越小，对畜牧业产业结构变化的影响越大。主要原因在于，随着生活水平的不断提高，人们对肉类产品消费不但要求种类多样化，而且对品质及安全方面的要求会越来越高，选择性会更强，由此将会主要影响畜牧业产业结构。例如，人们对猪肉的消费从喜肥厌瘦转向喜瘦厌肥，就使猪的品种结构从脂肪型转为脂肉兼顾型，以至于进一步向瘦肉型转化。这些因素均会直接影响一个国家或地区畜牧业产业结构的形成和发展。

此外，影响畜牧产品需求变化的因素还包括畜牧产品替代品的变化、文化教育水平的提高、消费时尚的改变以及进出口状况的改变等。所有这些因素的变化都可能导致畜牧产品需求结构的变化，从而引起畜牧业产业结构的变化。

（四）政府的经济政策

一个国家或地区所采取的价格政策、扶持政策、税收政策、信贷政策、财政政策等经济政策，对畜牧业生产起着重要的促进或制约作用。例如，价格、税收、信贷等经济杠杆的运用，对畜牧业产业结构的调整有显著作用。

除上述外，经济效益及各种畜禽间的关系也会影响畜牧业产业结构的变化。例如，蛋鸡的发展可以间接促进肉用鸡的增产。因为在蛋鸡养殖中会有部分蛋鸡被淘汰，这些被淘汰的蛋鸡也是肉用鸡的重要来源。至于经济效益好坏，毋庸置疑是畜牧产业结构调整及从事畜牧业生产过程中的重要考量因素。

综上所述，一个国家或地区某种畜牧业产业结构固然与自然资源条件、畜牧产品市场需求变化和政府的经济政策等有着密切的联系，但均非决定性因素。畜牧业产业结构的合理与否，主要取决于生产力发展水平这个核心因素。

四、合理的产业结构标准

合理的产业结构通常是指能够根据地区条件，发挥地区优势，使畜牧业产业结构不断升级、优化。畜牧业产业结构是否合理是一个相对和发展的概念，衡量的标准主要看畜牧业产业结构的状况是否与客观实际的要求相适应。建立合理的畜牧业产业结构，必须从各个国家或地区的具体实际情况出发，因地、因时制宜，使一个国家或地区的畜牧业资源得到合理的配置，从而促进畜牧业产业效益和水平的提高。通常认为合理的畜牧业产业结构应符合以下标准：

（一）统筹兼顾

畜牧业产业结构调整不仅应放在国民经济结构调整的大框架中予以考虑和规划，而且必须对畜牧业产业的各个环节进行统筹考虑，与实施畜牧业产业化经营相结合。此外，还要与乡村振兴建设以及城市化发展相协调。

（二）以市场为导向

市场需求总是处于不断变化中，消费者需求层次和消费结构的升级，使得畜牧产品的生产必须要面向市场，及时调整生产结构，以适应市场需求的变化。

（三）以科技进步为依托

畜牧业产业结构的调整和优化，目的是要发展优质、高效和高产的畜牧业，而这些必须依靠科技进步才能实现。要充分发挥和挖掘科学研究和技术推广部门的潜力，加强畜牧业科学研究和实用技术的推广工作，尤其应重视优良品种、节本增效和畜牧产品加工与贮藏技术的研究和推广。

（四）充分发挥地区比较优势

充分发挥地区比较优势是市场经济条件下配置畜牧业资源的一项基本原则。无论全国还是各地区，畜牧业产业结构的调整都要坚持因地制宜，充分发挥全国和每个地区的自然资源、经济、社会、技术、市场、区位等方面的比较优势，发展具有地区优势的畜牧产品，逐步形成主导产品和支柱产业，提高畜牧产品在国内外市场的竞争力，以获得较多的比较利益。

（五）实施可持续发展战略

畜牧业产业结构调整必须坚持把调整结构与改善生态环境、实现畜牧业可持续发展结合起来，处理好畜牧业产业与改善生态环境的关系，努力实现经济、社会和生态效益的统一。

五、　我国畜牧业产业结构调整的主要目标及措施

（一）我国畜牧业产业结构调整的主要目标

畜牧业产业结构调整是一项系统工程，既涉及产品、行业和区域发展，又关联着各种利益。根据我国人多地少、非粮食饲料资源丰富的国情，畜牧业产业结构调整的主要目标应是：大力发展耗粮少、转化率高的畜禽产品生产，特别是增加秸秆和草料转化率高的牛、羊、兔、鹅等品种，大幅度提高草食性动物的畜牧产品产量，适应国内外市场消费特点和需求变化；稳定发展传统的大宗畜牧产品，加快品种改良速度，提高优质产品所占比重。在畜牧业产业结构调整中，要走市场化道路，坚持以质量、效益为中心，并实施可持续发展战略。

（二）畜牧业产业结构调整的主要措施

要建立合理的畜牧业产业结构，具体措施主要有以下几点。

1. 积极稳步地调整畜牧业和种植业的结构

种植业和畜牧业是整个农业产业中的两个基本部门，也是农业产业循环中的两个主要环

节，二者之间存在着相互依存、相互促进和相互制约的密切关系。

首先，要调整农牧业产业结构，应注意提高人们的思想认识，克服人们长期存在的重农轻牧的思想偏见，改变农业即粮食的传统观念，把种植业与畜牧业摆在同等的位置上，从而提高调整农牧业结构的自觉性。其次，要调整种植业内部结构，正确解决粮食生产和畜牧业生产的关系，种植业应逐步向“粮食作物—经济作物—饲料作物”三元结构方向发展。最后，调整畜牧业产业结构，必须从实际出发因地制宜，而且要特别注意市场需求的变化及其对价格的影响，以取得较好的经济效益。

2. 建立与我国饲料资源和社会需求相适应的畜种结构

畜种结构受生产力和生产关系的双重影响，是一定历史条件下的产物。影响畜种结构的原因是多方面的，除人为因素外，饲料是主导因素。因为有什么样的饲料才能养什么样的畜禽，有多少饲料才能养多少畜禽，但饲料也有其通用性，同种饲料也可以养不同畜禽；畜牧产品的价格结构和饲料的价格结构直接影响所养畜禽的经济效益，从而也会影响或制约畜种结构。国内外市场消费需求的变化和国家采取的相应政策，对畜种结构的变化发挥着重要作用。畜禽间互补和互相利用副产品，也是影响畜种结构的因素之一。

根据我国的饲料资源特点，合理调整畜种结构应主要考虑以下几个方面。

(1)必须根据经济社会发展对畜牧产品需求的变化，合理安排各种畜禽和畜牧产品生产。

(2)充分发挥各地自然资源优势，趋利避害，扬长避短，以较少的消耗获得最好的经济效益。

(3)充分发挥市场机制在资源配置中的基础作用，使我国的畜种结构既适应资源特点，又符合市场的客观需求。

(4)大力发展饲料工业，优先发展饲料添加剂，提高配合饲料入户率。

3. 选育和改良畜禽品种，有计划地调整畜禽品种结构

优良品种是保障畜牧业高产、优质、高效的重要手段。优良品种的畜禽同低劣品种的畜禽相比，所消耗的饲料和劳动相差不大，但生产的畜牧产品产量却相差很大，而且一般产品质量也会有所提高。因此，积极选育和改良畜禽品种，有计划地调整品种结构，是提高畜牧产品产量和质量的重要途径。

4. 合理调整畜群结构

畜群是畜牧业再生产和扩大再生产的主要基础，各个畜组在整个畜群中具有不同的地位和作用或处于不同的生长发育阶段。因此，它们在畜群中所占的比重不同，不仅影响提供畜牧产品的数量和质量，且会直接影响畜牧业发展速度和企业的经济效益。

5. 根据市场需求及其变化趋势逐步调整畜牧产品结构

畜牧产品结构是畜种结构、品种结构、畜群结构的集中反映和表现，有怎样的畜牧业产业结构就会有怎样的畜牧产品结构。畜牧业为人类生产的动物性食品和原料以及它们之间的构成是畜牧产品结构的重要内容。畜牧产品结构的另一种含义是指不同畜牧产品在畜牧产品总量中的构成，它反映了各种畜牧产品在畜牧业经济中的地位、作用及其相互关系。调整我国畜牧产品结构，应从我国国情出发，根据市场需求及其变化趋势，科学地确定发展目标。同时，根据市场需求和我国的资源状况确定我国各种畜禽及畜牧产品的发展方向和目标。

任务二　畜牧业生产的合理布局

一、畜牧业合理布局的概念

畜牧业布局是指畜牧业生产的地域分布，又称为畜牧业生产布局或畜牧业生产配置。从实质上而言，是指畜牧业生产在一个国家或地区范围内的空间分布与组合。我国地域广阔，地域差异明显，合理的畜牧业布局能充分利用各地区特有的自然条件、社会经济条件和技术条件，尽可能多地发展对本地区最有利的部门，并各自做到扬长避短、因地制宜地充分发挥其生产潜力，力求用最少的人力、物力、财力获得最大的经济效益。

因此，畜牧业合理布局的内容包括两个方面：一方面是合理确定不同地区畜牧业发展方向、牲畜结构和比例；另一方面是按畜牧业生产合理的地域分工，科学确定每一地区畜牧业生产专业化方向，建设各种畜禽及其产品的商品化生产基地。

二、畜牧业合理布局的依据及原则

（一）畜牧业合理布局的依据

由于我国地域广阔，地域差异明显，而畜牧业合理布局的目的就是充分合理利用各地区的资源优势和区域优势，实现生产要素的优化配置。畜牧业合理布局的依据主要有以下几个方面：

1. 自然条件

畜牧业生产是自然再生产和经济再生产相互交织、相互作用的过程，这一特点决定了自然条件对畜牧业生产有重要的影响，甚至会影响畜禽品种的地理分布。例如，蒙新高原干旱区具有气候寒冷、干旱少雨、温差大、日照充足、蒸发强的特点，与此相适应，草场的类型多样，比较适宜饲养绵羊、山羊、牛、马、骆驼等畜种。

2. 社会经济条件

社会经济条件包括畜牧产品贸易和加工条件、交通和运输条件、市场供求与价格、已有的生产水平等。这些因素的影响力有时会超过自然条件的作用。例如，交通运输条件的发展和改善，会增加运输量、缩短运输时间，从而扩大畜牧产品的销售范围，使畜牧业布局更加合理。

3. 技术条件

技术条件包括畜牧业生产过程中使用的生产工具、饲养技术、生产技能及其技术熟练程度等。技术条件对畜牧业布局的影响有其独特的特点，它主要通过技术条件的变化来加强或者减弱自然条件和社会经济条件对畜牧业布局的影响，从而改变畜牧业布局。例如，东北地区由于冬季气候寒冷，一年养猪半年长肉，虽然饲料成本优势明显，但本地消费猪肉仍需外地调入。近年来，随着养猪设施的改进和育肥方法的更新，不仅大大缩短了饲养周期，降低了饲养成本，促进了养猪业的进一步发展，还出现了许多瘦肉型猪饲养基地。随着现代畜牧业越来越朝向科技化、多功能化的方向发展，畜牧技术条件对现代畜牧业的发展有着至关重要的意义，也是在进行畜牧业合理布局时的重要参考依据。

(二)畜牧业合理布局应遵循的主要原则

依据生产布局的一般原则,结合畜牧业特点,畜牧业合理布局应遵循以下主要原则。

1. 充分考虑并适当安排各地区的自然资源,发挥地区自然优势,注意维护生态平衡

一方面畜牧业对自然条件和自然环境有很强的依赖性和选择性,畜牧业布局必须符合生态适宜性;另一方面,我国的自然条件和自然资源复杂多样,同种畜禽在不同地区饲养,经济效益区别很大,必须充分利用各地自然资源的优势,扬长避短,将畜禽安排在最适宜饲养的地区,以发挥本地优势。同时,又因为自然条件是可以改造的,所以安排畜牧业合理布局时,要能适应自然环境,充分合理地利用各地的自然条件,也要考虑随着科学技术发展使人类控制与改造自然能力的增强,有可能对局部自然条件进行改造或培育出新品种,使其适合畜牧业生产的实际需要。但应注意的是,无论是利用、适应还是改造,都要建立在维护生态平衡、保障可持续发展的基础之上。

2. 充分考虑并适当安排各地区的社会经济条件

主要目的在于保证那些投资效率高、见效快的地区或畜牧业基地优先发展,从而带动全国畜牧业的发展。同时,根据自然经济条件,有计划地扶持经济不发达的山区、牧区建立新的畜牧业基地,使地区间的畜牧业生产布局逐步趋向合理。

3. 因地制宜,适当集中,实行地区专业化与综合发展相结合

所谓地区专业化,是指充分利用各地区的自然资源优势和社会经济条件的特长,优先建立投资效果好、见效快的各种畜牧产品商品基地。专业化的益处是有利于提高生产技术水平和产品质量,有利于加强国家的宏观调控和支持措施,有利于提高劳动生产率,增加畜牧产品产量,提高畜牧产品的商品率,也有利于组织物资供应和畜牧产品销售。

所谓综合发展,就是要在实行地区专业化的同时,实行多种经营综合发展,防止过分集中而造成的片面专业化。因为每个地区发展畜牧业的资源都是多种多样的,单一发展某种畜禽不能充分合理利用各种资源,市场风险也相对较大,而且往往一种牲畜的发展需要其他一些畜禽的配合才能更好地发展。例如,一些适宜饲养绵羊的牧区,往往需要配合适当数量的牛,这样牛群先采食较高的牧草后,既不影响羊群利用,并且可以利用牛奶给羔羊补喂。同时,畜牧业生产本身也不能孤立存在,需要农林牧结合以及牧工商综合发展。综合经营不仅有利于资源综合利用,且可以调节季节供求差异,提高市场应变能力,减少经营风险,也有利于满足本地区多种多样的生产和生活需要。

4. 合理组织和管理畜牧业生产,使生产前与生产后的全过程密切配合

遵循便于畜牧业生产全过程合理组织与管理的原则,不仅要使畜牧业布局与工业化和城市化发展等相适应,而且要注意使其他相关产业(如饲料工业、屠宰加工业等)布局适应畜牧业布局的要求。例如,发展奶牛、肉牛饲养,不仅要考虑奶牛和肉牛的生产环节,也要考虑生产前各种饲料的生产与加工,以及生产后鲜奶收购、加工、贮藏、运输等环节的配套。

三、我国畜牧业生产区域布局概况

我国地域辽阔,各地的经济因素、自然因素、技术因素以及历史发展和民族习惯的不同,导致各地畜牧业的发展途径也不一样,使得各地畜牧业的畜种分布、畜种类型、畜牧产品数量质

量、畜牧产品生产水平都表现出极大的不平衡性。按照畜牧业生产的饲料来源、经营方式、畜群构成等特点及其在地方经济中的地位，我国畜牧业生产可分为牧区、农区、半农半牧区、城郊牧业区 4 大类。

（一）牧区

我国牧区面积约占国土面积的 37%，主要包括内蒙古、新疆、青海、西藏、四川、甘肃、宁夏的部分地区，是我国目前最主要的畜牧业基地。牧区的经济主体是畜牧业，畜群构成以马、牛、羊、骆驼为主，经营方式一般为放牧饲养。这些地区天然草原辽阔，草场类型繁多，含有丰富的营养物质，发展畜牧业的条件得天独厚。饲草、饲料以天然牧草为主，大群放牧是牧区畜牧业的特色。其中绵羊和马占全国的 60%，骆驼总头数占全国的 87.1%，人均占有牲畜头数较多，每年能供应大量的牲畜和畜牧产品。优良品种主要有宁夏滩羊、新疆细毛羊、西藏和青海的藏羊、内蒙古的"三河牛"和"三河马"、新疆的"伊犁马"、青海的"大通马"等。此外，本区还有被称为"寒漠之舟"的牦牛和被称为"沙漠之舟"的骆驼，均为牧区重要的特色产物。

依据牧区畜禽生态环境与畜牧业生产条件和布局等特点，可进一步划分为蒙新高原干旱牧区（该区位于我国西部和北部边境，包括内蒙古北部、南部和新疆的全部以及甘肃的部分地区）、青藏高原高寒牧区（该区位于我国西南边境，包括西藏全部、青海大部分地区，四川的甘孜、阿坝地区，云南西北部的迪庆以及甘肃南部的甘南等藏族自治州）等类型。

（二）农区

农区是指我国除牧区、半农半牧区外的以农作物栽培为主的地区，分布于我国以耕作业为主，尤其以东北、华北、长江中下游平原、四川盆地和珠江三角洲最为集中的广大地区。面积占国土的 48%，耕地占全国的 92.3%，牲畜总头数占全国的 77.9%，大大超过牧区。

农区畜牧业是在农业发展的基础上发展起来的，其特点是：以耗粮型畜牧业为主，家畜种类主要是消耗粮食较多的猪、家禽和山羊等。在饲养方式上以舍饲为主，饲料费用占比较高，是我国畜牧产品的主要来源地。

（三）半农半牧区

半农半牧区又称为农牧交错区，是指农业区和牧业区的交错地带或过渡地带。我国的半农半牧区并无明显的界线，其形成受到自然条件，尤其是降水和干湿状况的显著影响。以降水量而论，分布在 400 mm 等降水量线的两侧，而 400 mm 等降水量线也是我国半湿润区与半干旱区的分界线。其走向大致为北起大兴安岭东麓，沿西辽河中上游、阴山山脉、鄂尔多斯高原东缘、祁连山至青藏高原东缘两侧。该线两侧地区就是农区与牧区的过渡地区，习惯上称为半农半牧区或农牧交错的过渡地带。其西北部从农牧交错区逐渐向纯牧区过渡，东南部则向农区过渡。该区在土地利用方面长期存在过度开垦而导致的天然草地面积缩小、土壤沙化、农牧矛盾尖锐等问题，也是我国各类生态系统中最为脆弱的地带。

（四）城郊牧业区

城郊牧业区畜牧业是以其所处地理区域为基础产生的一种畜牧业类型。具有距离城市消费市场近、交通便利、经济发达和科技水平高等优势，同时也存在资源匮乏、环保要求高、生产成本高等一些不利因素。因此，城郊牧业区畜牧业的发展与一般农牧区畜牧业相比，有很大的优越性和特殊性。根据这类地区的经济特点、饲料供应以及城市居民的消费需求，一般以饲养奶牛、鸡或猪为主。

四、不同区域畜牧业布局的优化方向及重点

(一)牧区畜牧业

牧区畜牧业生产发展方向及重点是:继续以牧为主,农、林、牧结合,发展多种经营。要合理利用和保护现有的天然牧场,重点进行草原建设和其他建设,如开发水源、贮草备料、改善牧业生产条件;调整畜群结构,发展季节性生产,如羔羊当年屠宰,肉牛早期育肥屠宰;农林牧结合发展,采取适用技术,加快技术改造;等等。

(二)农区畜牧业

农区畜牧业生产发展方向及重点是:继续调整和优化农区的畜种结构,在稳定和提高生猪生产水平的同时,大力发展饲料转化率高的肉鸡生产和以生产乳、肉用为主的草食畜禽。

(三)半农半牧区畜牧业

半农半牧区畜牧业生产发展方向及重点是:以牧为主,农牧结合。在种植业生产上要推行草田轮作制,以农养牧,以牧促农。此外,退耕还草和引草入田,也是半农半牧区畜牧业生产发展和环境保护的主要途径之一。

(四)城郊牧业区畜牧业

改革开放后,随着东南沿海地区和大中城市经济发展、人们生活水平提高以及对畜牧产品需求的日益增长,畜禽养殖场不断向规模化方向发展。规模化养殖场大多分布于大中城市和人口稠密地区。目前,我国近80%的大中型畜禽养殖场分布在东部沿海地区和北京、上海、天津、广州、杭州等大中型城市周围,中部地区的大中型养殖场数量不到总数的20%,而整个西部地区仅占总量的1%左右。但是,规模化畜禽养殖场的发展在解决了畜牧产品供给带动农村经济发展的同时,因畜牧业的大规模集约化养殖及畜禽养殖区的城市化,使农牧脱节,畜禽粪便不能及时为农业利用,也难以进行有效处理,随之带来了日益严重的环境污染问题。

城郊牧业区畜牧业生产发展方向及重点是:城郊牧业区畜牧业普遍存在饲养成本高、畜禽粪便集中污染等问题,因此应避开一般性的竞争领域,改走产业升级道路,在真正意义上发挥自己的规模配套、畜禽品种、人才、资本、管理和信息等内涵发展优势,以及走向外地、走向国外的外延发展优势。同时合理规划畜禽饲养场地,建立生态型畜禽养殖场,并充分考虑畜禽饲养场的规模数量、粪尿和污水排放以及循环利用等问题,防止环境污染。

以上四类地区不仅自然条件、生产水平、经济状况、发展方向等差异很大,而且每一类地区内部发展畜牧业的条件也千差万别。如以农区为例,还有平原、山区、半山区及河湖地区之分,南方、北方、沿海、内地在自然与经济条件上也有很大差别。因此,发展畜牧业区域经济必须从各地的具体条件出发,因地制宜。只有如此,才能充分发挥各地的资源优势,加快畜牧业区域经济的发展。

五、我国优势畜禽产品及特色草食牲畜区域布局规划简述

(一)优势畜禽产品及区域布局规划

1.《优势农产品区域布局规划(2003—2007年)》

为加快我国农业区域布局调整,建设优势农产品产业带,增强农产品竞争力,促进农业增

效和农民增收，于2003年2月12日农业部发布了《优势农产品区域布局规划(2003—2007年)》，对带动我国农业整体素质提高，形成科学合理的农业生产力布局，推进农业现代化具有重大意义(表2-5)。

表2-5　我国优势农产品区域布局(2003—2007年)

优势畜禽产品		优势区域布局	主攻方向
肉牛	中原肉牛	河南、山东、河北、安徽	按照饲养上水平、上规模，质量上档次、保安全的要求，加大肉牛、肉羊优良品种的繁育和推广力度，加快无规定疫病区建设，发展规模化、标准化饲养，改进加工工艺，全面提高单产和质量安全水平；创建一批牛羊肉产品品牌，增加高档牛羊肉的国内市场份额，逐步开拓东南亚、中东和俄罗斯市场，进一步扩大出口。
	东北肉牛	辽宁、吉林、黑龙江、内蒙古	
肉羊	中原肉羊	河南、山东、河北、江苏、安徽	
	内蒙古中东部及河北北部肉羊	内蒙古、河北	
	西北肉羊	宁夏、甘肃、青海、新疆	
	西南肉羊	四川、重庆、云南、贵州、广西	
奶牛	东北奶牛	黑龙江、内蒙古	突出发展鲜奶，加强良种奶牛繁育，扩大奶牛规模，发展小区养殖，主攻奶牛单产和牛奶质量安全水平；改进奶制品加工工艺和水平，提高奶制品质量。尽快占领国内快速增长的消费市场，抵御进口产品冲击。
	华北奶牛	河北、山西	
	京津沪奶牛	13个郊区县和25个农场	

资料来源：2003年2月12日农业部发布。

2.《优势农产品区域布局规划(2008—2015年)》

为适应农业和农村经济形势变化的新要求，深入推进农业生产力优化布局，充分发挥农业区域比较优势，加快现代农业发展步伐，2008年9月3日农业部发布了《优势农产品区域布局规划(2008—2015年)》，通过科学调整布局，政策扶持引导，强化科技支撑，全面增强优势农产品产出能力，以促进农产品总量平衡、结构平衡和质量提升(表2-6)。

表2-6　我国优势农产品区域布局(2008—2015年)

优势畜禽产品		优势区域布局	主攻方向
肉牛	中原肉牛	山东、河南、河北、安徽	以满足城乡居民对牛肉产品的基本需求为主要任务，鼓励规模育肥，实行集中屠宰，强化品牌销售，转变发展方式，提高肉牛产业综合生产能力。一是新建及扩建一批种公牛站、肉牛良种繁育场和乡镇人工授精站，完善良种繁育体系；二是扶持养牛大户和肉牛养殖小区牛舍标准化改造，配套建设化粪池或沼气池，推行标准化饲养；三是鼓励和支持发展粮、经、饲三元结构种植，配套建设青贮和氨化设施，建设优质安全饲草料供应体系；四是加强饲喂、饲草料生产加工、疫病综合防治等先进实用技术推广，不断提高养殖效益和质量安全水平；五是制定活牛出栏、胴体质量和牛肉质量评价体系，扶持龙头企业，完善加工和流通体系，努力形成中国特色现代肉牛产业体系。
	东北肉牛	吉林、黑龙江、辽宁、内蒙古、河北	
	西北肉牛	新疆、甘肃、陕西、宁夏	
	西南肉牛	四川、重庆、云南、贵州、广西	

续表 2-6

优势畜禽产品		优势区域布局	主攻方向
肉羊	中原肉羊	山东、河北南部、湖北、山西东部、河南、江苏、安徽	以良种繁育体系和加工体系建设为突破口，加速改造传统养殖方式，大力培育优势品牌，提高肉羊养殖效益，增加农牧民收入。一是新建和扩建一批省级原种场、县级繁育场和乡镇改良站，构建良种繁育体系；二是建设标准化生产示范基地，支持标准化羊舍、青贮窖及其相关设施建设，提高舍饲规模化养殖水平；三是推行秸秆饲用技术，积极开发利用菜饼粕和单细胞蛋白等非常规饲料资源；四是充分发挥龙头企业的带动作用，完善加工流通市场体系，提高肉羊产业化水平。
	中东部农牧交错带肉羊	山西、河北北部、内蒙古、辽宁、吉林、黑龙江	
	西北肉羊	甘肃、宁夏、新疆、陕西	
	西南肉羊	四川、云南、贵州、重庆、湖南	
奶牛	京津沪郊区奶牛	北京、天津、上海	以提高奶牛单产水平和养殖比较效益为主要任务，着力提高优势区奶业集约化、标准化、优质化水平和国际竞争力，示范带动全国奶业发展。一是加强奶牛良种繁育，建设奶牛原良种场、种公牛站、改良中心、配种站、生产性能测定和良种登记信息中心；二是加强奶源基地建设，扶持标准化奶牛养殖小区(场)，大力发展奶农专业合作社，建设机械挤奶站；三是大力推广先进适用技术，积极推进奶牛群体改良、高效繁殖、标准化规模饲养、青贮和优质牧草生产加工、疫病防治和原料奶质量控制技术；四是完善乳品质量标准、检测体系，加强奶业预警信息体系建设，促进奶牛优势区持续健康发展。
	中原奶牛	河北、山西、河南、山东	
	西北奶牛	新疆、陕西、宁夏	
生猪	沿海生猪	江苏、浙江、广东、福建	以确保生猪生产平稳增长、保障基本供给、满足国内需求为主要任务，大力推行规模化经营、标准化生产、组织化管理。一是加强良种繁育体系建设，完善现有种猪场，配套建设原种场、扩繁场、种公猪站，提高种猪质量；二是加强标准化养殖基地建设，大力发展养殖大户，推行规范化、标准化生产，实现粪便排放的减量化、资源化和无害化；三是加强质量监控体系建设，加快质量标准的制(修)订和推广应用，完善种猪、饲料、兽药等投入品使用的监控手段，建立产品质量追溯制度；四是扶持龙头企业技术改造和升级，扩大加工能力，提高产品质量；五是建立监测预警体系。
	东北生猪	吉林、辽宁、黑龙江	
	中部生猪	河北、山东、安徽、江西、河南、湖北、湖南	
	西南生猪	广西、四川、重庆、云南、贵州	

资料来源：2008 年 9 月 3 日农业部正式发布。

(二)特色草食性畜及区域布局规划

1.《特色农产品区域布局规划(2006—2015 年)》

为发挥各地资源比较优势，优化农业结构，因地制宜大力发展特而专、新而奇、精而美的各种特色农产品，推进“一村一品”建设，构建区域主导产业，加快形成国内外知名的特色农产品优势产区，努力扩大农村就业，实现农民收入稳定增长，2007 年 7 月 19 日农业部发布了《特色农产品区域布局规划(2006—2015 年)》，对指导各地充分利用资源比较优势，发展特色农业，引导特色农产品向最适宜区集中，加快培育优势产区，促进农业区域专业分工，深化农业结构战略性调整，加快形成科学合理的农业生产力布局具有重大意义（表 2-7）。

表 2-7　我国特色农产品区域布局（2006—2015 年）

优势畜禽产品		优势区域布局	主攻方向
特色草食牲畜	牦牛	青藏高原	牦牛：①立足地方优良畜种，引进优良种牛改良本地品种，提高牦牛生产性能；②控制规模，保护草地，缓解草畜矛盾；③推广育肥新技术，综合开发牦牛的乳、肉、皮、骨，打造牦牛产业链。④开发牦牛的深加工产品。 特用羊：①建设原种场、扩大种羊规模，提高个体产毛（绒）量和羊毛（绒）品质；②建设机械化剪毛和羊毛分级等基础设施；③建立国家珍稀品种滩羊保护区。
	细毛羊	新疆北部、内蒙古中东部、祁连山区、河北西北部、吉林、黑龙江西部和南部	
	绒山羊	西藏西部、内蒙古、陕北、冀北、辽东半岛、黑龙江中北部、新疆西北部、甘肃河西走廊、青海柴达木	
	藏绵羊	西藏大部、青海、甘肃甘南、四川西部及云南西北部	
特色猪禽蜂	金华猪	浙江中西部、江西东北部	①实施原产地保护，保护与开发相结合；②进行特色品种的保种与提纯；③改进养殖方式，扩大生产规模，建立标准化生产示范区，提高疫病监控水平，增强产业开发，形成产业链。
	乌金猪	云贵川乌蒙山和金沙江流域	
	香猪	黔东南、桂西北	
	藏猪	西藏东南部、云南西北部、四川西部、甘肃南部	
	特色肉鸡	华北区、长江中下游区、华南区、西南区、东北区、西北区	
	特色水禽	长江中下游区、东南沿海区、西南区、黄淮海区、东北松花江区	

资料来源：2007 年 7 月 19 日农业部发布。

2.《特色农产品区域布局规划（2013—2020 年）》

为充分发挥资源比较优势，加快培育区域特色产业，实现农业增效、农民增收，于 2007 年 7 月农业部对印发的《特色农产品区域布局规划（2006—2015 年）》进行了修编，形成了《特色农产品区域布局规划（2013—2020 年）》，是优化我国农业生产力布局的重要指导性文件（表 2-8）。

表 2-8　我国特色农产品区域布局（2013—2020 年）

优势畜禽产品		优势区域布局	主攻方向
特色草食牲畜	牦牛	青藏高原、南疆地区	特色牛：①加强优良地方牛品种原产地保种场、保护区建设，保护与开发相结合，遏制能繁母牛养殖数量下降趋势。②开发地方牛品种高档牛肉和牛肉制品，促进特色产品精深加工发展。③推广专业化育肥新技术，提高饲草料资源利用率。④因地制宜开展人工种草，建设饲草料储备和防灾减灾设施，稳定生产能力。⑤规范饲养技术，严格投入品和屠宰加工监管，确保牛肉和牛肉制品产品质量安全。
	延边牛	东北三省东部	
	渤海黑牛	山东北部	
	郏县红牛	河南中西部	
	复州牛	辽宁南部	
	湘西黄牛	湖南湘西北地区	
	奶水牛	广西、云南	
	德州驴	鲁北平原	

续表 2-8

优势畜禽产品		优势区域布局	主攻方向
特色草食牲畜	关中驴	陕西关中平原	特用羊：①建设原种场、扩大种羊规模，提高个体繁殖性能和产肉、产毛（绒）和羊毛（绒）品质。②推广“牧＋舍”养殖技术，控制存栏、提高母畜质量、加快周转、加快出栏，保护草地，缓解草畜矛盾。③加快建设机械化剪毛和毛绒分级等基础设施。④建立滩羊保护区。 特色驴：①加强优良地方驴品种原产地保种场、保护区建设，进行本品种选育，品系繁育，保护与开发相结合。②培育壮大一批带动能力强的养殖、屠宰加工龙头企业，提升标准化、规模化、产业化发展水平。③开发高档驴肉产品、阿胶产品等，促进特色产品向精深加工发展，完善产业链条，强化品牌创建。
	晋南驴	山西南部	
	广灵驴	山西东北部	
	泌阳驴	河南南部	
	福建黄兔	福建西北部	
	闽西南黑兔	福建西南部	
	九嶷山兔	湖南西南部	
	吉林梅花鹿	东北三省	
	东北马鹿	东北三省、内蒙古赤峰	
	细毛羊	新疆天山北坡及南坡地带、内蒙古中东部、甘肃祁连山区、青海中部	
	绒山羊	藏西部、内蒙古中西部、陕北、辽东半岛、新疆准噶尔盆地和塔里木盆地周边、青海柴达木	
	藏系绵羊	西藏大部、青海、甘肃甘南、四川西部及云南西北部	
	滩羊	宁夏中部、甘肃中部	
	奶山羊	陕西、山东、四川	
特色猪禽	金华猪	浙江中西部、江西东北部	①实施原产地保护，保护与开发相结合。②进行特色品种的保种与提纯。③改进养殖方式，扩大生产规模，建立标准化生产示范区，提高疫病监控水平，加强产业开发，形成产业链。④建设原产地保种场、保护区，保护与开发相结合。⑤进行特色品种的选育与提纯。⑥扩大生产规模，建立标准化生产示范区，加强产业开发，形成产业链。⑦推进特色产品及其副产品精深加工发展，强化品牌创建，完善产业链。
	乌金猪	云贵川乌蒙山和大小凉山地区	
	香猪	黔东南、桂西北	
	藏猪	西藏东南部、云南西北部、四川西部、甘肃南部	
	滇南小耳猪	滇西边境山区	
	八眉猪	陕西泾河流域、甘肃陇东、宁夏固原地区、青海互助县等	
	太湖猪	江苏、浙江和上海交界的太湖流域	
优质地方鸡		长江中下游区、华南区、西南区	
特色肉用水禽		长江中下游区、东南沿海区、西南区、黄淮海区、东北松花江区	
特色肉鸽		新疆塔里木盆地西部（塔里木鸽）、广东中南部、珠江三角洲地区（石岐鸽）	

资料来源：2014 年 1 月 28 日农业部发布。

六、“十四五”全国畜牧兽医行业发展规划

为快速推进我国畜牧业高质量发展，构建畜牧业高质量发展新格局，于 2021 年 12 月 14 日农业农村部发布了《“十四五”全国畜牧兽医行业发展规划》，对进一步调整优化产业结构和空间布局，加快构建现代养殖体系、动物防疫体系和加工流通体系，不断提高畜牧产品供给水平、质量安全与动物疫病风险防控水平、畜牧业绿色循环发展水平，提高质量效益和竞争力，实现产出高效、产品安全、资源节约、环境友好、调控有效的高质量发展等方面，起到了很强的政策指导作用。《“十四五”全国畜牧兽医行业发展规划》中指出，畜牧业发展要优化区域布局与产品结构，重点打造生猪、家禽两个万亿级产业，奶畜、肉牛肉羊、特色畜禽、饲草四个千亿级产业，着力构建“2＋4”现代畜牧业产业体系。

（一）两个万亿级产业

1. 生猪区域布局与发展重点

根据经济社会发展水平、资源环境承载能力、市场消费需求等因素，将全国生猪养殖业划分为调出区、主销区和产销平衡区（表 2-9）。

表 2-9　全国生猪养殖业区域布局及发展重点

类别	区域布局	发展重点
调出区	湖北、湖南、河南、广西、辽宁、吉林、黑龙江、河北、安徽、山东、江西等	稳步扩大现有产能，加快产业转型升级，提升规模化、标准化、产业化水平，实现稳产增产。
主销区	广东、浙江、江苏、北京、天津、上海等	重点引导大中型企业建设养殖基地，确保一定的自给率。
产销平衡区	内蒙古、山西、海南、四川、重庆、云南、贵州、福建、西藏、陕西、甘肃、青海、宁夏、新疆（含新疆生产建设兵团）等	重点挖掘增产潜力，推进适度规模经营，因地制宜发展地区特色养殖，确保基本自给。

2. 家禽区域布局与发展重点

巩固提升传统优势区生产，加快推动有潜力的区域发展。家禽区域布局与发展重点，如表 2-10 所示。

表 2-10　家禽区域布局及发展重点

类别	区域布局	发展重点
肉鸡蛋鸡养殖优势区	山东、广东、广西、安徽、辽宁、河南、江苏、福建、四川、河北、吉林、湖北、黑龙江等	重点加快产业转型升级，提升规模化、标准化、产业化水平，实现稳产增产。
肉鸡蛋鸡养殖潜力区	山西、内蒙古、江西、湖南、云南、重庆、贵州、海南、浙江、陕西等	重点夯实大型肉鸡蛋鸡养殖基地条件，加大产业技术力量配备，稳步推进产业发展。
肉鸡蛋鸡特色养殖区	西藏、青海、宁夏、甘肃、新疆（含新疆生产建设兵团）等	因地制宜发展地方品种肉鸡蛋鸡养殖，提高消费自给率。
水禽养殖优势区	山东、河北、河南、安徽、江苏、浙江、福建、江西、湖南、湖北、广东、广西、四川、重庆、辽宁、吉林、黑龙江等	重点发展肉鸭、蛋鸭、鹅等生产，提升规模化、标准化、智能化养殖水平，推广全产业链生产模式，提高水禽养殖经济效益。

(二)四个千亿级产业

1. 奶畜区域布局与发展重点

奶畜区域布局与发展重点,如表 2-11 所示。

表 2-11 奶畜区域布局及发展重点

类别	区域布局	发展重点
东北和内蒙古区	内蒙古、辽宁、吉林、黑龙江等	重点巩固传统种养结合优势,以荷斯坦奶牛为主,兼顾乳肉兼用牛,发展全株青贮玉米及高产优质苜蓿生产,扩大养殖规模。
华北和中原区	河北、山西、山东、河南等	重点以荷斯坦奶牛为主,发展专业化养殖场,提高集约化程度;充分利用农业资源,探索饲料资源高效利用新模式,巩固加工业基础优势,形成种养加一体化产业体系。
西部区	西藏、陕西、甘肃、青海、宁夏、新疆等	重点巩固牧区生产优势,扩大优质饲草饲料种植面积,大力推广舍饲、半舍饲养殖,提高饲养管理水平;以荷斯坦奶牛为主,发展乳肉兼用牛、奶山羊、牦牛等品种;着力发展规模养殖场、家庭牧场,提高奶类商品化率。
南方区	江苏、浙江、安徽、福建、江西、湖北、湖南、广东、广西、海南、四川、贵州、云南等。	重点是加快养殖设施设备改造提升,提高区域特色饲草料资源高效利用水平,积极发展奶水牛等特色奶畜,发展适度规模养殖。

2. 肉牛肉羊区域布局与发展重点

肉牛肉羊区域布局与发展重点,如表 2-12 所示。

表 2-12 肉牛肉羊区域布局及发展重点

类别	区域布局	发展重点
东北区	吉林、黑龙江、辽宁及内蒙古东部	发挥粮食资源和可利用饲草资源丰富的优势,推进种养结合,加强主导品种选育和改良,发展适度规模舍饲养殖。
中原区	河北、山东、河南、安徽、湖北、湖南等	积极推广标准化规模养殖,稳步扩大养殖规模,提升标准化、集约化、机械化水平。
西北区	新疆、青海、宁夏、甘肃、陕西及内蒙古西部	重点保护地方特色肉牛肉羊品种,科学利用草原资源,建设人工饲草料基地,发展现代家庭牧场,提高出栏率,稳定牛羊肉生产。
西南区	四川、重庆、云南、贵州、广西、西藏等	挖掘草山草坡资源利用潜力,扩大牛羊肉生产,因地制宜发展特色养殖。

3. 饲草区域布局与发展重点

饲草区域布局与发展重点,如表 2-13 所示。

表 2-13　饲草区域布局及发展重点

类别	发展重点
东北区	重点发展种养结合、就近利用模式，利用耕地种植全株青贮玉米和苜蓿，同步利用人工草地种植羊草，优先满足区域内饲草需求，兼顾商品草种植生产。
黄淮海区	坚持种养结合一体化发展模式，重点调整玉米利用方式，发展全株青贮玉米，适度发展苜蓿生产，着力提升区域内优质饲草自给能力。
西北区	坚持种养结合与商品草生产并重，积极推进粮改饲发展全株青贮玉米，加强草畜配套，有条件的区域适度发展优质苜蓿，打造优质商品草种植、收贮、加工、流通基地。
南方区	坚持草畜结合特色发展模式，重点利用冬闲田种植黑麦草等一年生牧草，积极开展草山草坡改良放牧养殖。青藏高原区，坚持以草定畜、草畜结合模式，加快发展特色品种种植和豆禾混播栽培生产，推广饲料入户和饲草科学搭配，着力保障区域内优质饲草均衡供应。

4.特色畜禽区域布局与发展重点

根据蜜源植物分布，加强中华蜜蜂保护与开发利用，因地制宜发展西方蜜蜂养殖，扩大浆蜂养殖量，大力推广蜜蜂授粉技术，发展蜂产品精深加工，延长蜂产业链，提高蜂产品质量安全水平。在内蒙古、新疆、青海、西藏、甘肃、四川等传统特色优势区和京津冀、长三角、粤港澳大湾区、海南自贸区等地城市周边城郊新兴发展区推进马业发展，传统特色优势区重点推进以我国草原马品种为主的育马、养马及相关特色赛事活动，城郊新兴发展区重点加强引进品种本土化选育，培育专门用途马匹的品系或类群，开展性能测定，培育赛马、马术、马球等运动及观赏、休闲骑乘等消费潜能，促进现代马产业与国际接轨。以四川、重庆、山东、江苏、河南、浙江、安徽、福建、吉林、新疆等为重点地区，提高肉兔、獭兔、毛兔饲养专门化生产水平，增强制种供种能力，提高产业链附加值。以广东、安徽、山东、江苏等为重点地区，加强肉鸽、鹌鹑品种选育，提高生产性能，推进标准化规模化生产。立足我国北方和西部地区，加大绒山羊和细毛羊核心群保护力度，持续提高绒毛用羊规模化、标准化生产水平，改善羊绒和羊毛的品质。在吉林、辽宁、黑龙江等地区重点推进梅花鹿养殖业发展，围绕“扩群、提质、增效”，拓展产业链，提升梅花鹿养殖水平。发挥新疆、甘肃、青海、宁夏、内蒙古、西藏等地区马鹿资源优势，优化马鹿产业布局，提升整体效益。在河北、山西、内蒙古、吉林、辽宁、黑龙江、山东等地区加强貂、狐、貉等毛皮动物养殖，保障高质量毛皮原料。鼓励内蒙古、新疆、青海、甘肃等地区开展双峰驼、羊驼养殖，逐步提高规模化、标准化养殖和生产水平，加快形成肉、绒毛同步发展的骆驼全产业链。

复习思考题

1.什么是畜牧业产业结构？其特点有哪些？
2.影响畜牧业产业结构变化的因素有哪些？
3.什么是畜牧业合理布局？合理布局的依据及原则是什么？
4.简述我国畜牧业生产区域布局概况，以及不同区域畜牧业布局的优化方向及重点。

项目三
生态畜牧业与畜牧业现代化

学习目标

1. 掌握生态畜牧业的基本概念与内容。
2. 认识畜牧业可持续发展的特征。
3. 了解畜牧业现代化的定义及形式。
4. 掌握现代化畜牧技术应用，熟悉现代化畜牧业中使用的新式生产力。
5. 树立环保意识，认识环境保护与经济发展的同等重要性。

项目三思维导图

素质目标

1. 强化环境伦理教育，引导尊重自然、保护生态环境，树立正确的环境价值观和道德观念，将环境保护作为自身的责任和义务。

2. 结合国家生态文明建设战略，明确畜牧业在实现碳达峰、碳中和目标中的角色与责任，引导积极参与国家生态建设和环境保护工作。

畜牧企业经营与管理项目三课件

学习内容

任务一　生态畜牧业概述

一、生态畜牧业的概念

生态畜牧业是指运用生态系统的生态位原理、食物链原理、物质循环再生原理和物质共生原理，采用系统工程方法，并吸收现代科学技术成就，以发展畜牧业为主，农、林、牧、渔因地制宜、合理搭配，以实现生态、经济、社会效益相统一的畜牧业产业体系，是技术畜牧业的高级阶段。

二、生态畜牧业的主要特征

(1)生态畜牧业是以畜禽养殖为中心，同时因地制宜地配置其他相关产业(如种植业、林业、无污染处理业等)，形成高效、无污染的配套系统工程体系，把资源的开发与生态平衡有机结合起来。既克服了传统畜牧业分散经营、规模小、技术含量低的缺点，又克服了集约化畜牧业发展将畜牧业与种植业的关系割裂、忽视动物的生物特性和行为特性的需求的弊端，也是畜牧业发展的必然趋势。

(2)生态畜牧业系统内的各个环节和要素相互联系、相互制约、相互促进，如果某个环节和要素受到干扰，就会导致整个系统的波动和变化，失去原有的平衡。

(3)生态畜牧业系统内部以"食物链"的形式不断地进行着物质循环和能量流动、转化，以保证系统内各个环节上生物群的同化和异化作用的正常进行。

(4)在生态畜牧业中，物质循环和能量循环网络是完善和配套的，通过这个网络，系统的经济值增加，同时废弃物和污染物不断减少，以实现增加效益与净化环境的统一。

三、我国生态畜牧业发展的现状

生态畜牧业是现代生态文明的产物，代表着未来畜牧业发展的方向。畜牧是大产业，生态是大概念，畜牧业生态化关系着整个生态系统的平衡与安全。目前，我国生态畜牧业发展受环境制约情况较为显著，资源环境约束更加趋紧，养殖设施建设及饲草料种植用地难问题突出，制约了畜牧业规模化、集约化发展；部分地区生态环境容量饱和，保护与发展的矛盾进一步凸显；种养主体分离，种养循环不畅，稳定成熟的种养结合机制尚未形成，粪污还田利用水平较低。同时，畜牧业在发展过程中的人畜争粮问题，使节粮型的生态畜牧业发展成为当务之急。旱地资源与耕地资源逐渐减少，牧区过度放牧以及草场严重破坏，也急需统一协调牧业、农业以及林业之间的发展关系，以此真正实现生态环境保护，推动畜牧业长效发展。

四、我国生态畜牧业的发展方向及措施

(一)我国生态畜牧业的发展方向

在生态环境方面，农业农村部《"十四五"全国畜牧兽医行业发展规划》中指出了明确的发展方向。在生态环境方面的目标是生产发展与资源环境承载力匹配度提高，畜禽养殖废弃物资源化利用持续推进，畜禽粪污综合利用率达到80%以上，形成种养结合、农牧循环的绿色循环发展新方式。同时加快推进畜禽粪污资源化利用和病死畜禽无害化处理，着力构建种养结合发展机制，促进畜禽粪肥还田利用，提高畜牧业绿色发展水平。

(二)实现生态畜牧业发展的措施

1. 畅通种养结合路径

实施《"十四五"全国畜禽粪肥利用种养结合建设规划》，畅通农业内部资源循环。推行液体粪肥机械化施用，培育粪肥还田社会化服务组织，推行养殖场(户)付费处理、种植户付费用肥，建立多方利益联结机制。开展试点示范，因地制宜推广堆沤肥还田、液体粪污贮存还田等技术模式，推动粪肥低成本还田利用，提高粪肥还田效率。统筹考虑种养布局和规模，降低粪肥加工、运输成本。

2. 建立全链条管理体系

按照“谁产生、谁负责”的原则，严格落实养殖场(户)主体责任。探索实施规模养殖场粪污处理设施分类管理，确保粪污处理达到无害化要求，满足肥料化利用的基本条件。推动建立符合我国实际的粪污养分平衡管理制度，指导养殖场(户)建立粪污处理和利用台账，种植户建立粪肥施用台账，健全覆盖各环节的全链条管理体系，开展粪污资源化利用风险评估和风险监测，科学指导粪肥还田利用。进一步完善标准体系，促进农业标准和环境标准的衔接。

3. 规范病死畜禽无害化处理

坚持集中处理为主，自行分散处理为补充，健全无害化处理体系，提高专业无害化处理覆盖率，统筹推进病死猪牛羊禽等无害化处理。合理制定补助标准，完善市场化运作模式；提高信息化监管水平，健全监管长效机制，严厉打击相关违法犯罪行为，开展病死猪无害化处理与保险联动试点。

4. 畜禽养殖废弃物资源化利用

畜禽养殖废弃物资源化利用是将畜禽养殖过程中产生的废弃物进行处理和转化，以实现其资源化和减少对环境的影响。旨在将废弃物变为有价值的资源，同时减少对环境的污染。这些方法不仅能有效减少畜禽养殖废弃物对环境的负面影响，还能为农业生产提供有价值的资源，推动循环经济的发展。主要内容和实现方式包括：

(1)堆肥化。将畜禽粪便与其他有机物料(如秸秆、草料等)混合，通过微生物发酵将其转化为肥料。主要通过建立堆肥场或堆肥系统，定期翻动堆肥物料，控制湿度和温度，促进有机物的分解来实现。

(2)沼气发酵。利用厌氧微生物将畜禽粪便中的有机物转化为沼气(主要成分为甲烷)和液体肥料。主要通过建设沼气池或沼气发酵装置，控制发酵温度和时间，收集和利用沼气作为燃料或能源，处理后的液体肥料用作农田肥料来实现。

(3)饲料添加剂。将处理过的畜禽粪便转化为饲料添加剂，增加动物的营养。主要通过将粪便经过适当处理(如干燥、粉碎)，作为饲料的补充成分来实现。

(4)肥料生产。将畜禽粪便加工成有机肥料，用于农业生产。主要通过对粪便进行发酵、干燥、筛分等处理过程，生产出有机肥料产品，用于土壤改良和作物生长来实现。

(5)环境修复。利用处理过的废弃物进行环境修复，改善土壤质量和生态环境。主要通过将处理后的废弃物应用于污染土壤的修复和改良，促进土壤的肥力和生态平衡来实现。

任务二 畜牧业可持续发展

一、畜牧业可持续发展的概念及内涵

(一)畜牧业可持续发展的概念

畜牧业可持续发展是指在满足当前需求的同时，不损害未来世代满足其需求的能力。它强调在畜牧业生产过程中兼顾经济效益、环境保护和社会责任，以实现长期的可持续性。

(二)畜牧业可持续发展的内涵

畜牧业可持续发展的内涵主要包括以下 4 个方面。

1. 资源优化利用方面

(1)节约资源。有效利用自然资源(如水、土地、饲料)和能源,减少资源浪费。

(2)循环利用。将养殖废弃物资源及时回收和循环利用,降低环境污染风险,实现农业循环经济,推动农业可持续发展。

2. 环境保护方面

(1)减少污染。控制温室气体、氨气、废水和固体废弃物的排放,减少对环境的负面影响。

(2)保护生态。维持生态系统的平衡,保护生物多样性,避免生态破坏。

3. 经济效益方面

(1)提升生产效率。通过先进技术和管理措施,提高畜牧业的生产效率和经济效益。

(2)经济稳定性。实现经济上的可持续性,避免市场波动对生产和收入的过大影响。

4. 社会责任方面

(1)动物福利。保障动物的健康和福利,提供良好的生活条件。

(2)劳动条件。改善从业人员的工作环境和待遇,确保劳动权益。

(3)社区发展。支持和促进地方经济发展,增加就业机会和收入来源。

二、畜牧业可持续发展的特征

具体来说,畜牧业可持续发展的特征包括以下 5 个方面。

(一)经济可持续性

1. 提高生产效率

通过优化生产管理、采用先进技术和科学饲养方法,提高畜牧业的生产效率和经济效益。

2. 市场适应性

生产具有市场竞争力的产品,满足消费者需求,同时避免过度依赖单一市场或品种。

3. 成本控制

合理控制生产成本,提升经营的经济效益,减少资源浪费和损耗。

(二)环境可持续性

1. 资源节约

有效利用自然资源,如水和土地,推广资源循环利用技术,减少对环境的负担。

2. 减排和污染控制

减少温室气体排放和其他污染物的产生,如采取改进饲料配方、管理粪污和废弃物处理等措施。

3. 保护生物多样性

在畜牧业生产中保护和维护生态系统的生物多样性,防止物种灭绝和生态破坏。

(三)社会可持续性

1. 动物福利

确保动物的健康和福利,改善生活条件,遵守动物福利法规和标准。

2. 劳动条件

提供良好的劳动条件和公平的薪酬待遇,保障从业人员的权益和安全。

3. 社区发展

支持和促进当地社区的发展,推动地方经济,帮助农民增加收入。

(四)技术创新与管理优化

1. 采用先进技术

如智能养殖、精准农业技术和数据分析,提高生产效率和管理水平。

2. 管理创新

实施科学管理和优化生产流程,提升整体生产系统的可持续性。

(五)政策支持和教育培训

1. 政策推动

政府出台相关政策和法规,鼓励和支持可持续发展实践,如补贴绿色技术、奖励环保措施等。

2. 培训与教育

提供培训和教育,提升从业者的可持续发展意识和技能,推广先进实践经验和新技术。可持续发展的畜牧业不仅关注当前的生产和经济效益,还致力于确保未来的资源供应和生态健康,通过综合考量和协调管理,实现经济、环境和社会的和谐发展。

三、我国畜牧业可持续发展的措施

(一)大力推进畜禽养殖废弃物资源化利用

支持符合条件的县(市、区、旗)整县推进畜禽粪污资源化利用,鼓励液体粪肥机械化施用。对畜禽粪污全部还田利用的养殖场(户)实行登记管理,不需申领排污许可证。完善畜禽粪污肥料化利用标准,支持农民合作社、家庭农场等在种植业生产中施用粪肥。统筹推进病死猪、牛、羊、禽等无害化处理,完善市场化运作模式,合理制定补助标准,完善保险联动机制。

(二)促进农牧循环发展

加强农牧统筹,将畜牧业作为农业结构调整的重点。农区要推进种养结合,鼓励在规模种植基地周边建设农牧循环型畜禽养殖场(户),促进粪肥还田,加强农副产品饲料化利用。农牧交错带要综合利用饲草、秸秆等资源发展草食畜牧业,加强退化草原生态修复,恢复提升草原生产能力。草原牧区要坚持以草定畜,科学合理利用草原,鼓励发展家庭生态牧场和生态畜牧业合作社。南方草山草坡地区要加强草地改良和人工草地建植,因地制宜发展牛羊养殖。

(三)全面提升绿色养殖水平

科学布局畜禽养殖,促进养殖规模与资源环境相匹配。缺水地区要发展羊、禽、兔等低耗水畜种养殖,土地资源紧缺地区要采取综合措施提高养殖业土地利用率。严格执行饲料添加剂安全使用规范,依法加强饲料中超剂量使用铜、锌等问题监管;加强兽用抗菌药综合治理,实施动物源细菌耐药性监测、药物饲料添加剂退出和兽用抗菌药使用减量化行动;建立畜牧业绿色发展评价体系,推广绿色发展配套技术。

任务三　畜牧业现代化

一、畜牧业现代化的概念与内容

(一)畜牧业现代化的概念

畜牧业现代化是指用现代工业和现代科学技术来武装畜牧业,并采用现代经济管理科学来管理畜牧业,从而达到比较合理地利用农业资源、草地资源,优化畜牧业内部产业结构,提高抵御自然灾害能力,实现畜牧业高产、稳产、优质、高效和低耗,不断提高畜禽产出率、劳动生产率和产品商品率,以及改善生态环境的目的。畜牧业现代化不仅包括由传统畜牧业向现代畜牧业转化的过程,也包括由现代畜牧业的低级阶段向高级阶段发展的过程,是一个动态的概念。

畜牧业现代化是农业现代化的重要组成部分,是推动农业高质量发展、保障食品安全的重要手段。它不仅涉及生产技术和设备的升级,还包括产业结构的优化、市场体系的完善和生态环境的保护。现代化的畜牧业旨在实现高效、优质、安全、可持续的生产目标。

(二)畜牧业现代化的内容

畜牧业现代化是由掌握现代科学技术的劳动者,运用现代化的先进科学技术手段、先进的设备、现代的经营管理理念,充分发挥现代的科学技术优势,提高畜牧业生产力,从而达到标准化、规模化、集约化、高效化、经济快步增长化,促进畜牧业稳步健康发展。畜牧业现代化的内容非常广泛,涉及各个方面和许多环节,主要包括以下几个方面:

1. 技术现代化

技术现代化是指整个生产过程引入先进的育种技术、营养技术、疫病防控技术等,以实现精准化生产。例如,用现代化的遗传理论和基因工程技术指导改良畜禽,使畜禽的生产性能明显提高并符合社会市场需要;用现代化的营养科学分析计算、配制饲料,使各类饲料全价化,以符合畜禽的生产需要;使用精准饲养技术进行营养管理,用现代化的兽医科学控制疾病;用现代化的技术控制生态环境,通过调整、控制、利用营养和环境达到增产的目的等。生产技术的现代化是畜牧业现代化的基本内容之一。

2. 设备现代化

在畜牧业生产中广泛使用机器和电力代替传统的人力、畜力和有机能源,因地制宜地实现畜牧业的机械化生产、自动化控制和信息化管理,标志着畜牧业由手工劳动过渡到机器大生产，实现了畜牧业生产性质的根本性转变。例如，随着大数据、云计算、人工智能(AI)技术的飞速发展，我国养猪业也迎来了前所未有的变革。在采用AI养猪模式建设的现代化生猪养殖基地中，养猪这一“脏活累活”成了敲键盘就能搞定的“智慧活儿”。在全封闭运行管理的猪舍内，空气经过层层过滤净化后缓缓送入猪舍，智能环境调节系统时刻维持着最适宜的温度、湿度与空气质量，自动投喂装置会按照预设程序精准投放特制的孕期营养饲料，饮水系统则精准控制每头猪饮水量，并严格净化水质、保持水温。

猪舍内还配备了AI巡检机器人(图3-1)担任“医护”，它可以24 h不间断在猪舍内巡视。该AI巡检机器人沿轨道运行，覆盖整个猪舍，集成有可见光、红外、声音、气体检测等传感器，可通过AI“声纹识别”技术，收集每头猪的信息，对猪的声音、体温等数据进行捕捉、分析，并实时收集猪的日常行为数据。通过这些数据，AI巡检机器人可以及时发现猪是否生病等情况，判定之后第一时间通知猪场兽医或饲养员介入，方便饲养员随时掌握它们的生长和健康状况，并根据情况进行相应处理。

图3-1　猪场AI巡检机器人

同时，借助“猪脸识别”和“识猪+测猪重”技术，“AI大脑”不但认得每一头猪，还知道这头猪需要吃多少。因为AI巡检机器人可以迅速测出每一头猪的体重，不再费时又费力地为猪称重。另外，结合饲喂机器人等设备，可以做到“精准到克”饲喂每一头猪。如此一来，每一头猪都能获得均衡营养，猪出栏时的体重差异可以缩小到5%以内。

怀孕母猪在“产房”住的是单间，房间内装有地暖，同时安装了大量传感器、采集器等感知设备，实时监测环境参数。通过电脑可适时开启和调节“产房”内的通风机、取暖设备、除湿机、开窗机、清粪设备等，保证猪舍维持符合生猪健康生长的最佳状态。

此外，猪场还设置了AI全域空间，借助高清摄像头与先进的传感网络，3D实时呈现猪舍内的真实情况。工作人员通过AI全域空间能直观地看到猪舍设施运行状况，对于一些潜在的安全隐患，能及时察觉并提前处理。且可以实时查看每头猪的健康状况，快速精准地诊断出猪是否患病以及患病程度，为后续治疗提供可靠依据，实现了养猪过程的可视化、智能化与高效化管理，极大地提升了生产效率和管理水平。

3. 管理现代化

科学的管理是畜牧业现代化生产的必要条件。现代化生产要求畜牧企业应能随着市场变化实行最经济有效的管理，让企业内有动力，外有压力，生产经营有主动性和灵活性，职工有积极性和责任感；各级管理机构能分工协作，办事有较高效率，各项管理工作能做到标准化、制度化、文明化和最优化。例如，运用信息化手段进行精细化管理，运用大数据分析、物联网等技术优化生产流程和供应链管理，使生产要素组合最优化和经济效益最大化，以提高劳动生产率和经济收入。

4. 环保现代化

强调环境保护和可持续发展，如粪污资源化利用、节水节能技术的应用、减少温室气体排放等。

5. 市场现代化

通过品牌化、标准化生产，提升产品的市场竞争力和附加值。

二、世界畜牧业现代化的类型及代表性地区

（一）畜牧业现代化的类型

全球畜牧业现代化可分为以下 3 种类型。

1. 高密度集约化养殖

高密度集约化养殖的主要特征是规模化、集约化，依赖先进技术和设备进行生产管理。典型代表为美国、荷兰等国家的养殖模式。适用于肉类、奶制品等高需求产品的生产，具有高效益、高输出的特点，但对环境保护要求高。

2. 生态畜牧业

生态畜牧业强调环境保护和可持续发展，注重与自然环境的和谐共生。主要分布在欧洲一些发达国家和部分发展中国家。采用有机饲料、天然放养等方式，产品具有较高的附加值，迎合了绿色消费需求。

3. 家庭农场式养殖

家庭农场式养殖以家庭为单位的小规模养殖，通常与农耕结合。欧洲、北美洲的部分国家或地区常见此类型。虽然规模小，但由于信息技术的应用，管理精细化程度和生产效率较高。

（二）代表性地区

1. 美国

美国畜牧业高度发达，畜牧业机械化程度居世界领先地位，生物学、遗传学、化学等科技成果被广泛应用到畜牧业生产中。其畜牧业以大规模、集约化养殖为主，应用了先进的基因技术和饲养管理体系。代表企业如 Tyson Foods 公司，在全球肉类市场占据重要地位。

2. 欧盟

欧盟国家注重环保和动物福利，实行严格的食品安全和环境保护法规，推动畜牧业向可持续方向发展。代表企业如丹麦的 Arla Foods 公司，以乳制品加工为主。

3. 澳大利亚

澳大利亚以畜牧业出口为主，尤其是牛羊肉出口。其畜牧业现代化主要体现在牧场管理

的技术应用和全球市场的供应链管理。代表企业如 JBS Australia 公司，是全球最大的牛肉出口商之一。

三、现代化畜牧业典型跨国企业案例

1. Tyson Foods(美国)

全球最大的肉类加工公司之一，主要产品包括鸡肉、牛肉、猪肉等。公司采用先进的屠宰加工技术和全球供应链管理，提升生产效率和市场响应速度。Tyson Foods 是一家美国的跨国食品公司，总部位于阿肯色州的春田市。它是全球最大的肉类生产和加工公司之一，主要生产鸡肉、牛肉和猪肉等产品。Tyson Foods 的产品涵盖了从新鲜肉类到加工食品(如冷冻餐和速食食品)等多个领域。Tyson Foods 还涉足了食品服务和零售业务，服务于超市、餐馆和其他食品供应商。公司以其广泛的分销网络和强大的供应链管理而闻名。近年来，Tyson Foods 也在致力于改进其可持续性实践，包括减少温室气体排放、提高动物福利和改善资源管理。

2. Arla Foods(丹麦)

全球最大的有机乳制品生产商之一，注重可持续发展和产品质量安全。公司在乳制品的生产和加工过程中应用了多项现代化技术，如自动化生产线和环境保护技术。Arla Foods 是一家总部位于丹麦和瑞典的国际乳制品公司，它是全球六大乳制品公司之一，由多个欧洲乳制品合作社组成。Arla Foods 主要生产和销售牛奶、奶酪、酸奶和黄油等乳制品。公司致力于提供高质量、可持续的乳制品，并在全球范围内运营，服务于超市、零售商和食品服务行业。Arla Foods 的经营理念包括可持续发展和社会责任，如减少碳足迹、改善动物福利和促进环境保护。它在多个国家有生产设施，并在全球市场上拥有广泛的品牌和产品线。

3. JBS Australia(澳大利亚)

全球最大的肉类生产和出口企业之一，覆盖牛肉、猪肉和鸡肉市场。公司在全球范围内实施集约化养殖和现代化的加工技术，确保产品在国际市场的竞争力。JBS Australia 是 JBS S. A. 的子公司，JBS S. A. 是一家总部位于巴西全球领先的肉类加工公司。JBS Australia 专注于在澳大利亚市场生产和销售牛肉、羊肉等肉类产品。公司运营一系列屠宰和加工设施，致力于为全球客户提供高品质的肉类产品。JBS Australia 在全球范围内拥有广泛的供应链，并与许多零售商和食品服务提供商建立了长期合作关系。公司注重质量管理和食品安全，并致力于实现可持续生产和环境保护的目标。

四、我国畜牧业现代化的现状及主要挑战

我国畜牧业已由家庭副业上升为农村经济的支柱产业，成为农民收入的重要来源，是农民致富的重要渠道，在吸纳农村劳动力就业方面也发挥了重要的作用。但我国的畜牧业生产水平和发达国家相比还有一定的差距，对于畜牧业现代化的实现形成了一定的制约和负面影响。主要表现在以下几个方面。

(一)自主创新能力不强,科技的支撑和引领作用还未完全发挥

重大原始性创新成果和产业发展关键成果供给明显不足,一些畜牧产品和重大设备还主要依靠进口;生产前、生产中、生产后等系列技术集成、配套不够;拓展畜牧业功能,延伸畜牧业产业链等重点领域技术成果严重缺乏;提高畜牧业资源的产出率、劳动生产率和畜禽产品商品化率的技术成果明显缺乏。创新和应用体系不完备,还存在一些体制性和机制性障碍。畜牧业科研体系条块分割、力量分散的状况仍未得到根本解决;科研联合协作不强,导致突破性大的成果少;科研和生产还有脱节现象,农科教、产学研联系仍不紧密;高水平畜牧业人才不足的问题比较突出,畜牧业技术推广队伍不稳定,畜牧业科研与推广的体制、机制有待进一步健全。

(二)科技投入严重不足,没有形成稳定的科技投入机制,机械化和社会化生产程度不高

科研基础条件不能适应新时期创新任务的需要。畜牧业科技投入的结构、方式还不完善,一些长期性和基础性畜牧业科技工作尚需建立稳定的支持机制。目前,发达国家的畜禽养殖都向机械化生产、集约化经营的方向发展。对喂料、供水、收获畜牧产品、清粪等饲养工作以及对畜禽的体格检查、分解、称重、人工授精、预防注射、治疗、药浴、剪毛等作业都实现了机械化和自动化的流水作业,大幅度提高了劳动生产率。从整体上来说,我国畜牧业大多数仍然是千家万户的小生产,生产的专业化分工协作还没有完全形成,生产前、生产中、生产后的社会化服务体系也有待于继续完善。当前,我国的养殖场往往还需要承担从仔畜繁殖到畜禽饲养等一系列生产任务,畜牧业社会化经营程度不高,普遍存在着生产规模小、生产者数量众多的现象,而且生产的组织化程度较低。因此,畜牧业生产往往出现有利可图时,大家一哄而上,造成生产过剩;当生产出现无利可图时,又压缩生产,造成供应短缺的现象。这种小规模饲养导致畜牧业的商品化、标准化、组织化、集约化、产业化、国际化程度很低,畜牧产品的竞争力不强。

(三)畜牧产品生产缺乏科学有效的调控手段

近年来,造成我国主要畜牧产品生产波动的原因主要是生产过程中缺乏有针对性、科学有效的调控手段,对畜牧产品的国内需求与出口贸易难以监管,生产的发展很大程度依靠市场供求变化的自发调节功能,所以对畜牧业的长期健康发展十分不利。

(四)市场风险和技术风险的限制

随着畜牧业市场化、国际化进程的不断加快,我国畜牧业的市场风险性逐渐加大。畜牧业市场风险已经成为畜牧业生产经营者面临的主要风险,主要体现为市场价格的不稳定性、需求的多变性、预测的偏差性、政策的变动性,并具有长期性、阶段性、连锁性等特点。其成因主要包括价格调节滞后、市场信息不畅、畜牧业产业化组织程度低等。

(五)能源浪费与环境污染

我国目前畜牧业发展仍然是建立在高资本投入、高能源消耗、高污染排放、低产出效率的粗放式增长模式上的。主要表现为以下问题:畜禽粪便、污水等不经处理或处理不达标即排放,污染大气、土壤与水源,甚至造成疾病的传播流行;长期超载放牧造成草原退化、沙化和碱化,牧草产量与质量大减。以上问题严重制约着我国畜牧业的可持续发展,如何在低排放、高利用的条件下发展畜牧业成为我国畜牧业发展的难题。

现代畜牧业的发展提出了更高的技术要求,设施化养殖、标准化生产、机械化操作和劳动者科技文化素质等方面都无形中制约着畜牧业现代化的发展,而目前我国现代畜牧业科技还不能完全满足现代高效畜牧业的发展需求。综上所述，我国畜牧业现代化建设任重道远。

五、我国实现畜牧业现代化的措施

畜牧业现代化没有标准模式，没有最佳模式，只有合适模式。畜牧业现代化必须尊重客观规律，必须适合国家或地区的自然禀赋和现实条件。衡量一个国家采取何种畜牧业经济发展模式，主要是看这个国家在发展畜牧业过程中，土地、资本和劳动力三大生产要素的投入情况。由于这三种生产要素投入的强度以及结合的方式不同，形成了土地密集型、资本密集型、劳动密集型三种不同的发展模式。我国的畜牧业经济由于受土地、资本、技术等要素投入制约，总体上属于劳动密集型的传统发展模式。根据我国国情，实现畜牧业现代化的措施主要如下。

(一)科技创新与智能化

大力推动畜牧业领域的科研投入，推广现代化的养殖技术，如精准饲喂、疫病防控、生物育种等，提升生产效率和质量。推动基因育种技术、饲料营养技术、疫病防控技术的研发与应用，提升生产效益和产品质量。建立畜牧业科技创新平台，推广新技术、新品种、新模式。大力推进智慧畜牧业建设，利用物联网、大数据、人工智能等信息技术提升管理水平。建立覆盖全国的畜牧业信息监测与服务体系，实现全产业链信息的实时监控与调度。

(二)产业链升级与集约化

加快畜牧业的产业链整合与优化，从饲料、养殖到屠宰、加工，实现全产业链的现代化。推广标准化规模养殖场建设，鼓励养殖企业通过并购、合作等方式扩大规模，形成产业集群。支持发展现代畜牧业产业园区，促进一、二、三产业融合发展。

(三)绿色环保与可持续发展

推进畜禽养殖废弃物资源化利用，加强粪污处理与环境保护。鼓励发展生态循环畜牧业，推广草牧结合、农牧结合等生态养殖模式。实施严格的环保措施，推广循环经济模式，减少畜牧业生产对环境的污染，促进绿色发展。

(四)政策支持与国际合作

国家出台了一系列支持畜牧业发展的政策，如《"十四五"全国畜牧兽医行业发展规划》，鼓励集约化、规模化养殖，提升产业竞争力。国家还出台了一系列的财政补贴、税收优惠政策，支持畜牧业的技术改造和设施建设。完善畜牧业保险机制，为养殖户提供风险保障，稳定产业发展。同时通过与国际先进畜牧业企业和机构的合作，引进先进技术和管理经验，提升我国畜牧业的国际竞争力。

六、牧原食品股份有限公司现代化案例分析

牧原食品股份有限公司(简称牧原集团)是我国畜牧业现代化的典型企业，成立于 1992 年，总部位于河南省内乡县。牧原集团目前是亚洲最大的生猪养殖企业之一，以其大规模的养殖场和完整的产业链而闻名。涵盖了从生猪育种、饲养、屠宰到猪肉加工的各个环节，力求在保持产品质量的同时，实现规模化生产和经营。致力于利用现代化技术和管理方法提升生产效率，推动养殖业的可持续发展。牧原集团在国内市场有广泛的业务网络，并且逐步扩展到国际

市场。牧原集团现代化发展包括以下关键因素。

1.科技驱动

牧原集团注重研发投入，建立了完整的技术研发体系，涵盖了生物育种、饲料配方、疫病防控等多个方面。通过自主研发和技术引进，牧原集团实现了生猪育种、饲养、疾病防控等环节的高效管理。

2.规模化与标准化

牧原集团采取规模化、集约化养殖模式，拥有数百个标准化养殖场，实现了生产的全流程标准化管理。规模化带来的成本优势，使得牧原集团在市场竞争中占据了有利地位。

3.智能化与信息化

牧原集团建立了数字化管理系统，采用物联网、大数据分析等技术，实现了从育种到出栏的全过程监控与管理。信息化管理大幅提高了生产效率和管理水平，降低了人工成本。

4.环保与可持续发展

牧原集团注重环境保护，建设了完善的粪污处理系统，实现废弃物资源化利用。推行“猪—沼—果”循环农业模式，既提高了资源利用率，又保护了环境。

5.政策支持与市场策略

得益于国家对规模化养殖和环保治理的政策支持，牧原集团获得了多项政府补贴和政策优惠。牧原集团通过品牌化建设和产品标准化生产，提升了产品附加值，增强了市场竞争力。

畜牧业现代化是实现农业高质量发展的必由之路。通过科技创新、规模化生产、信息化管理、绿色发展以及政策支持，我国畜牧业正在快速实现现代化目标。牧原食品股份有限公司作为其中的代表性企业，展示了畜牧业现代化的典型路径，对其他企业具有积极的借鉴意义。

复习思考题

1.什么是生态畜牧业？有哪些主要特征？
2.何谓可持续发展？其包含哪些特征？
3.简述我国生态畜牧业发展现状、发展方向及措施。
4.我国畜牧业可持续发展的措施有哪些？
5.畜牧业现代化主要包含哪些方面的内容？
6.如何选择我国畜牧业现代化发展路径？
7.简述世界畜牧业现代化的类型及代表性地区。

项目四
智慧畜牧业

学习目标

1. 了解智慧畜牧业的概念及主要特征。
2. 了解智慧畜牧业的核心要素及其内容。
3. 了解并掌握传统畜牧与智慧畜牧之间的区别。
4. 掌握物联网的体系架构及其各自的功能。
5. 了解智慧畜牧国内外的发展历程。
6. 掌握智慧畜牧技术的应用领域及发展趋势。

项目四思维导图

素质目标

1. 培养投身畜牧事业、实现智慧畜牧技术创新和超越的职业意识。

2. 增强对畜牧业减少环境污染、节能减排的认识，提高建设资源节约型和环境友好型社会的自觉性。

畜牧企业经营与管理项目四课件

学习内容

任务一 智慧畜牧业概述

一、智慧畜牧业的概念

智慧畜牧业是指以现代信息技术为支撑，对畜牧业生产、经营、管理等各个环节进行全面信息化、智能化改造，提高畜牧业生产效率、降低生产成本、改善畜牧产品质量和安全的新型畜牧业生产方式。通过物联网技术，可以实现对牲畜的实时监测，包括饲料摄入量、健康状况等，帮助畜牧企业及时发现问题并进行干预，以提高畜牧业的生产效率和质量。

二、智慧畜牧与传统畜牧的对比

智慧畜牧的兴起源于对畜牧业传统模式的改造升级，与传统畜牧相比，智慧畜牧在养殖模式、环境监测、环境调节、成本管理以及养殖信息等多个领域进行了改善，降低成本的同时提高了养殖效率和效益。据统计，相较于传统养殖，智慧养殖料肉比可由 2.6∶1降低至 2.5∶1，出栏率可由 85％提升至 90％，单头养殖生产成本可降低 50％左右。智慧畜牧和传统畜牧的主要区别见表 4-1。

表 4-1　智慧畜牧和传统畜牧的主要区别

项目	传统畜牧	智慧畜牧
养殖模式	以农村小规模、大型养殖场集中型和生态散养为主要养殖模式，养殖效率和效益普遍偏低。	以规模化、集约化、标准化养殖为主，智能化和信息化大大提高了养殖效率和养殖效益。
环境监测	无法有效对养殖场内的温度、湿度、氨气、光照强度等参数进行实时监测，没有便捷并可实时进行查看的数字化监管方式。	计算机、App、小程序等方式协助管理员实时监控设备运转状态，实时记录检测并针对问题做出相关养殖方案调整，养殖场环境稳定得到保障。
环境调节	依赖工作人员在养殖场内巡查来发现所养牲畜的异常情况，存在太多不确定性。	有效预警并自主或通知工作人员解决养殖场内的异常问题，养殖场损失降低至最小甚至无损失。
成本管理	需要大量员工管理，人力成本高且工作效率相对较低，生产效率和经济效益不佳，饲养成本和疫病损失大。	合理规划养殖数量，自动料线完成精准饲喂，土地和饲料的利用率得到提高，工作人员人力成本降低，实时进行疫病预防及治疗。
养殖信息	无法对已出售养殖产品进行溯源，养殖产品信息的真实性、准确性无法得到保证。	养殖产品的生长数据、饲养批次等信息实时上传至云数据平台，提供准确可靠信息供客户查验。

三、智慧畜牧的主要特征

通过与传统畜牧的对比，我们可以发现智慧畜牧主要有以下几方面的突出特征。

(一)智能化养殖

这是智慧畜牧最显著的特征，通过智能化设备帮助完成畜禽饲喂、排泄、疫病预防、生长监控等一系列的生产过程。

(二)信息化管理

智慧畜牧强调信息化的管理，运用大数据、云计算、物联网及其他技术手段，对养殖场的环境参数、动物生长状况、疾病预防等数据进行监控、记录和分析，以期对养殖过程中的问题进行及时的预警和处理，同时也为后期的决策提供科学的支撑。

(三)智能化设备

智慧畜牧的设备多为数字化、智能化设备，如智能饲喂系统、环境控制系统、兽医诊疗仪等，这些高科技设备的使用能够极大地提高畜牧生产效率，降低养殖成本，减少环境污染，提高养殖质量。

(四)绿色生产

智慧畜牧的特征之一是绿色生产，这种生产模式充分考虑动物福利、环境保护等因素，并在养殖管理上严格按照生态、环保的要求进行，尽可能减少污染物排放和资源浪费，实现养殖健康、绿色、可持续发展。

(五)高效盈利

智慧畜牧的信息化、智能化、自动化等特征的优势，极大地提高了养殖效益，从而为畜牧企业创造更多的收益。通过科学管理，实现生产过程的高效性和可控性，从而使生产过程更加规范、稳定、高效。

综上所述，智慧畜牧是一种以智能化为特征的现代化畜牧业生产模式，其信息化、绿色化、高效化的特点和优势明显，这种模式将是未来畜牧业发展的重要方向之一，也必将成为我国经济战略发展的新着力点。

四、智慧畜牧的核心要素

智慧畜牧的核心要素主要包括物联网、云计算与大数据、人工智能等。

(一)物联网

1. 物联网概念

物联网英文名为 Internet of Things(IoT)，是指通过各种信息传感器、射频识别技术、全球定位系统、红外感应器、激光扫描器等各种装置与技术，面向需要监控、连接、互动的物体或过程，采集其声、光、热、电、力学、化学、生物、位置等信息，通过网络的接入，实现物与物、物与人的泛在连接，实现对物品和过程的智能化感知、识别、管理和控制。简而言之，可称为“物物相连的互联网”，它包含两层含义：第一，物联网是互联网的延伸和扩展，其核心和基础仍然是互联网；第二，物联网的用户端不仅包括人，还包括物品，物联网实现了人与物品及物品之间信息的交换和通信。

畜牧业物联网是由大量传感器节点构成的监控网络，通过信息传感设备实时采集畜禽个体生长状况、养殖环境等信息，利用无线传感网络/局域网和广域网实现数据异构、实时在线数据传送，为智慧畜牧提供了丰富的数据，为开展智能化分析奠定了基础。

2. 物联网的发展历程

物联网并非全新的网络和应用，它是在现有电信网、互联网、行业专用网的基础上，增强网络延伸、信息感知和信息处理能力，基于应用的需求构建的信息通信融合应用的基础设施。因此，物联网被视为互联网的应用扩展。应用创新是物联网发展的核心，以用户体验为核心的创新是物联网发展的灵魂。物联网的发展历程见表 4-2。

表 4-2　物联网的发展历程

发展阶段	时间	主要特征
第一阶段 （标准化和技术发展）	2000 年之前	在物联网的初期阶段，主要集中在标准化和技术发展上。各种无线通信技术如 Wi-Fi、蓝牙、RFID 等开始发展，并逐渐形成了相关的标准和协议。
第二阶段 （应用推广和商业化）	2000—2010 年	随着无线通信技术的成熟和智能设备的普及，物联网开始进入应用推广和商业化阶段。各行各业开始探索物联网在生产、交通、医疗、农业等领域的应用，并取得了一些成功的案例。
第三阶段 （大规模应用和产业发展）	2010 年至今	物联网技术不断成熟，各种智能设备和传感器的价格下降，使得物联网在更多领域得到应用。同时，相关产业链也逐渐形成，包括芯片制造、设备制造、云计算等，为物联网的发展提供了支撑。目前，全球物联网处于攻克关键技术、制定标准规范与研发应用的阶段。

在物联网的整个发展过程中，出现了几个影响人类信息社会发展具有里程碑意义的标志性事件，见表 4-3。

表 4-3　物联网发展过程中的标志性里程碑事件

时间	标志性事件
1990 年	施乐公司的网络可乐贩卖机（Networked Coke Machine）。
1995 年	比尔·盖茨在《未来之路》一书中最早提出物物互联的概念。
1999 年	麻省理工学院研究中心的凯文·阿什顿教授在研究 RFID 时提出物联网概念。
2003—2004 年	IoT 一词第一次开始出现在书名上，被主流的出版社和波士顿环球报提出。
2005 年	国际电信联盟（ITU）在 2005 年发布技术报告时指出物联网通信时代即将来临。
2006—2008 年	第一个欧洲物联网会议举行。
2008 年	物联网诞生，美国国家情报委员会将物联网列为“六项颠覆性民用技术”之一。
2009 年	IBM 首席执行官彭明盛首次提出了“智慧地球”这一概念。
2010 年	时任国务院总理温家宝称 IoT 为中国重点产业。
2011 年	IPv6 公开推出。
2013 年	谷歌眼镜发表，它是一种增强现实技术的眼镜。
2014 年	苹果公司 HealthKit 健康平台和 HomeKit 智能家居平台发布。
2015 年	亚马逊推出物联网应用平台。
2016 年	物联网标准 NB-IoT（窄带蜂窝物联网）正式获得国际组织 3GPP 批准，开始大规模推广应用；我国“十三五”规划纲要明确提出了“发展物联网开环应用”。
2017 年	工业和信息化部发布《关于全面推进移动物联网（NB-IoT）建设发展通知》：建设广覆盖、大连接、低功耗移动物联网（NB-IoT）基础设施，发展基于 NB-IoT 技术的应用。
2018 年	《物联网参考体系结构》国际标准正式发布；阿里巴巴宣布将全面进军物联网领域，阿里云 IoT 的定位是物联网基础设施的搭建者，阿里云致力于打造全世界第一朵“无处不在的云”。

续表 4-3

时间	标志性事件
2019 年	国家电网建设“泛在电力物联网”，加快推进了“三型两网、世界一流”战略落地实施。
2020 年	我国正在建设的首个卫星物联网——“行云工程”进展顺利。
2022 年	我国移动物联网连接数首超移动电话用户数，开启“物超人”时代，NB-IoT 已形成水表、气表、烟感、追踪类 4 个千万级应用，以及路灯、停车、农业等 7 个百万级应用。

3. 物联网的相关概念

(1)互联网(Internet)。互联网又称为国际网络，根据音译也被称为因特网、英特网，是指通过一组通用的协议，将更多的计算机互联起来，实现覆盖全世界的逻辑上单一且庞大的国际全球化网络。

(2)无线传感器网络(wireless sensor network)。无线传感器是一种可以测量、检测和监控各种信息的设备，通过使用无线通信技术将数据从传感器传输到接收器或其他设备。由传感器、通信网络和信息处理系统为主构成的无线传感网，具有实时数据采集、监督控制和信息共享与存储管理等功能。传感器、感知对象和观察者是构成无线传感网的 3 个要素。

(3)泛在网(ubiquitous network)。泛在网是指无处不在的网络，它选用适当的终端设备连接网络，是由智能网络、先进的计算机技术及其他领先的数字技术基础设施而构成的技术形态，从而实现空间信息与物理信息之间的无缝对接，按需获得个性化的信息服务。泛在网是面向泛在应用的各种异构网络的集合，也被称为“网络中的网络”，具有比物联网更广泛的内涵。

4. 物联网与无线传感网、泛在网、互联网之间的关系

无线传感网一般提供局域或小范围物与物之间的信息交换，互联网解决广域或大范围的人与物、物与物之间信息的联网问题，泛在网络基于个人和社会的需求，利用现有的网络技术和新的网络技术，实现人与人、人与物、物与物之间按需进行的信息获取、传递、存储、认知、决策、使用等服务，为个人和社会提供泛在的、无所不含的信息服务和应用。物联网与三者之间的关系如图 4-1 所示。

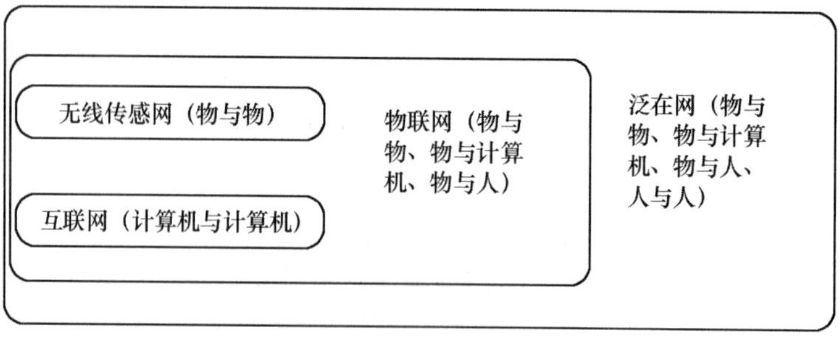

图 4-1　物联网与无线传感网、泛在网、互联网之间的关系

5. 物联网的体系架构

物联网的最终目的是实现智能控制。为了达到这个目的，就需要感知获取信息，然后通过网络将获取的信息传到控制器，由控制器来实现智能控制。因此，目前比较认可的物联网的体

系架构是由感知层、网络层和应用层组成。如以人作喻，则感知层就像人的皮肤和五官，其主要功能是识别物体、采集信息和进行信息的短距离传输；网络层如人的神经，主要负责传递感知层获取的信息，是物联网最重要的基础设施之一；应用层则如人的大脑，对网络层传输到应用层的大量信息进行分析和处理，做出相应控制和决策，从而实现智能化的管理、应用和服务。

(1)感知层。感知层的关键技术主要包括传感器技术(被形象地称为“电五官”)、RFID(射频识别)技术和二维码技术。RFID(射频识别)技术又称为电子标签或无线射频识别技术，是自动识别技术的一种，类似于条码扫描，利用射频信号将信息由RFID标签传送至RFID读写器。具有非接触性、自动化程度高、可靠性高、识别速度快等优势。二维码技术是用某种特定的几何形体，按照一定规律在平面上分布黑白相间的图形来记录信息的应用技术，是物联网感知层实现过程中最基本和关键的技术之一。

(2)网络层。网络层的关键技术包括互联网、移动通信技术和无线传感器网络。

(3)应用层。应用层的关键技术主要由云计算、数据挖掘和中间件构成。数据挖掘主要基于人工智能、机器学习、模糊识别、统计学、数据库、可视化等技术，高度自动化地分析数据，并进行归纳整理，揭示事件的相互关系，预测未来的发展趋势，为决策者提供决策的依据；中间件是为了实现每个小的应用环境或系统的标准化及它们之间的通信，在后台应用软件和读写器之间设置的一个通用的平台和接口。

(二)云计算与大数据

云计算是分布式计算、并行计算和网格计算的发展，指的是通过共享基础资源的方法将巨大的系统池连接在一起，以提供各种IT服务。我们现在应用的云计算代表就是阿里云。

大数据，又称为巨量资料，是指所涉及的数据资料量规模巨大到无法通过人脑甚至主流软件工具，在合理时间内达到撷取、管理、处理，并整理成为帮助企业经营决策等目的的资讯。麦肯锡研究院对大数据的定义是：“大数据是指巨大的数据集，此类数据集过于庞大，超出了常规数据库软件工具的采集、存储、管理和分析能力。”畜牧数据具有多源、异构、跨平台、跨系统的典型大数据特征，采用传统技术手段处理这类数据非常困难，独立分散的养殖户更无法提供相应算力。云计算为畜牧大数据处理提供了技术支撑，核心技术包括基于多模态特征的知识表示和建模、面向领域的深度知识发现与预测、特定领域特征普适机理凝练的知识融合等。

(三)人工智能

1.人工智能的概念及发展历程

1956年夏，麦卡锡、明斯基等科学家在美国达特茅斯学院开会研讨“如何用机器模拟人的智能”，首次提出“人工智能(Artificial Intelligence，缩写为AI)”这一概念，标志着人工智能学科的诞生。

人工智能也称为智械、机器智能，是指由人制造出来的可以表现出智能的机器。人工智能包含机器视觉、语音识别、虚拟现实和可穿戴设备等多项核心技术，可以多方位融入和应用到畜牧生产与管理过程中，改造传统饲养管理方式，提高生产管理效率，降低人力成本。

人工智能自1956年以来的发展历程，大致可划分为6个阶段(表4-4)。

表 4-4 人工智能的发展阶段

时间	所处阶段	主要特征
1956 年至 20 世纪 60 年代初	起步阶段	人工智能概念提出后，相继取得了一批令人瞩目的研究成果，如机器定理证明、跳棋程序等，掀起人工智能发展的第一个高潮。
20 世纪 60 年代初至 70 年代初	反思发展期	人工智能发展初期的突破性进展大大提升了人们对人工智能的期望，人们开始尝试更具挑战性的任务，并提出了一些不切实际的研发目标。然而，接二连三的失败和预期目标的落空（如无法用机器证明两个连续函数之和还是连续函数、机器翻译屡出笑话等），使人工智能的发展走入低谷。
20 世纪 70 年代初至 20 世纪 80 年代中期	应用发展期	20 世纪 70 年代出现的专家系统模拟人类专家的知识和经验解决特定领域的问题，实现了人工智能从理论研究走向实际应用、从一般推理策略探讨转向运用专门知识的重大突破。专家系统在医疗、化学、地质等领域取得成功，推动人工智能进入应用发展的新高潮。
20 世纪 80 年代中期至 20 世纪 90 年代中期	低迷发展期	随着人工智能的应用规模不断扩大，专家系统存在的应用领域狭窄、缺乏常识性知识、知识获取困难、推理方法单一、缺乏分布式功能、难以与现有数据库兼容等问题逐渐暴露出来。
20 世纪 90 年代中期至 2010 年	稳步发展期	由于网络技术特别是互联网技术的发展，加速了人工智能的创新研究，促使人工智能技术进一步走向实用化。1997 年国际商业机器公司（简称 IBM）深蓝超级计算机战胜了国际象棋世界冠军卡斯帕罗夫，2008 年 IBM 提出“智慧地球”的概念，都是这一时期的标志性事件。
2011 年至今	蓬勃发展期	随着大数据、云计算、互联网、物联网等信息技术的发展，泛在感知数据和图形处理器等计算平台，推动以深度神经网络为代表的人工智能技术飞速发展，大幅度跨越了科学与应用之间的“技术鸿沟”，如图像分类、语音识别、知识问答、人机对弈、无人驾驶等人工智能技术实现了从“不能用、不好用”到“可以用”的技术突破，迎来爆发式增长的新高潮。

2.人工智能的现状与影响

(1)人工智能的发展现状。

①专用人工智能取得重要突破。从可应用性角度看，人工智能大体可分为专用人工智能和通用人工智能。面向特定任务（如围棋比赛）的专用人工智能系统由于任务单一、需求明确、应用边界清晰、领域知识丰富、建模相对简单，形成了人工智能领域的单点突破，在局部智能水平的单项测试中可以超越人类智能。人工智能的近期进展主要集中在专用智能领域。例如，阿尔法狗（AlphaGo）在围棋比赛中战胜人类冠军，人工智能程序在大规模图像识别和人脸识别中达到了超越人类的水平，人工智能系统诊断皮肤癌达到专业医生水平。

②通用人工智能尚处于起步阶段。人的大脑是一个通用的智能系统，能举一反三，融会贯通，可处理视觉、听觉、判断、推理、学习、思考、规划、设计等各类问题，可谓“一脑万用”。真正意义上完备的人工智能系统应该是一个通用的智能系统。目前，虽然专用人工智能领域已取得突破性进展，但通用人工智能领域的研究与应用仍然任重而道远，人工智能总体发展水平仍处于起步阶段。当前的人工智能系统在信息感知、机器学习等“浅层智能”方面进步显著，但是在概念抽象和推理决策等“深层智能”方面的能力还很薄弱。也就是说，目前的人工智能系统

可谓有智能没智慧、有智商没情商、会计算不会“算计”、有专才而无通才。因此，人工智能依旧存在明显的局限性，依然还有很多“不能”，与人类智慧还相差甚远。

③人工智能创新创业如火如荼。全球产业界充分认识到人工智能技术引领新一轮产业变革的重大意义，纷纷调整发展战略。例如，谷歌在其2017年年度开发者大会上明确提出发展战略从“移动优先”转向“人工智能优先”，微软2017财年年报首次将人工智能作为公司发展愿景等。人工智能领域处于创新创业的前沿。麦肯锡公司报告指出，2016年全球人工智能研发投入超300亿美元并处于高速增长阶段；全球知名风投调研机构CB Insights报告显示，2017年全球新成立人工智能创业公司1 100家，人工智能领域共获得152亿美元投资，同比增长141%。

④创新生态布局成为人工智能产业发展的战略高地。信息技术和产业的发展史，就是新老信息产业巨头抢滩布局信息产业创新生态的更替史。例如，传统信息产业代表企业有微软、英特尔、IBM、甲骨文等，互联网和移动互联网时代信息产业代表企业有谷歌、苹果、脸书、亚马逊、阿里巴巴、腾讯、百度等。人工智能创新生态包括纵向的数据平台、开源算法、计算芯片、基础软件、图形处理器等技术生态系统和横向的智能制造、智能医疗、智能安防、智能零售、智能家居等商业和应用生态系统。目前，智能科技时代的信息产业格局还没有形成垄断，因此全球科技产业巨头都在积极推动人工智能技术生态的研发布局，全力抢占人工智能相关产业的制高点。

(2)人工智能的影响。人工智能的社会影响日益凸显。主要体现在两个方面：一方面，人工智能作为新一轮科技革命和产业变革的核心力量，正在推动传统产业升级换代，驱动“无人经济”快速发展，在智能交通、智能家居、智能医疗等民生领域产生积极正面的影响。另一方面，个人信息和隐私保护、人工智能创作内容的知识产权、人工智能系统可能存在的歧视和偏见、无人驾驶系统的交通法规、脑机接口和人机共生的科技伦理等问题已经显现出来，需要抓紧提供解决方案。

3. 人工智能的发展趋势与展望

经过60多年的发展，人工智能在算法、算力(计算能力)和算料(数据)“三算”方面取得了重要突破，正处于从“不能用”到“可以用”的技术拐点，但是距离“很好用”还有诸多瓶颈。中国科学院院士谭铁牛认为，在可以预见的未来，人工智能发展将会呈现如下趋势与特征。

(1)从专用智能向通用智能发展。

(2)从人工智能向人机混合智能发展。

(3)从“人工＋智能”向自主智能系统发展。

(4)人工智能将加速与其他学科领域交叉渗透。

(5)人工智能产业将蓬勃发展。

(6)人工智能将推动人类进入普惠型智能社会。

(7)人工智能领域的国际竞争将日益激烈。

(8)人工智能的社会学研究将提上日程。

五、物联网等技术在现代畜牧业的应用领域

目前，物联网、云计算与大数据、人工智能等技术在现代畜牧业中的应用领域主要集中于养殖环境监测、畜禽个体的身份识别、精准饲喂、畜禽的疾病预防、畜牧产品物流管理及质量追

溯等方面。伴随着移动互联网、物联网、大数据、人工智能、云计算等科技的不断创新和发展，其在畜牧业中的应用领域将会更加广泛。畜牧业也即将进入无人值守牧场的智能化时代，并成为高产、高效、优质、生态、安全的智慧畜牧业。

任务二 智慧畜牧的发展历程及趋势

一、智慧畜牧国内外的发展概况

(一)国外智慧畜牧的发展历程

自20世纪50年代开始，国外畜禽养殖业发达国家逐步向集约化、标准化过渡，畜禽环境监控系统开发则在20世纪70年代起步。至20世纪80年代，各国开始在农业领域推广计算机和网络技术等数字化管理方式，全球农业信息化开始起步。在此背景下，到了20世纪90年代，欧美发达国家开始在畜牧养殖领域引入智慧化升级概念，即通过引进先进技术和设备，建立了智能化程度较高的牧场管理系统，推动畜牧业向现代化、智能化转型。智慧牧场概念由此诞生，标志着全球智慧牧场行业发展起步。

早期的智慧牧场主要是通过安装智能摄像头、传感器等设备，对牧场环境进行实时监测，以及采用自动饲喂系统等设备减轻人力负担等方式实现，智慧化程度较低。近年来，随着市场猪牛羊等蛋白质产品消费不断增长，包括我国在内的国内外各国对畜牧业现代化转型和智慧牧场建设的关注度日益提升，为智慧牧场相关技术发展提供了有力支持。当前国内外规模化牧场为动物佩戴智能耳标、智能项圈等设备开始成为常态，实现了对牲畜的精准识别和追踪。此外，通过大数据系统分析对养殖数据进行深入挖掘和分析也成为各大牧场智慧化建设的关键一环，实现了对牧场的科学智慧化管理。

目前，美国、荷兰、丹麦、以色列等畜牧业发达国家，智能化的环境控制系统，已经普遍在现代化养殖场中应用。有些先进的智能控制系统，甚至整合了投喂料系统、疫病诊断、畜禽污染物管理等功能，组成了智能养殖管理系统。从技术发展的角度来看，这些畜牧业发达国家在智能农业和智能养殖领域起步较早，并且均取得了显著的成果，尤其在精准饲喂管理、智能监控等方面有着丰富的实践经验。其优势在于较早地将信息技术与畜牧业结合，形成了完善的技术体系和实际应用模式，推动了智能养殖技术的发展和应用。

1. 美国

美国作为全球科技领先的国家之一，在智能农业和智能养殖方面有着深厚的研究基础和技术积累，在畜牧业管理中较早就采用了RFID技术，所有牲畜从出生起就戴上RFID耳标，将牲畜的信息登记到数据系统中，这种技术的应用大大提高了畜牧业的智能化管理水平。

2. 荷兰

荷兰的农业科技十分发达，其温室种植技术和智能养殖技术在全球享有盛誉。荷兰通过精准农业和智能化管理，实现了高效、环保的农业生产。

3. 丹麦

丹麦是世界上养猪业最发达的国家之一，其养猪业的特点是规模化、专业化和高效化。丹麦的养猪业较早就采用了最新的基因生物技术，且猪场的专业化、机械化程度非常高，几乎所有的猪场都包括自动供料系统、粪污处理系统等，都可以通过计算机进行控制。丹麦的生猪追溯体系也比较完善，已实现了猪产业链条的全程可追溯。

4. 以色列

以色列智慧农业普遍应用了现代农业物联网技术，其智能灌溉技术和智能养殖技术被广泛应用于全球各地。以色列的农业科技公司也在智能养殖领域做出了重要贡献。

(二)我国智慧畜牧的发展历程

与前述畜牧业技术发达国家相比较而言，我国智慧畜牧起步较晚。下面分别从时间、国家政策、技术研发与应用等层面概括我国智慧畜牧的发展历程。

1. 时间层面

我国智慧畜牧从时间层面上进行划分，可以概括为如表 4-5 所示的几个主要发展阶段。

表 4-5　我国智慧畜牧的发展阶段

时间	所处阶段	主要特征
2016—2018 年	初始阶段	这一阶段主要是智慧畜牧的概念引入和初步探索时期。2016 年，国务院发布的《全国农业现代化规划（2016—2020 年）》中明确提出，到 2020 年畜牧业产值占农业总产值的比重要超过 30%。虽然到 2018 年，这一目标尚未实现，但标志着农业现代化，包括智慧畜牧的发展开始受到重视。2017 年起，农业部开始实施数字农业建设试点项目，坚持政府引导、市场主体、多元投入、多方协同的原则，推动大数据、云计算、物联网等现代信息技术在农业生产中的应用。智慧畜牧作为智慧农业组成之一，建设仍处于初期阶段。
2019—2020 年	技术积累与试点阶段	在这一阶段，物联网、云计算和大数据等关键技术开始应用于畜牧业，智慧畜牧的实施方案和试点项目逐渐增多。例如，智慧畜牧园区和数字化养殖基地的设立，开始了以信息技术提升畜牧业生产效率的尝试。
2021 年至今	快速推广阶段	自 2021 年开始，随着《“十四五”全国畜牧兽医行业发展规划》的发布，智慧畜牧进入了快速推广时期。规划中明确提出，到 2025 年全国畜牧业现代化建设取得重大进展，奶牛、生猪、家禽养殖率先基本实现现代化。截至 2021 年年底，我国已建设 1 个国家数字畜牧业创新中心、1 个国家数字畜牧业创新分中心（奶牛）和 33 个国家数字畜牧业创新应用基地。这一阶段，智慧畜牧技术在养殖环境监测、个体身份标识、精准饲喂等方面取得了显著进展。

2. 国家政策层面

产业政策是国家指导产业发展的重要文件，通过梳理有关部门发布的涉及智慧畜牧方面的政策文件，可从侧面反映我国智慧畜牧的发展进程和主要方向。近年来，我国高度重视智慧畜牧业的发展，出台了一系列政策措施，鼓励和支持畜牧业向智能化转型升级，基本形成了从基础设施建设到技术推广应用、社会化服务的完整政策体系（表 4-6）。

表 4-6 我国有关智慧畜牧部分政策

发布时间	发布部门	政策文件名称	主要内容
2015.8	国务院	关于印发促进大数据发展行动纲要的通知	推动大数据与云计算、物联网、移动互联网等新一代信息技术融合发展，探索大数据与传统产业协同发展的新业态、新模式，促进传统产业转型升级和新兴产业发展，培育新的经济增长点。
2015.12	中共中央 国务院	关于落实发展新理念加快农业现代化实现全面小康目标的若干意见	大力推进“互联网＋”现代农业，应用物联网、云计算、大数据、移动互联等现代信息技术，推动农业全产业链改造升级。
2019.3	国务院	政府工作报告	深化大数据、人工智能等研发应用，加快在各行业各领域推进“互联网＋”。
2020.1	农业农村部	数字农业农村发展规划（2019—2025 年）	建设数字养殖牧场。推进养殖场（屠宰、饲料、兽药企业等）数据直联直报，构建“一场（企）一码、一畜（禽）一标”动态数据库，实现畜牧生产、流通、屠宰各环节信息互联互通。加快建设数字奶业平台。
2020.1	中共中央 国务院	关于抓好“三农”领域重点工作，确保如期实现全面小康的意见	加强现代农业设施建设，依托现有资源建设农业农村大数据中心，加快物联网、大数据、区块链、人工智能、5G 通信网络、智慧气象等现代信息技术在农业领域的应用，开展国家数字乡村试点。
2020.9	国务院 办公厅	关于促进畜牧业高质量发展的意见	加强大数据、人工智能、云计算、物联网、移动互联网等技术在畜牧业的应用，提高圈舍环境调控、精准饲喂、动物疫病监测、畜禽产品追溯等智能化水平。
2021.12	农业农村部	“十四五”全国畜牧兽医行业发展规划	推动智慧畜牧业建设。以生猪、奶牛、家禽为重点，加快现代信息技术与畜牧业深度融合步伐，大力支持智能传感器研发、智能化养殖装备和机器人研发制造，提高圈舍环境调控、精准饲喂、动物行为分析、疫病监测、畜牧产品质量追溯等自动化、信息化水平，建设一批高度智能化的数字牧场。
2022.2	国务院	“十四五”推进农业农村现代化规划	建立和推广应用农业农村大数据体系，推动物联网、大数据、人工智能、区块链等新一代信息技术与农业生产经营深度融合。建设数字田园、数字灌区和智慧农（牧、渔）场。
2022.3	农业农村部	“十四五”全国农业农村信息化发展规划	推进智慧牧场建设，加快规模养殖场数字化改造，推进环境感知、精准饲喂、粪污清理、疾病防控等设备智能化升级，推动生产过程平台化管理等。
2023.7	农业农村部	关于做好现代设施农业建设项目谋划储备的通知	建设奶牛智慧养殖场，建设智慧养殖圈舍，升级智能挤奶系统，强化优质牧草供给。
2024.10	农业农村部	关于大力发展智慧农业的指导意见	推进畜牧养殖智慧化。引导发展规模养殖智能化，按需集成环境精准调控、生长信息监测、疫病智能诊断防控技术，推广精准饲喂等智能装备。

除国家关于智慧畜牧的宏观产业规划外，地方在落地实施的过程中，也出台了一系列政策，积极推动智慧畜牧的发展(表 4-7)。

表 4-7　部分省市智慧畜牧相关政策

发布时间	地方	政策文件名称	主要内容
2021.2	江苏	关于促进畜牧业高质量发展的实施意见	加强大数据、人工智能、云计算、物联网、区块链、移动互联网等技术在畜牧业的应用，加快江苏智慧畜牧业“一张网”建设，推广建设一批数字化、信息化智慧养殖场，提高精准管理、动物疫病监测、畜禽产品追溯等智能化水平。
2021.8	北京	北京市“十四五”时期乡村振兴战略实施规划	发展数字田园、智慧养殖、智慧农园。
2021.12	山东	山东省“十四五”推进农业农村现代化规划	推动深远海智慧养殖，实现海洋渔业绿色健康发展。
2022.1	宁夏	宁夏回族自治区信息化建设“十四五”规划	大力发展智慧种植、智慧养殖、智慧农机等场景应用，打造一批数字化现代农业核心示范园区。
2022.6	黑龙江	黑龙江省产业振兴行动计划(2022—2026 年)	开展大田作物精准耕作、天空地无人农场智能管理、畜禽智慧养殖、园艺作物智能化生产等数字农业示范基地建设，推进“互联网＋农机作业”，推广建设应用农机作业监测、远程调度、维修诊断等信息化服务平台，实现数据信息互联共享，提高农机作业质量与效率。
2023.2	河北	加快建设数字河北行动方案(2023—2027 年)	推进省内规模化种养殖基地和现代农业园区数字化改造，完善省级智慧农业数字化应用平台，发展数字田园、智慧养殖、数字渔业、数字种业等高端农业，到 2025 年建成 100 个现代“种养加”生态农业创新应用示范区。
2023.9	内蒙古	内蒙古自治区推进奶产业高质量发展若干政策措施	支持养殖场数智化、绿色化发展，通过实施国家奶业生产能力提升项目，每年安排资金 5 000 万元以上，对饲喂、挤奶、保健、防疫等关键环节设施设备进行升级改造，建设一批高水平适度规模现代智慧牧场，实现养殖管理数字化、智能化。

以上这些相关政策的出台为智慧畜牧的发展创造了良好的外部环境。同时，为了规范行业发展，一系列行业标准的制定和实施也开始启动，推动了智慧畜牧的规范化、标准化发展。

3. 技术研发层面

就整体而言，国内相关技术的研发主要集中于 2000 年以后，涉及畜禽环境测量与监控、单一指标的监控和干预、多指标控制策略研究、硬件开发与系统组建等各方面，侧重于技术研发和验证。大量多功能智能监测设备仍处于传感器和计算机算法的研发阶段，现有的技术尚未能达到高效、准确、易维护和低成本等需求，与国外差距主要在系统的集成度、商品化程度、行业渗透率等方面，与大规模推广所需的安全性、可靠性、适应性还有一段距离，动物福利及行为监测刚刚起步。目前，在智慧畜牧技术研发方面具有代表性的企业有：青岛科创信达科技有限公司(国家级高新技术企业)、福州微猪信息科技有限公司、北京小龙潜行科技有限公司、深圳市云辉牧联科技有限公司、广州影子科技有限公司等；在智慧畜牧养殖解决方案提供方面的知名企业有阿里云、京东农牧、网易、睿畜科技、科大讯飞、正弧科技等。智能养猪主要细分领域、产品和典型企业见表 4-8。

表 4-8 智能养猪主要细分领域、产品和典型企业

领域	类别	典型企业
猪业互联网服务平台	猪场综合服务平台	农信互联(猪联网)、猪之宝、扬翔等。
	猪场管理软件	农信数智、微猪科技、上海麦汇信息、爱思农-银合、荷德曼、嘉吉、阿佳希、河南牧巢科技、天邦股份、渑池鑫地牧业、挺好农牧、小龙潜行、影子科技、铁骑力士、厦门物通博联、不愁网、舍羽农信、飞岩信息、南宁久翔等。
	涉猪电子商务平台	国家生猪市场、畜牧市场、中畜网、猪易商城等。
猪场物联网平台与设备	物联网平台	农信数智、爱思农-银合、睿畜科技、富华科技、荷德曼、小龙潜行、河南讯飞、影子科技、挺好农牧、京鹏畜牧、普惠农牧、青岛小巨人、上海润牧、鲸洋畜牧、南商科技、云浮市物联网研究院等。
	智能饲喂设备	深圳慧农科技、润农科技、京鹏畜牧、荷德曼、华丽科技、河南讯飞、智农农科、瑞昂畜牧、河南河顺、华诚智能、英孚克斯、国科诚泰、中畜智联、正狐科技、青岛大牧人等。
	智能环控设备	科创信达、普立兹、荷德曼、爱思农-银合、智农农科、斯维垦、山东众润、美特亚、辽宁省鑫源温控、云浮市物联网研究院、国科诚泰、河南河顺、正狐科技、青岛大牧人、梵龙电子等。
	智能穿戴设备	富华科技、默沙东动保、影子科技、遨科智能等。
	智能监测设备	北京农信数智、睿畜科技、河南讯飞、烟台艾睿光电、沈阳西牧、北京深牧科技等。
	传感器等其他设备	睿畜科技、普立兹、海康威视、博诚鑫创、青岛联海兴业、智维电子、富华科技、米文动力、深牧科技等。
人工智能方案	整体解决方案	农信数智、爱思农-银合、睿畜科技、富华科技、小龙潜行、青岛联海兴业、北京深牧科技、艾佩克科技等。
	视觉识别	云浮市物联网研究院、青岛联海兴业、河南讯飞、挺好农牧、农信数智、荷德曼、挺好农牧等。
	声音识别	河南讯飞、勃林格等。
	人机交互	农信数智等。
其他领域	食品溯源平台	农信数智、天邦股份、河南讯飞、南宁久翔、青花瓷软件等。
	区块链技术	农信数智、影子科技等。
	粪污资源化利用	中农创达、智农农科、齐尚盛祥、斯维垦、国科诚泰、天津辉仁科技等。
	其他	青岛德兴源、慧怡科技、力之天、中正惠测、康尚生物、卡尤迪、山东施密特等。

资料来源：北京农信互联科技集团有限公司、农信研究院发布的《2022 年生猪产业数智化发展研究报告》。

就现阶段的智慧畜牧技术研发来说，有以下几个方面的特点：

(1)养殖环境监测技术进展迅速。随着传感器、移动通信和物联网技术的发展，通过传感器获得环境参数，将之传输到云端，并在手机、PDA(掌上电脑)、计算机等信息终端进行显示，已成为规模化、标准化养殖场普遍采用的信息化管理手段。对获取的大量监测数据如何科学有效地加以利用，进一步指导畜牧生产，是当前亟待解决的突出问题。以猪舍、立体式鸡舍为代表的圈舍类养殖环境具有多变量共存、结构复杂及密集程度高等特点，为建立精确的调控分析模型带来了诸多困难，国内已有相关研究取得了一定进展，但如何提高模型的泛化性和鲁棒性是在实际应用中面临的关键挑战。在养殖环境监测技术研发方面的典型企业有科创信达、普立兹、荷德曼、智农农科、斯维垦、山东众润、美特亚、辽宁省鑫源温控、云浮市物联网研究院、国科诚泰等。

(2)个体身份标识技术研发方面取得一定进展。值得一提的是，射频识别(Radio Frequency Identification，RFID)技术已在我国畜禽身份标识中取得了长足发展，不仅可以集成在耳标、项圈中，更有研究者探索研究微型的植入式 RFID 芯片，以期通过更加快捷的手段实时获取畜禽的身份信息。虽然以上技术取得了较大的研究进展，但在畜牧养殖业中仍然存在维护成本高、操作复杂等现实推广问题，导致目前并未得到大规模应用。因此，研发更为廉价、操作更方便的新一代智能化个体身份标识技术将是未来的发展趋势。在猪脸识别技术研发方面的典型企业有影子科技、京东农牧、睿畜科技、小龙潜行、普利兹、佳格天地等。

(3)面向个体的精准饲喂技术。目前，畜禽智能饲喂技术的开发对象主要是针对猪和奶牛，分别是非反刍和反刍动物智能饲喂研究的集中代表，少部分学者对鸡智能饲喂技术进行了研究，其他畜禽智能饲喂技术研究及应用较少，且多参考猪和奶牛的饲喂方法。从整体来看，饲养信息获取阶段的抗干扰能力有待加强，饲料配方精准性有待提升，以及智能饲喂设备智能化程度有待提高，是目前畜禽精准饲喂技术需要突破的 3 个门槛。在此方面的典型研发企业有深圳慧农科技、润农科技、京鹏畜牧、荷德曼、华丽科技、河南讯飞、智农农科、瑞昂畜牧、河南河顺、华诚智能、英孚克斯、国科诚泰、中畜智联、正狐科技、青岛大牧人等。

(4)动物福利及行为监测刚刚起步。动物福利关乎动物的健康养殖和畜牧业安全生产，也直接影响畜牧产品的品质，间接影响着人类的食品安全。如智能监测技术已经用于放牧绵羊福利研究中，包括音频分析、视觉检测、行为监测、行为特征识别、卫星定位和无人机巡航等关键技术。准确高效地监测畜禽个体行为，有利于分析其生理、健康和福利状况，是实现自动化健康养殖和肉品溯源的基础。但是，我国目前畜牧养殖主要以产量提高为重，而对动物福利和高品质安全生产的重视程度有待提高，对于福利化养殖技术及评价体系尚处于研究阶段。

(5)以畜牧安全为核心的智能化技术需求紧迫。随着畜牧养殖模式和生态环境的改变以及世界经济一体化进程的加快，与畜牧业发展息息相关的动物疫病流行态势发生了显著变化，从最初影响动物健康、损害畜牧业健康发展，逐步扩大到畜牧产品质量安全、公共卫生安全、环境安全以及国际贸易、社会稳定、生物恐怖等多方面，特别是重大动物疫病已对全球社会经济和公共卫生安全造成严重威胁。现阶段，互联网、云计算和大数据等关键技术已经被用于疫病的远程诊断，出现了多种远程智能诊疗系统，可实现远程诊疗、图片影像诊断、疾控信息发布、产品追溯等功能。然而，目前专业的动物疾病防治技术人员缺乏、畜牧兽医科研与生产无法及时对接等问题依然突出，且如何能够将事后监管转变为事前预警也是亟待解决的突出问题。

(6)目前的技术研发热点。目前智慧畜牧技术研发热点主要为 3 个方面：一是研发新型的传感器，趋向于集成度更高、能耗更低、精度更高、抗干扰能力更强，以及更准确反映畜禽舍内环境指标动态状况的传感器布局体系；二是畜禽舍内环境指标变化的模拟与预测，在环境指标监测的基础上，利用流体动力学、神经网络技术等方法，进一步掌握各指标变化规律，提前预测环境变化趋势，为之后的环境控制的精准调节提供支撑；三是环境智能控制策略的优化，达到降低能耗和稳定控制环境指标的目的。

4.应用层面

智慧畜牧的初始阶段主要以畜牧养殖的信息化和智能化试点为主。在这一时期，畜牧企业开始尝试引入物联网技术，对畜牧生产过程中的环境参数进行监测，如温度、湿度、光照等，以提高养殖环境的控制精度和管理效率。同时，一些智能化的养殖设备也开始进入市场，如智能饲喂系统、自动化清粪设备等。随着大数据、云计算和人工智能技术的不断进步，智慧畜牧行业进入了快速发展阶段。在这一时期，智慧畜牧不再局限于环境监控和智能化养殖设备，更深入至畜牧生产的各个环节。例如，利用大数据分析进行疫病预警、通过智能识别技术进行个体识别与管理、运用智能算法优化繁育过程等。

此外，智慧畜牧与互联网的结合，催生了畜牧业电商平台的发展，线上线下结合的服务模式为畜牧行业带来了全新的发展机遇。目前，智慧畜牧行业已经形成了较为完整的产业链，从饲料生产、动物养殖、疫病防控、产品加工到市场营销，各个环节都在逐步实现智能化。众多高科技企业纷纷涉足智慧畜牧领域，推动了技术创新和模式创新。智慧牧场逐渐成为畜牧企业的“共同选择”和养殖业健康发展的必然趋势，国内智慧牧场、智慧养殖基地等建设投入不断增加，不断推动我国畜牧业数字化智能化升级。代表性智慧畜牧企业有傲农集团、优然牧业、伊利股份、牧原股份、唐人神、光明乳业等。至 2023 年，全国智慧养殖市场规模已突破 120 亿元，占国内智慧农业规模的 12%左右。

在我国智慧畜牧发展过程中，曾出现了一些具有代表性的事件(表 4-9)。

表 4-9　我国智慧畜牧发展过程中的部分代表性事件

时间	代表性事件
2009	网易正式推出“味央”品牌，宣布进军养猪行业，打响国内跨界“智慧养猪”的第一枪。
2011.3	网易首个“养猪场”落户浙江安吉。
2015	农信互联推出了融合物联网、智慧养猪设备、大数据与企业管理的智慧猪场平台，实现了智能养猪概念的成功落地。
2016	北京峪口禽业利用物联网、大数据、人工智能等现代信息技术，首创智慧蛋鸡物联互通模式，实现从种鸡生产、种蛋孵化到雏鸡运输等过程的智能控制、数据集成及共享，开启蛋鸡行业大数据应用模式，为养殖户提供了“快乐养鸡、轻松卖蛋”的中国蛋鸡行业新平台。
2018.2.7	阿里云携手特驱集团宣布进军智能养猪，对人工智能系统“ET 大脑”进行针对性的训练与研发。
2018.5.18	农信互联发布猪联网 3.0 版本。
2018.6.7	阿里云正式发布农业“ET 大脑”。
2018.8.5	首届智慧养殖产业实践峰会召开，农信互联、安佑集团、京东云、普利兹成立智慧养猪联盟。
2018.11.21	京东数科成立，京东农牧发布智能养殖解决方案。

续表 4-9

时间	代表性事件
2019.1.17	温氏携手金蝶成立互联网科技公司，搭建农牧行业数字化平台。
2019.3.18	国家数字畜牧业创新中心正式挂牌成立。
2019.5.18	中国畜牧业协会智能畜牧分会正式成立。
2020.10.13	农牧数智生态发展论坛在山城重庆隆重召开。
2020.10.19	智慧畜牧业亚洲论坛于 10 月 19 日至 21 日在北京举行。
2021.5.18	中国畜牧业数字化智能化解决方案专场会议在南昌召开。
2023.5.18	第二届中国畜牧业数智化峰会在成都市中国西部国际博览城召开。

二、智慧畜牧发展中存在的主要问题与挑战

1. 技术成本高

目前，智慧畜牧技术应用涉及传感器、摄像头、控制器、计算机等多种设备，成本较高，对于畜牧养殖企业，尤其是对于中小养殖户而言，尚难以承受。这就导致虽然智慧畜牧相关的技术研发取得了一定成果，但实际应用中的普及程度却不尽如人意。此外，行业内对于新技术、新模式的接受程度不一，部分传统畜牧企业仍持观望态度，制约了智慧畜牧的整体推进速度。

2. 标准不统一

目前，智慧畜牧技术应用涉及多种设备和系统，但尚缺乏统一的标准，导致不同设备和系统之间难以兼容，系统间无法实现数据交换和共享，影响了智慧畜牧技术应用的整体效能以及推广和发展。

3. 数据集成与应用受限

当前，不同系统间的数据集成存在壁垒，导致数据流通不畅，智慧畜牧企业在数据收集、处理和应用方面难以形成完整的数据链。同时，数据分析技术的应用还不够成熟，无法将大量数据转化为有价值的决策信息，限制了智慧畜牧的进一步发展。

4. 技术人才匮乏

畜禽养殖业是一个专业性很强的行业，智慧畜牧技术的应用离不开专业技术人员的支持，但目前畜禽养殖行业既懂畜禽养殖技术，又懂 IT 技术双重背景的人才非常稀缺，难以满足智慧畜牧技术应用的需求。

5. 政策支持不足

智慧畜牧技术应用需要政策的支持和引导，但目前国家对智慧畜牧技术的支持力度还不够，导致智慧畜牧技术应用的推广速度缓慢。

三、智慧畜牧未来的发展趋势

随着畜牧业生产模式日益向集约化、规模化和标准化方向转变，畜牧产业的快速发展将越

来越依赖以信息技术、智能技术为支撑的智慧畜牧提供新的解决方案，应用物联网、云计算、大数据及人工智能等新一代信息技术的智慧畜牧系统将成为畜牧业发展的必然趋势，也是畜牧业规范化、信息化、现代化发展的必然需求，以及新一轮畜牧产业变革的核心驱动力。在智慧畜牧技术的研发及应用方面，其未来的发展趋势主要体现在以下几个方面：一是融合深度学习与智能决策系统，实现更高层次的智能化养殖管理；二是结合物联网与区块链技术，构建透明、可追溯的畜牧产品供应链体系；三是人机交互与自动化设备相结合，提升养殖工人的技能水平，优化劳动力结构；四是推动数字化牧场建设，实现智慧畜牧与数字农业的深度融合；五是智慧畜牧将会携手第一产业、第二产业和其他相关产业，形成更加完整的产业链和价值链。

此外，在国家政策层面也将会进一步加大对智慧畜牧的支持力度，助推智慧畜牧的发展。

综上所述，智慧畜牧技术应用的前景广阔，随着技术成本的降低、技术人才的培养、标准的统一和政策支持力度的加大，智慧畜牧将会更加快速地发展，并对畜禽养殖业转型升级、提高生产效率、降低生产成本、提高产品质量、保障食品安全、提升国际竞争力等方面发挥越来越重要的推动作用。

复习思考题

1. 什么是智慧畜牧？其主要特征有哪些？
2. 传统畜牧与智慧畜牧存在哪些区别？
3. 智慧畜牧的核心要素包括哪些方面？
4. 物联网发展过程中出现了哪些标志性里程碑事件？
5. 物联网与无线传感网、泛在网、互联网的关系是什么？
6. 简述智慧畜牧在国内外的发展概况。
7. 目前智慧畜牧发展中存在的主要问题与挑战有哪些？
8. 简述智慧畜牧未来的发展趋势。

项目五
畜牧企业生产管理

学习目标

1. 了解畜牧企业经营计划的概念及编制依据。
2. 了解畜牧企业计划定额的主要内容。
3. 熟练掌握编制经营计划的方法。
4. 了解畜牧企业经营计划控制的基本步骤。
5. 了解畜禽分娩的类型及各自的特征和优缺点。
6. 熟练掌握畜牧企业编制配种分娩计划的步骤。
7. 熟练掌握猪群年度周转计划的编制方法及步骤。
8. 掌握饲料需要量计划的编制方法。
9. 了解成本核算的有关概念、成本核算的原则和基本要求。
10. 了解成本核算的具体项目及程序。
11. 掌握养猪业、养牛业、养禽业成本核算的方法。
12. 了解并掌握利润的概念、利润的构成与核算内容。

项目五思维导图

畜牧企业经营与管理项目五课件

素质目标

1. 养成按计划细致、周密做事的工作作风。
2. 具备制订畜牧企业各类生产计划的能力。

学习内容

任务一　畜牧企业经营计划概述

一、畜牧企业经营计划的概念

畜牧企业经营计划是指畜牧企业在市场预测、经营决策及国家规划的基础上，根据经营目标对企业一定时间内的生产经营活动和所需要的各项资源，从时间和空间上作出统筹安排的活动。

二、编制经营计划的依据及方法

(一)编制经营计划的依据

编制经营计划的主要依据为定额。定额是指从总体的生产工作过程角度规定出社会平均必需的消耗数量标准。在畜牧产品的生产过程中,为了完成某一单位的合格产品,就要消耗一定的人工、材料、机器设备和资金。

1. 畜牧企业计划定额的主要内容

畜牧企业是实行独立核算、自主经营的经济组织,拥有一定的劳动力、畜禽、土地、机器设备和其他生产资料,经营项目较多。为了便于生产的组织、监督和控制,许多方面都需要制定定额。概括起来有以下几类:

(1)设备配备定额。即为了完成一定生产任务所规定的机器设备或其他劳动手段应配备的数量标准,如自动喂料设备、数据采集设备、数据分析设备、温湿度控制设备、通风设备、空气清洁设备、消毒设备、病毒检测设备、隔离设备等的配备定额。

(2)劳动力配备定额。劳动力配备定额是指按照生产的实际需要和管理工作的需要所规定的人员配备标准。如配种员、产房保育技术人员、育肥饲养员等的配备定额。劳动力配备定额应与劳动力消耗的定额相适应。所谓劳动力消耗定额是指生产单位畜牧产品或完成单位作业量所消耗的畜牧业劳动时间。同时,依据机械化程度和饲养条件以及规模大小和需要,劳动力的配备可以增加或减少。

(3)物资消耗定额。即为生产一定产品或完成某项工作所规定的原材料、燃料、工具、电力等的消耗标准,如饲料消耗定额、药剂使用定额、工具消耗定额、动力消耗定额和原材料加工定额等。

(4)工作定额。即在一定生产技术和组织条件下,劳动者在单位时间内能够生产的产品数量或生产单位产品所消耗的劳动时间。工作定额有两种基本表现形式,即产量定额和工时定额。其计算公式为:

$$产量定额=\frac{某类畜牧产品产量}{生产该类畜牧产品所消耗的工时数}$$

或

$$工时定额=\frac{生产该类畜牧产品所消耗的工时数}{某类畜牧产品产量}$$

(5)畜牧产品质量定额。即反映畜牧产品质量标准的指标,如牲畜的怀孕率、产仔率、成活率和出栏率、反映种蛋质量的种蛋孵化率等。

(6)财务定额。即在一定的生产经营条件下,允许占用和消耗财力的标准以及应达到的财务成果标准。如资金占用定额、成本定额、收入定额及利润定额等。财务定额是编制财务计划的基础,也是资金、成本、利润等核算和落实承包责任制的一种手段。

2. 制定定额的方法

畜牧企业的定额受自然因素和社会经济因素的影响,既有客观因素,又有主观因素。要制定科学合理的定额,必须正确估计各种影响因素,进行科学的分析计算。定额的制定方法主要有以下3种。

(1)经验法。经验法是根据畜牧业生产实践经验,参照畜牧产品生产任务和企业技术条件、管理水平变化等因素制定企业各方面定额的方法。这种方法手续简便,工作量小,便于定额的及时制定和修改。但用这种方法制定的定额,因对构成定额的各种因素缺乏科学分析和计算,易于受主观因素的影响,因而定额的准确性、合理性一般较差。

(2)统计分析法。统计分析法是企业制定劳动定额时的常用方法之一,是根据以往各时期的定额完成情况或实际记录资料,经过加工整理和分析研究并考虑到本期生产、技术、劳动组织变化、设备等因素,通过数学计算,制定各种定额的一种方法。一般采用计算平均数、移动平均数或者运用回归分析法制定各种定额。运用统计分析法制定定额,需要有齐全的原始记录,长期的历史统计资料。这种方法简单易行,工作量小,以占有比较大量的经济资料为依据,比经验法更能反映实际情况。

(3)写实法。写实法属于客观描述方法,是在岗位生产劳动现场,对整个工作日内的各种活动及其时间消耗,按时间先后的顺序连续观察,如实记录,并进行整理、分析、统计和研究的时间测定方法。它是最基本、最精细的时间研究方法,也是考量工作饱和度重要方法之一,主要有写实记录法和工作日写实法两种类型。写实记录法是一种研究各种性质的工作时间消耗的方法;工作日写实法是一种研究整个工作日内的工时消耗的方法。在我国,这是一种采用较广的制定定额的方法。目前,电子技术相当发达和方便,可利用电子监控进行观察、记录,使定额的制定更加科学、更加合理。

(二)编制经营计划的方法

编制经营计划常用的方法为平衡法,即把计划任务同企业可能提供的各种条件,如土地、劳动力、机械设备、饲料及资金等进行比较,通过反复综合平衡,有计划地协调它们之间的比例关系。

平衡法主要通过编制各种平衡表来实现计划的编制。平衡表主要由需要量、供应量、余缺3项组成,常采用如下平衡等式:

$$\text{计划期初结存数}+\text{本期计划增加数}-\text{本期需要数}=\text{计划期末结余数}$$

式中,“计划期初结存数+本期计划增加数”为供应量,本期需要数为需要量,计划期末结余数为余缺。三者构成平衡关系,通过进行分析比较,如出现不平衡,就要采取措施,调整计划指标,以实现平衡。

三、畜牧企业经营计划的类型及内容

畜牧企业经营计划按照期限和作用方式分为3类:长期计划、年度计划、阶段计划。3种经营计划之间相互联系、相互补充,全面规划了畜牧企业的生产经营活动。

(一)长期计划

长期计划又称为远景规划或战略计划,一般是指在5年以上的生产经营计划。它是从总体上规划了畜牧企业在较长时期内的生产经营发展方向和重要经济指标的安排,为畜牧企业确定明确的战略目标,编制中短期计划提供了重要依据。

由于长期计划的时间较长,在这期间影响畜牧企业生产经营的各种因素变数会很大,故长期计划的内容通常不会规定得太具体，多为概括性的描述。其主要内容一般如下。

1. 总体规划

根据市场需要和变化趋势确定畜牧企业经营方针（专业化方向），规划企业内部各生产部门的规模和发展速度，主要牲畜种类和畜禽结构，各种牲畜年平均发展速度，品种改良方向，畜草平衡，主要畜牧产品产量和商品量，提高企业管理水平的规划及主要措施等。

2. 基本措施规划

完成长期计划的目标需要有基本的措施作为保障，主要包括土地（草场）利用规划、基本建设投资规划、技术措施规划及劳动力计划，也包括中短期的滚动计划，以及重大的技术、经济措施等。

3. 经济收益规划

经济收益规划包括预期总产值、总支出、企业盈利指标及企业成员收入增长和文化福利等。

（二）年度计划

年度计划是按一个日历年度编制的生产经营计划。年度计划是在长期计划的指导下，结合企业实际情况制订当年生产经营的各项经济指标，作为指导企业从事当年生产经营活动的纲领。年度计划是长期计划的具体化，因此要求确定的各项经济指标应尽可能具体。

由于畜牧企业在经营范围、生产能力、技术运用和管理水平的各不相同，各企业的计划种类和具体内容也会存在着一些差别，但其基本内容是一致的，主要包括土地（草场）利用计划、畜群生产计划、饲料供应计划、基本建设计划、劳动力利用计划、物资供应计划、种畜推广与畜牧产品销售计划、财务计划等内容。

（三）阶段计划

阶段计划是年度计划的细化，是以年度计划为基础，以完成年度计划的各项指标为目的，按照畜牧业生产季节或作业阶段制订的实施方案。编制阶段计划应注意上下阶段间的衔接，中心应突出，安排应全面，措施应具体。例如，如果按照畜牧业生产季节编制阶段计划，则应明确转场期、配种期、整群期等的具体时间及详细的工作安排。

四、经营计划的执行、控制与调整

（一）经营计划的执行

编制经营计划仅为计划工作的开始，更为重要的是计划的贯彻落实。因此，畜牧企业不仅要编好计划，更要采取强有力的措施保障计划能得以顺利进行。落实经营计划的较好形式，是推行目标化管理和合同化管理制度。

（二）经营计划的控制

1. 经营计划控制的基本步骤

（1）确立标准。所谓的标准，即畜牧企业经营计划的各项指标、各种技术经济定额、技术要求等，均为衡量计划执行情况的标准。

(2)评估执行效果。一般可以通过统计报表和原始记录等资料评估计划的执行效果。这些资料越准确、越完整,测定的结果就越准确、越能反映计划执行的实际状况,也越易于取得较为理想的控制效果。

(3)比较执行结果。将测定的执行结果与预期目标进行比较、分析,目的是看执行结果是否与预期目标发生偏差。

(4)纠正偏差。纠正偏差的方法有两种:一种是采取措施使经营计划的执行接近预期目标,另一种是修正预期目标。

2. 经营计划控制的方法

经营计划控制的方法分为自我控制和自上而下控制。

自我控制是企业内各部门及个人对自己从事的生产经营活动进行控制。为此,各部门必须使每个人的物质利益与其经济活动的效果挂钩,形成物质利益与生产经营效果相统一的良性循环。

自上而下控制一般分为预先控制、现场控制、反馈控制。预先控制是企业在计划执行前对计划实施进行控制,也就是对人、财、物等在实施前进行优化组合;现场控制是管理部门深入基层生产单位,对工作程序和工作方法进行指导、监督计划的实现,按照计划要求组织生产经营活动;反馈控制是生产经营活动与计划出现偏差时,应将这些偏差信息及时准确地反馈给企业管理部门,马上组织人员分析偏差原因,制订纠偏措施。上述三种控制方法,预先控制是基础,现场控制是关键,反馈控制是及时纠偏的好方法。三种方法各有其适用范围,必须相互结合应用。

(三)企业经营计划的调整

畜牧企业所制订的各种计划,都是在总结上一个计划期经验与教训的基础上编制出来的,这样的计划不可能与现实的客观条件完全一致。因此,就需要对原计划进行相应的修改或补充,才能保持企业的活力和健康发展。经营计划调整的方法如下。

1. 滚动计划法

滚动计划法是按照"近细远粗"的原则制定一定时期内的计划,然后依据计划的执行情况和环境变化调整和修订此后的计划,并逐期向后移动,把短期计划和中期计划结合起来的一种计划方法。

其编制方法是:在已编制出的计划的基础上,每经过一段固定的时期(如一年或一个季度,这段固定的时期被称为滚动期),便根据变化了的环境条件和计划的实际执行情况,从确保实现计划目标出发对原计划进行调整。每次调整时,保持原计划期限不变,而将计划期顺序向前推进一个滚动期。

其特点是:近细远粗,保持各期计划的灵活性和各期计划之间的连续性。适用于畜禽品种比较稳定情况下的生产计划和销售计划的调整。

2. 启用备用计划法

当正在执行的计划方案因条件发生重大变化,已不能继续实施时使用备用计划法。备用计划法的启用时机,需要依据先行指标(如某些经济状况将要出现、某些变动将要发生时的先兆)的数据来判断。

该方法适用于畜禽品种发展计划、企业改造计划、资金筹措计划等。

任务二 畜牧企业生产计划管理

畜牧企业生产计划主要包括畜群生产计划(畜群配种分娩计划、畜群周转计划、畜牧产品计划)和饲料供应计划,是年度计划的中心内容。

一、畜群生产计划

(一)畜群配种分娩计划

畜禽配种分娩计划是按照家畜的生长发育规律和畜牧企业预期的经济要求,对种畜配种和分娩时间预先进行计划安排。畜禽配种分娩计划并非简单地遵循自然规律,依据配种期推测出分娩期,而是根据经济规律的要求,以及企业生产计划的需要与种畜的可能,先确定畜群的出栏期、分娩期,然后再确定配种期。如此,才能实现按计划生产畜牧产品的目的。

编制畜禽配种分娩计划,先要确定分娩类型,即是选择季节型分娩还是陆续型分娩。季节型分娩是指动物在特定的季节内集中繁殖的行为;陆续型分娩又称均衡式分娩,是把母畜配种和分娩时间比较均匀地分布在一年四季。两种分娩类型的不同特征见表 5-1。

表 5-1 分娩类型特征比较

特征	季节型分娩	陆续型分娩
繁殖时间	固定在特定季节	整个繁殖季节内持续发生
繁殖频率	一年一次或几次	多次,可能每天都有新生幼崽
环境适应性	适应自然资源丰富的季节	适应自然资源分布不均的生产环境
母体负担	短期内负担较重	长期负担较轻,但持续时间长

对于畜牧企业而言,究竟选择何种分娩类型,需要根据畜禽的种类、生产任务和企业设备条件等因素因地制宜地确定。例如,生猪养殖企业多采用陆续型分娩,以保证商品猪的均衡供应,而牧区肉羊养殖企业为了充分利用草场的自然资源,多选择季节型分娩。

畜禽配种分娩计划的编制是畜牧企业实现再生产和扩大再生产的关键环节,又是制订后续畜群周转计划的重要依据。同时,也是畜牧企业合理利用畜舍生产设施、确定工艺流程的重要因素。因此,畜禽配种分娩计划的编制必须结合畜牧企业的生产条件,按确定的生产工艺流程,综合生产、技术和管理等要素制定。下面以年出栏 11 088 头,出栏日龄为 190 日龄的猪场配种分娩计划为例,将编制步骤说明如下。

1. 编制配种分娩计划所需的材料和条件

(1)某猪场全年采用陆续分娩形式,猪群数据资料见表 5-2 至表 5-6。

(2)全年分娩计划＝11 088 头/全程成活率/窝均活仔(以全程成活率 100%,窝均活仔 11 头计算,得出全年分娩计划为 1 008 窝)。

(3)全年配种计划＝全年分娩计划/分娩率(分娩率按 100%计算)＝1 008/100%＝1 008(头)。

(4)假设全年更新母猪 300 头(基础母猪更新率见后附说明),则每月需要更新后备母猪 25 头。

(5)每月配种头数＝全年计划配种头数/12＝1 008/12＝84(头)。

(6)后备母猪转群头数＝需要更新的母猪头数＝25(头)。

(7)母猪淘汰计划＝后备入群母猪头数。

(8)选留后备母猪头数＝计划转群头数＋后备未能利用头数(假设每次有 5 头后备母猪未能利用)＝25＋5＝30(头)。

(9)销售满 2 月龄仔猪头数＝分娩仔猪头数(每月分娩窝数×窝均活仔数,即 84×11＝924 头)×哺乳仔猪成活率×保育仔猪成活率(以哺乳仔猪成活率 100%,保育仔猪成活率 100%计算,得出销售头数)＝924×100%×100%＝924(头)。

(10)技术参数指标:基础母猪及检定母猪分娩率为 100%,产活仔数为 11 头/窝;母猪年产胎次为 2 胎/年,乳猪成活率、仔猪成活率、育肥成活率均设定为 100%。

说明:实际生产中的技术参数指标以具体猪场内的生产水平为准计算。当前国内养猪行业内,大部分猪场生产指标设定为:母猪分娩率 90%,产活仔 11.5 头/窝;母猪年产胎次 2.2～2.3 胎,乳猪成活率为 95%左右,仔猪成活率为 97%左右,育肥成活率为 96%左右;基础母猪年更新率设定为 30%、35%、40%的都有。案例中设定的技术参数指标,仅是为了方便计算,应注意和生产实际的区别。

表 5-2　计划年初的猪群结构

项目	类群						合计
	基础母猪			检定母猪			
数量/头	504			25			4 405
项目	月龄						
	4	5	6	7	8	9	
后备母猪/头	30	30	30	30	30	30	
育肥猪/头	924	924	924	924			

表 5-3　母猪配种月份和头数

类别	上年交配月份				计划年交配月份	合计
	9	10	11	12	1	
基础母猪/头	59	59	59	59	59	295
检定母猪/头	25	25	25	25	25	125

表 5-4　检定母猪转入基础母猪月份和头数

项目	转群月份						合计
	5	6	7	8	9	10	
转群头数/头	25	25	25	25	25	25	150

表 5-5 基础母猪淘汰月份和头数

项目	淘汰月份				合计
	6	7	8	9	
基本母猪/头	25	25	25	25	100

表 5-6 计划年后备母猪出生月份和选留头数

项目	出生月份						合计
	2	3	4	5	6	7	
选留头数/头	30	30	30	30	30	30	180

2. 编制配种分娩计划

根据上面的资料和假定条件，编制猪场配种分娩计划步骤如下。

(1)将表 5-3 中上年 9 月至 12 月基础母猪配种数填入表 5-7 基础母猪年初配种数一栏内，每头基础母猪经过 115 d 的妊娠期、21～27 d 的哺乳期后进行第 2 胎配种。因此，上年 9 月配种的 59 头基础母猪经过 142 d，于计划年 2 月进行配种，其余基础母猪依此类推。

(2)将表 5-3 中上年 9 月至 12 月每月检定母猪配种数填入表 5-7 检定母猪配种数一栏内。后备母猪满 8 月龄将转入检定母猪群进行第 1 胎配种。

(3)每头检定母猪经过 115 d 的妊娠期、21～27 d 的哺乳期，测定合格后转入基础母猪群。因此，上年 9 月配种的 25 头检定母猪经过 142 d，于计划年 2 月转入基础母猪群进行配种，其余检定母猪依此类推。

(4)将表 5-7 中每月母猪配种数按下面的公式进行合计：

配种母猪数＝基础母猪年初数＋检定母猪转入基本母猪数＋检定母猪数

(5)将表 5-7 中每列头数相加计算全年合计头数。

表 5-7 养猪场全年配种分娩计划

头

计划参加配种					计划分娩					
年份	月份	配种母猪头数			出生胎数			出生仔猪数		
		基础母猪	检定母猪	合计	基础母猪	检定母猪	合计	基础母猪	检定母猪	合计
上年	9	59	25	84						
	10	59	25	84						
	11	59	25	84						
	12	59	25	84						

续表 5-7

计划参加配种					计划分娩					
年份	月份	配种母猪头数			出生胎数			出生仔猪数		
		基础母猪	检定母猪	合计	基础母猪	检定母猪	合计	基础母猪	检定母猪	合计
计划年	1	59	25	84	59	25	84	649	275	924
	2	59	25	84	59	25	84	649	275	924
	3	59	25	84	59	25	84	649	275	924
	4	59	25	84	59	25	84	649	275	924
	5	59	25	84	59	25	84	649	275	924
	6	59	25	84	59	25	84	649	275	924
	7	59	25	84	59	25	84	649	275	924
	8	59	25	84	59	25	84	649	275	924
	9	59	25	84	59	25	84	649	275	924
	10	59	25	84	59	25	84	649	275	924
	11	59	25	84	59	25	84	649	275	924
	12	59	25	84	59	25	84	649	275	924
计划年合计		708	300	1 008	708	300	1 008	7 788	3 300	11 088

备注：全年计划配种 1 008 头，计划分娩仔猪 11 088 头。

(二)畜群周转计划

畜群周转计划是根据畜群结构的现状和经营计划的要求，对一定时期内畜群内部的数量增减变化和计划期末畜群新结构所作的预先安排。畜群周转计划在畜牧企业生产计划中占据重要地位，它涉及畜群结构的规划和调整，以及不同性别、不同畜龄畜群数量的控制。通过制定畜群周转计划，可以确保有足够的种公畜和基础母畜来维持畜群的扩大再生产。

此外，畜群周转计划能比较准确地反映畜群在发展过程中，各种畜组的变化情况和期末所能达到的畜群结构，从而为编制畜牧产品计划、饲料供应计划、劳动力利用计划、资金计划以及基本建设计划等提供客观参考。所以说，畜群周转计划是制订整个生产计划和销售计划以及各种物资供应计划的依据，是畜牧业生产计划的一个重要组成部分。但各种畜群(组)划分标准和饲养要求不同，因此各种畜群的周转计划需要分别编制，且格式也有一定差别。例如，牛、马、羊的周转计划一般采用平衡表的形式，划分为期初头数、期内增加头数、期内减少头数和期末头数四大栏，它们存在一定的平衡关系；而猪群周转计划一般采用按月周转的表式，详细反映仔猪、后备猪、育肥猪、淘汰猪以及外售仔猪和育肥猪等的数量。

下面仍以上述案例中养猪场的数据资料为例，在编制猪群配种分娩计划的基础上介绍猪群年度周转计划的编制步骤：

(1)将表 5-2 计划年初各种猪存栏头数填入表 5-8 左侧年初头数一列内。

(2)根据表 5-4 和表 5-5 的资料，按照下列公式计算 1—12 月每月基础母猪头数并填入表 5-8 中。

基础母猪数＝上月存栏数＋后备母猪转入数－基础母猪淘汰数

(3)根据表5-6的资料,将每个月选留的后备母猪头数填入后备母猪一行中。2月份出生的30头后备母猪于4月份达到3月龄,在后备母猪3月龄所在行与4月份所在列相交的位置上填写30,其余后备母猪依此类推;年初后备母猪与每月选留的后备母猪,每经过1个月增加1个月龄,依次向下填写。后备母猪满9月龄以后转入检定母猪群。

(4)根据表5-4和表5-8的资料,按照下列公式计算1—12月每月检定母猪数:

月检定母猪数=上月存栏数+月后备母猪转入数-月转入基本母猪数

(5)将表5-7中计划年各月出生仔猪数填入表5-8中1月龄仔猪所在行,经过1个月增加1个月龄,依次向下填写2月龄仔猪每个月的数量。仔猪满2月龄以后,减去选留的后备母猪数和出售的满2月龄仔猪数,其他转入育肥猪群。

(6)根据表5-5的资料,将每个月淘汰的基本母猪数填入表5-8中“淘汰母猪”所在行中。

(7)根据表5-8的资料,按照下列公式计算1—12月每月育肥猪数并填入表中:

月育肥猪数=上月2月龄仔猪数-选留的后备母猪数

年初育肥猪与3月龄育肥猪,经过1个月增加1个月龄,依次向下填写。育肥猪满6月龄以后出售。

(8)根据表5-8的资料,按照下列公式计算1—12月每月出售育肥猪数并填入表中:

月出售育肥猪数=上月满6月龄育肥猪数+“淘汰母猪”数

(9)将表5-8中每列数据按照下列公式纵向相加,计算全年每月各类群总数:

月各类猪总数=基本母猪数+检定母猪数+仔猪数+后备母猪数+育肥猪数+淘汰猪育肥数

(10)填写表5-8中计划年末各类猪头数,数量与12月份头数相同。

表5-8 养猪场猪群年度周转计划 头

组别		年初头数	月份												年末头数
			1	2	3	4	5	6	7	8	9	10	11	12	
基本母猪		504	504	504	504	504	504	504	504	504	504	504	504	504	504
检定母猪		25	25	25	25	25	25	25	25	25	25	25	25	25	25
仔猪	1月龄	924	924	924	924	924	924	924	924	924	924	924	924	924	924
	2月龄	924	924	924	924	924	924	924	924	924	924	924	924	924	924
后备母猪	3月龄			30	30	30	30	30	30	30	30	30	30	30	30
	4月龄				30	30	30	30	30	30	30	30	30	30	30
	5月龄					30	30	30	30	30	30	30	30	30	30
	6月龄						30	30	30	30	30	30	30	30	30
	7月龄							30	30	30	30	30	30	30	30
	8月龄								30	30	30	30	30	30	30
	9月龄									30	30	30	30	30	30

续表 5-8

组别		年初头数	月份												年末头数
			1	2	3	4	5	6	7	8	9	10	11	12	
育肥猪	3 月龄		924	894	894	894	894	894	894	894	894	894	894	894	894
	4 月龄	924		924	894	894	894	894	894	894	894	894	894	894	894
	5 月龄	924	924		924	894	894	894	894	894	894	894	894	894	894
	6 月龄	924	924	924		924	894	894	894	894	894	894	894	894	894
淘汰母猪			25	25	25	25	25	25	25	25	25	25	25	25	300
出售满 2 月龄仔猪															
总出栏头数			949	949	949	25	949	919	919	919	919	919	919	919	10 279
存栏合计		5 149	5 149	5 149	5 149	6 073	6 073	6 103	6 133	6 163	6 163	6 163	6 163	6 163	6 163

从上述猪群周转计划的编制可以看出，该计划的完成可以保证养猪场经营计划目标的实现，能完成生产任务和扩大再生产的要求。年终存栏猪共计 6 163 头，比年初头数增加了 19.69%。其中基础母猪 504 头，检定母猪 25 头，保证了配种的需要；年末后备母猪 210 头，为下年度猪群的发展打下了良好的基础。

（三）畜牧产品计划

畜牧产品计划是反映畜牧企业生产畜牧产品情况的计划。例如，猪的育肥增重计划。因畜禽的种类与其产品的不同，以及内容和指标不同，其产品计划应分别进行编制。下面以育肥猪场的产品计划为例予以说明。

育肥猪场的生产任务是以最少的饲料消耗及其他支出，在最短的饲养期内取得高产优质的商品猪，以保证按时、按量、优质地供应市场，并获得最佳经济效益。产品计划可根据猪群周转计划中每月出售育肥猪的数量和出栏体重编制。编制这一计划时，准确确定最佳出栏体重是十分重要的。从育肥猪正常日增重的情况看，本地猪和用长白、大约克夏公猪作父本的二元杂交猪出栏体重以 75～85 kg 为宜，三元杂交猪出栏体重以 85～100 kg 为宜，瘦肉型猪出栏体重以 100～110 kg 为宜（表 5-9）。

表 5-9　不同体重育肥猪料肉比

活重/kg	日增重/kg	日耗料/kg	料肉比
10.00	0.393	0.95	2.4∶1
22.50	0.544	1.45	2.7∶1
45.00	0.762	2.40	3.1∶1
67.50	0.816	3.00	3.7∶1
90.00	0.816	3.50	4.3∶1
110.00	0.816	3.75	4.6∶1

从表 5-9 可以看出，猪的体重越小，饲料利用率越高。就日增重的变化分析，到了 67.5 kg时，日增重不是随着体重的增加而上升，而是随着饲料消耗量的增加停滞在一定水平上；当体重超过 110 kg 时，每增重 1 kg 所耗费的饲料则大为增加。因此，在编制育肥猪场的产品计划时，应根据育肥猪生长发育规律、生产经营方向，以及经济效益和当地气候条件等，确定最适宜的出栏体重。

二、饲料供应计划

饲料既是动物赖以生存的资料，又是生产畜牧产品和动力能源的生产资料，在畜牧产品成本中占 60%～70%。饲料的供应效果如何，直接关系到畜牧企业生产经营效益的好坏。

饲料供应计划是畜牧企业年度计划中最重要的计划之一。制订饲料供应计划首先要根据畜禽存栏的种类与数量、饲料消耗定额、饲养天数求出一个时期（如 1 周、1 个月、1 年）的饲料需要量，然后根据饲料需要量来组织编制饲料供应计划。饲料供应计划包括购入饲料计划和自产饲料计划。自产饲料计划是根据企业土地与草原资源情况而安排的饲料生产计划。自产饲料计划与畜禽饲料需要量计划的差额即为购入饲料计划。

下面仍以上述某猪场为例介绍饲料需要量计划的编制方法。

（一）编制饲料需要量计划所需资料

（1）猪群周转计划表（表 5-8）。

（2）饲料消耗指标。按猪不同的生产阶段，根据要求定出不同的饲料消耗指标（表 5-10）。

表 5-10　不同类型猪的饲料日粮定额　kg/d

猪的类型	饲料日粮定额	猪的类型	饲料日粮定额
成年种公猪	3	哺乳母猪	5
待配及查情母猪	2	肉猪	2.5
妊娠前期母猪	2	乳猪	0.3
妊娠后期母猪	3.5	仔猪	0.9

（二）饲料需要量计划

根据各类猪的头数、日粮定额和每月饲养天数计算每月饲料需要量，其计算公式为：

$$某类猪饲料需要量=某类猪平均头数\times日粮定额\times饲养天数$$

仍以前述案例中猪场的现有猪群结构及饲养 31 日为例，参照表 5-10 中不同类型猪的饲料日粮定额标准计算，则该猪场 12 月份的饲料需要量如表 5-11 所示。

表 5-11　12 月猪饲料需要量计划表　kg

猪的类型	头数	饲料消耗指标	月需要饲料量
待配及查情母猪	59	2	3 658
妊娠前期母猪	182	2	11 284
妊娠后期母猪	183	3.5	19 855.5

续表 5-11

猪的类型	头数	饲料消耗指标	月需要饲料量
哺乳母猪	80	5	12 400
育肥猪	3 576	2.5	277 140
乳猪	924	0.3	8 593.2
仔猪	924	0.9	25 779.6
合计	5 928		358 710.3

根据以上饲料需要量计划制订饲料供应计划。饲料供应计划应增加一定的保险储备饲料量(约为饲料需要量的 0.5%)。

任务三　畜牧产品生产成本与利润的核算

一、畜牧企业生产成本的核算

(一)成本核算的有关概念

1. 畜牧产品成本

畜牧产品成本是指畜牧企业或其他生产经营单位为生产一定种类和数量的畜牧产品所发生的直接材料费、直接人工费、其他直接费用和制造费用的总和,又称为畜牧产品制造成本。

2. 生产费用

生产费用是指企业在一定时间内发生于生产中的各项耗费和支出的总和,包括生产中所消耗的原材料、燃料、动力、支付的工资、提取的福利费、折旧费、修理费和其他支出。按其经济用途,可分为计入产品成本的生产费用和直接计入当期损益的期间费用两类。

要正确核算产品成本,必须分清产品成本和生产费用之间的关系,三者既有联系又有区别。其主要联系是:产品成本和生产费用都是在生产经营过程中为生产一定的畜牧产品而发生的耗费和支出,在经济内容上是一致的。其区别在于:①包括的内容不同。畜牧产品成本只包括畜牧产品生产过程中所发生的费用,不包括与产品生产过程无关的费用;生产费用则是企业在生产经营过程中所发生的全部耗费和支出,既包括形成畜牧产品成本的费用,又包括不形成畜牧产品成本的费用。可见,一定时期的产品成本,并不等于该时期的费用发生额。②归集的方法和原则不同。产品成本是以"对象"(即成本核算的对象)为基础,按权责发生制的原则归集该对象所发生的各项费用,即凡是应由本期产品负担的费用,不论是否在本期发生,都应计入本期产品成本,如预提费用;凡是不应由本期产品负担的费用,虽然在本期发生,也不应计入本期产品成本,如待摊费用。生产费用的归集,则是以"时期"为基础,归集企业在一定时期内所发生的各项费用。归集的原则是本期是否已支付或发生,凡是本期实际已经支付或发生的,都应计入本期费用总额。

3. 期间费用

期间费用是指企业本期发生的、不能直接或间接归属于特定产品成本的费用,主要包括管理费用、财务费用、销售费用等。这些费用容易确定其发生的期间，而不能直接判断其应归属的产品，与生产无直接联系，因而在发生的当期从当期的损益中扣除，都不计入产品成本。

4. 产品成本核算

产品成本核算以一定的产品或劳务为对象，对所发生的生产费用进行归集和分配，以确定产品实际总成本和单位成本的程序和方法。畜牧企业成本核算主要是畜牧产品成本核算，其内容包括审查发生的费用是否符合成本开支范围，记录各种发生的费用，计算各种产品的成本，进行成本分析。

产品成本核算是成本管理的基础。正确地组织产品成本核算对提供真实的成本信息，为产品定价、存货计价、计算盈亏、加强成本管理、提高经济效益具有重要意义。做好畜牧产品成本的经济核算，是加强畜牧企业经济核算的中心环节。

(二)成本核算的原则

1. 分期性原则

企业生产经营活动在时间上是持续不断的，为了取得一定期间内的成本信息，必须把持续不断的生产经营活动人为地划分为若干个期间。在实际工作中成本核算的分期与会计报告期一致，但不一定与成本计算期一致。

2. 配比性原则

配比性是企业在确定本期收入时，还得确认应由本期成本负担的费用，以便将收入和费用相配比，正确确定某一会计期间的盈亏。

3. 适应性原则

适应性是指产品成本计算必须适应企业的生产特点。构成企业成本计算方法的因素有成本计算对象、成本计算期、费用归集的程序和方法、产成品和在产品的成本划分，这些因素与企业生产特点决定的生产类型有密切关系。从企业生产实际出发，选择与其相适应的成本计算方法，是正确组织企业成本核算的重要原则。

4. 一贯性原则

一贯性是指企业成本核算方法前后各期保持一致。在成本核算中保持一贯性原则，能够保证各期成本信息的口径一致，相互可比，并可避免弄虚作假，人为调节各期成本水平，以保证成本核算的正确性。

5. 重要性原则

重要性是指组织成本核算时，应按其重要程度，确定核算重点，对重点力求精确。

6. 实际成本计价原则

按实际成本计价是指耗用资产按其取得时的实际成本计算，或享受服务按应负担的实际支出计算。

7. 效益性原则

成本核算中，坚持效益性原则就是讲求效益分析。即成本核算工作所花的劳动，要为管理提供有用的信息，并提高经济效益。

(三)成本核算的基本要求

1. 正确划分应计入产品成本和不应计入产品成本的费用界限

凡是构成产品实体的费用应按实际发生额直接计入成本计算对象,如直接材料、直接人工等。凡是有助于产品的制造完成而共同发生的费用,须按一定标准分配计入各成本计算对象,如制造费用等。在一个会计期间发生的管理费用、财务费用和销售费用,应单独核算转入利润,不计入产品成本。与本企业生产经营活动无关的各项支出,均不得计入企业产品成本。哪些费用应计入产品成本,哪些费用不应计入产品成本,国家都有明确规定,企业必须严格遵守。把不应该计入产品成本的费用计入产品成本,是违反国家财经纪律的非法行为。

2. 正确划分各个月份的费用界限

企业必须按月结算费用并据以计算产品成本。对于应计入产品成本的费用,必须分清由本期产品负担,还是由以后各期产品成本负担,凡应由本期产品成本负担的费用,都应全部计入本期产品成本;不应由本期产品成本负担的费用,应根据权责发生制原则,在以后各期分配计入。

3. 正确划分各种产品的费用界限

为了正确计算各种产品的成本,应由本期产品成本负担的费用还必须在各种产品之间划分。凡能分清应由某种产品成本负担的费用,直接计入该种产品的成本;不能分清由哪种产品负担的费用,应采用适当方法加以分配计入各种产品成本。

4. 正确划分完工产品与在产品的费用界限

月末将各项费用计入各种产品成本之后,还应当采用适当的分配方法在完工产品与月末在产品之间进行分配,以便正确计算完工产品成本和月末在产品成本。

5. 正确地确定财产物资的计价方法和价值的结转方法

为了正确地计算产品成本,对于各种财产物资的计价和价值的结转,以及各项费用的分配,应规定科学、合理、简便、易行的方法。

(四)成本核算的作用

1. 有利于提高企业的经营管理水平

通过畜牧产品的成本核算,可以查明其产品成本降低或提高的原因,促进企业改善经营管理和改进生产技术措施,合理利用人力、物力和财力,以较少的物资及劳动消耗取得较多畜牧产品,实现增产增收和增加盈利。

2. 为进行畜牧业生产合理布局、采用先进生产技术的重要依据

首先,从畜牧业生产合理布局的宏观角度而言,国家在确定畜牧业生产的地域分布时,通常尽可能先把某一种畜牧产品的生产安排在成本低、畜禽个体产量高、质量好的地区和企业中,这样既提高了各地区和企业的经济效果,又提高了整个畜牧业经济部门的效果。其次,国家在调查研究的基础上,对各地区和企业的生产经营活动进行总结和分析,有助于推广先进的生产经营技术。

3. 有利于增强产品的竞争能力

产品的质量、价格、市场需求等都是影响企业产品在市场上竞争能力的重要因素。通过成

本核算，企业可以在提高产品质量的同时，合理定价，降低产品的成本，有利于增强产品的市场竞争能力。

4. 为企业进行经营决策提供依据

通过成本核算，企业可以清楚知道哪些畜牧产品的成本低，经济效益最好。这样，企业在进行经营决策时，就会把企业的主要精力集中到成本最低的畜牧产品生产中去，从而使企业获得最佳的经济效益。

(五)成本核算的项目

成本核算的项目见图 5-1。

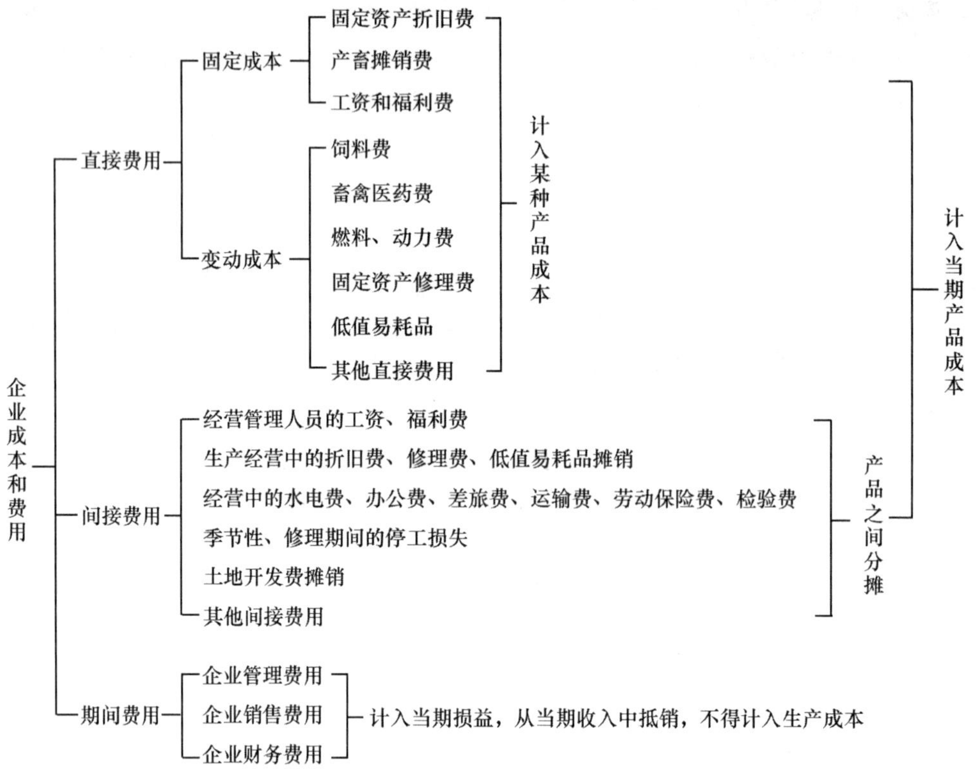

图 5-1 成本核算项目

(六)成本核算的程序

(1)正确确定产品成本核算的对象。

(2)严格审查和控制发生的各项费用，分清产品成本费用和非产品费用的界限，确定应计入产品成本的费用。

(3)正确归集和分配成本费用，将计入本期产品成本的各种费用在各种产品之间按照成本项目进行归集和分摊，计算出各种产品成本。

(4)将计入各种产品的成本，在本期完工产品和期末在产品之间进行分配和归集，计算出完工产品总成本和单位成本。

产品成本计算的过程实际上是在生产中发生的各项费用的归集和分配，再归集和再分配的过程。

(5)计算主要产品成本：

$$主要产品成本=总成本-次要产品成本$$

$$次要产品成本=总成本\times\frac{次要产品收入}{主要产品收入+次要产品收入}$$

(6)计算单位主要产品成本：

$$单位主要产品成本=\frac{主要产品成本}{主要产品总产量}$$

(七)成本核算的方法

畜牧产品成本核算的方法有分群核算和混群核算两种。

1.分群核算

随着畜牧业生产的商品化、自动化、专业化程度的日益提高，目前主要采用分群核算的方法计算畜牧产品成本。分群核算时将不同的群别作为成本计算的对象。下面以养猪、养牛、养羊、养禽为例说明如下：

(1)养猪业产品成本的计算。在养猪生产中，一般要计算猪群的饲养日成本、增重成本、活重成本等。

①断奶仔猪活重单位成本。断奶仔猪活重单位成本表示断奶仔猪每千克活重所花费的饲养费用，其计算公式如下：

$$断奶仔猪活重单位成本=\frac{基本猪群的饲养费用-副产品价值}{断奶仔猪活重}$$

式中，副产品价值一般是指哺乳期内基本猪群产生的粪便的价值。

【例 5-1】某猪场基本猪群全年饲养费用为 10 820 元，副产品价值为 1 100 元，全年产断奶仔猪 206 头，活重 3 100 kg，试计算断奶仔猪活重单位成本。

$$断奶仔猪活重单位成本=\frac{基本猪群的饲养费用-副产品价值}{断奶仔猪活重}=\frac{10\ 820-1\ 100}{3\ 100}\approx3.14(元/kg)$$

②育肥猪群增重单位成本。育肥猪群增重单位成本表示育肥猪每千克增重所消耗的饲料费用，其计算公式如下：

$$育肥猪群增重单位成本=\frac{猪群饲养费用-副产品价值}{猪群增重量}$$

$$猪群增重量=猪群期末存栏活重+本期离群活重(包括死猪重量)-期初结转、购入和转入的活重$$

③幼猪及育肥猪活重单位成本。幼猪及育肥猪活重单位成本表示幼猪及育肥猪每千克活重所耗费的饲养费用，其计算公式如下：

$$幼猪及育肥猪活重单位成本=\frac{\begin{matrix}期初活重\\总成本\end{matrix}+\begin{matrix}本期增重\\总成本\end{matrix}+\begin{matrix}转入\\总成本\end{matrix}-\begin{matrix}死猪\\残值\end{matrix}}{\begin{matrix}期末存\\栏活重\end{matrix}+\begin{matrix}期内离\\群活重\end{matrix}}$$

④猪群饲养日成本。猪群饲养日成本主要表明猪场在饲养期内,平均每天每头猪支出的饲养费,这一指标对猪场的经济核算十分重要。其计算公式如下:

$$猪群饲养日成本=\frac{该猪群饲养费用}{该猪群饲养头日数}$$

猪群饲养头日数是指累计的日饲养头数,一头猪饲养一天为一个饲养头日数。将该猪群每天存栏头数相加即可得出猪群饲养头日数。

(2)养牛业产品成本的核算。养牛业包括养奶牛和养肉牛,在养牛生产中主要计算奶牛的产品成本和育成或育肥群成本。

①奶牛产品成本计算。基本牛群的主产品是牛奶和繁殖的犊牛,副产品是厩肥和脱落的牛毛。基本牛群的全部饲养费用减去副产品价值,即为主产品成本。由于基本牛群的主产品有牛奶和犊牛两种,所以,还需要把主产品的全部成本在两种主产品之间进行分配。计算时,通常将一头犊牛折合为 100 kg 牛奶。其计算公式如下:

$$每千克牛奶成本=\frac{基本牛群饲养费用-副产品价值}{全年牛奶总量+全年出生犊牛头数\times100}$$

$$每头犊牛成本=100\times每千克牛奶成本$$

$$牛奶总成本=牛奶总产量\times每千克牛奶成本$$

$$犊牛总成本=每头犊牛成本\times全年出生犊牛头数$$

【例 5-2】某养牛场奶牛的全年饲养费用为 502 600 元,厩肥价值为 600 元,全年产出牛奶 1 000 018 kg、犊牛 100 头,试计算主要产品的单位成本及总成本。

$$每千克牛奶成本=\frac{502\ 600-600}{1\ 000\ 018+100\times100}\approx0.50(元/kg)$$

$$每头犊牛成本=100\times0.50=50(元/头)$$

$$牛奶总成本=1\ 000\ 018\times0.50=500\ 000(元)$$

$$犊牛总成本=50\times100=5\ 000(元)$$

②育成或育肥群成本计算。育成或育肥群的主产品是增重(或生长量),副产品是厩肥及死畜的皮毛等。其计算公式如下:

$$该群增重量=该群期末存栏活重+本期内离开该群的活重(包括死亡牛体重)-期初结转及期内购入、转入的牛活重$$

$$育成或育肥牛每增重1\ kg的成本=\frac{该群的饲养费用(包括死亡牛的费用)-副产品价值}{该群增重量}$$

(3)养羊业产品成本的计算。养羊业包括养绵羊、养山羊、养奶山羊等。奶山羊的产品成本计算方法与奶牛基本相同。山羊的产品成本计算与绵羊相似,下面以养绵羊为例介绍养羊业的产品成本计算方法。

基本羊群的主产品是羊毛和羊羔,副产品是羊奶、羊粪和对外配种收入。本年生幼羊和往年生幼羊的主产品是增重和羊毛,副产品是死亡幼羊的皮张等;去势羊和非种用公羊的主产品是羊毛，副产品是羊粪。各羊群的饲养费用减去副产品价值，就是各羊群的主产品总成本，总成本除以主产品总产量即为主产品的单位成本。

(4)养禽业产品成本的计算。养禽业包括养鸡、养鸭、养鹅等。进行养禽业的成本计算，应按家禽类别和群别进行分别计算各类和各群家禽的主产品成本。

①基本禽群的成本计算。基本禽群的主产品是禽蛋，副产品是羽毛和禽粪。所以基本禽群的成本计算主要计算禽蛋单位成本，其计算公式如下：

$$禽蛋单位成本=\frac{基本禽群饲养费用-副产品价值}{禽蛋总产量}$$

②幼禽和育肥禽的成本计算。幼禽和育肥禽的主产品是增重，副产品是育肥禽所产的蛋、羽毛及禽粪。因此，幼禽和育肥禽的成本计算主要计算增重单位成本，即从幼禽和育肥禽的全部饲养费用中减去副产品价值后，再除以增重量，即为增重单位成本。但由于幼禽和育肥禽数量大，增重称量过于麻烦，一般只计算每只幼禽和育肥禽的成本。其计算公式如下：

$$\begin{matrix}每只幼禽或\\育肥禽成本\end{matrix}=\frac{\begin{matrix}该禽群期初\\的全部价值\end{matrix}+\begin{matrix}购入和转\\入的价值\end{matrix}+\begin{matrix}本期饲\\养费用\end{matrix}-\begin{matrix}副产品\\的价值\end{matrix}}{\begin{matrix}期末存\\栏只数\end{matrix}+\begin{matrix}期内离群只数\\(不包括死禽)\end{matrix}}$$

③人工孵化成本计算。人工孵化生产过程是从种蛋入孵至雏禽孵出一昼夜为止，其主要产品是孵出成活 24 h 的雏禽，副产品是废蛋。人工孵化成本主要计算每只雏禽的成本，从全部孵化费用中减去副产品价值后，再除以成活一昼夜的雏禽只数，即为每只雏禽的成本。其计算公式如下：

$$每只雏禽成本=\frac{全部孵化费用-副产品价值}{成活一昼夜的雏禽只数}$$

养禽业也需要计算饲养日成本，其计算方法与养猪业相同。

2.混群核算

有些畜牧企业不具备分群核算的条件，因而对畜禽采取分群饲养混群核算的方法计算产品成本。混群核算的成本计算公式如下：

$$\begin{aligned}某类畜禽的生产成本=&期内饲养费用+期内购入和转入的价值+期初存栏价值-\\&期末存栏价值\end{aligned}$$

$$某类畜禽的主要产品单位(kg)成本=\frac{某类畜禽的生产总成本-副产品价值}{某类畜禽主产品总产量}$$

二、企业利润的核算

(一)利润的概念

利润是企业在一定时期的经营成果，是企业在一定时期从事生产经营活动、投资活动及其他非经营活动取得的收益，在数量上等于企业全部收入抵补全部支出后的余额。如果企业在一定时期的全部收入不足以抵补全部支出，就表现为亏损。利润是企业生产经营活动效率和效益的最终体现。

(二)利润的构成与核算内容

利润包括收入减去费用后的净额、直接计入当期利润的利得和损失等。利得,是指由企业非日常活动所形成的、会导致所有者权益增加的、与所有者投入资本无关的经济利益的流入;损失,是指由企业非日常活动所发生的、会导致所有者权益减少的、与向所有者分配利润无关的经济利益的流出。

1. 营业利润

营业利润是畜牧企业从事经营活动所取得的净收益。其计算公式为:

营业利润=营业收入－营业成本－税金及附加－销售费用－管理费用－财务费用－资产减值损失＋公允价值变动收益(－公允价值变动损失)＋投资收益(－投资损失)

式中,营业收入是指企业经营业务所实现的收入总额,包括主营业务收入和其他业务收入。对于畜牧企业来说,主营业务收入是畜产品销售收入。营业成本是指畜牧企业经营业务所发生的实际成本总额,包括主营业务成本和其他业务成本。资产减值损失是指畜牧企业计提各项资产减值准备所形成的损失。公允价值变动收益(或损失)是指畜牧企业以各种交易性金融资产等公允价值变动形成的应计入当期损益的利得(或损失),即公允价值与账面价值之间的差额。投资收益(或损失)是指畜牧企业以各种方式对外投资所得的收益(或损失)。

2. 利润总额

企业的利润总额包括营业利润、营业外收支净额两大部分。其计算公式为:

利润总额=营业利润＋营业外收入－营业外支出

式中,营业外收入是指企业发生的与日常活动无直接关系的各项利得,营业外支出是指企业发生的与日常活动无直接关系的各项损失。

3. 净利润

净利润又称税后利润,是企业缴纳所得税后形成的利润,也是企业进行利润分配的依据。其计算公式为:

净利润=利润总额－所得税费用

式中,所得税费用是指企业确认的应从当期利润总额中扣除的所得税费用。

4. 税金

税金是国家根据事先规定的税种和税率向企业征收的、上交国家财政的款项,是国家宏观调控的重要经济手段之一。

复习思考题

1. 编制经营计划的依据及方法有哪些?
2. 畜牧企业经营控制的基本步骤及方法有哪些?

3. 畜禽分娩有哪些类型？各有哪些特征？
4. 编制畜牧产品计划应注意哪些方面？
5. 什么是畜牧产品成本？包括哪些内容？
6. 成本核算的原则及基本要求有哪些？
7. 成本核算的项目有哪些？
8. 畜牧产品成本核算有哪两种方法？
9. 企业利润的构成与核算内容是什么？

项目六
畜牧企业合同管理

学习目标

1. 了解合同的概念与分类。
2. 掌握合同的履行方式、担保、变更和解除方法。
3. 掌握合同的管理与合同纠纷的解决方式。
4. 熟练掌握合同的编写格式、内容和具体要求。
5. 掌握合同签订的步骤、方法与要点。

项目六思维导图

素质目标

1. 培养运用合同法律理论和知识以及有关法律、法规分析和解决生活中实际经济问题的能力。

2. 树立法律意识,增强诚实信用及遵纪守法观念。

畜牧企业经营与管理项目六课件

学习内容

任务一　畜牧企业合同概述

一、合同的概念及分类

(一)合同的概念

在畜牧企业的生产经营过程中,企业之间为了各自的经济利益,就要通过有关双方或多方的协商,采用法定的形式订立共同遵守的条文,以明确各自的权利义务,同时作为履行的依据。我国现行的合同法律制度主要规定于 2020 年 5 月 28 日十三届全国人大三次会议表决通过,自 2021 年 1 月 1 日起施行的《中华人民共和国民法典》(以下简称《民法典》)合同编。根据《民法典》规定,合同是民事主体之间设立、变更或终止民事法律关系的协议。依法成立的合同,受法律保护。

(二)合同的分类

《民法典》合同编中，共规定了19种典型合同和两种准合同，但与畜牧企业生产经营、流通等方面有关的合同主要有以下几种常见类型。

《民法典》合同编

1. 买卖合同

买卖合同是出卖人转移标的物的所有权于买受人，买受人支付价款的合同。在畜牧企业的生产经营活动中，最常见的买卖合同多为畜牧企业与供应商或客户之间就畜牧产品(如饲料、种畜、肉畜等)的买卖达成的协议。如畜牧产品购销合同、饲料采购合同、畜牧产品包销合同等。

2. 承包合同

承包合同是指畜牧企业与承包者为完成某项生产销售任务，明确责、权、利而签订的合同。这种合同形式通常适用于畜牧企业将某些业务外包给承包方，承包方负责按照合同约定的任务和质量标准完成特定的畜牧业务并向企业交付成果。如饲养、繁殖、疫病防控等方面的承包合同。在承包合同中，会详细规定承包业务的范围、报酬、支付方式、合同期限、违约责任等内容。

3. 加工承揽合同

加工承揽合同是指承揽人利用自己的技术、设备、劳力等，根据定作人提出的要求完成一定的工作任务，交付工作成果，定作人支付报酬的合同。如屠宰加工合同。

4. 租赁合同

租赁合同是出租人将租赁物(如土地、设备、设施等)交付承租人使用、收益，承租人支付租金的合同。畜牧企业生产经营活动中常见的租赁合同种类有设备租赁合同、牲畜租赁合同、土地租赁合同、房屋租赁合同等。租赁合同中会详细规定租赁物的使用范围、租赁期限、租金及支付方式等内容。

5. 技术服务合同

技术服务合同是当事人一方以技术知识为对方解决特定技术问题所订立的合同，不包括承揽合同和建设工程合同。这种合同形式通常适用于畜牧企业在生产经营过程中需要外部技术支持的情况。如疫病防控、饲养管理、繁殖技术等。技术服务合同中会明确服务项目、服务标准、服务费用等内容。

6. 货物运输合同

货物运输合同是指承运人根据托运人的委托，将货物按时运到指定地点并交付收货人，托运人按约定付给承运人运费的合同。

7. 财产(牲畜)保险合同

财产(牲畜)保险合同是以财产(牲畜)及其有关利益为保险标的的保险合同，是投保人与保险公司之间就风险转移达成的协议。根据这一协议，投保人支付一定金额的保费，而当发生约定的损失事件时，保险公司则承诺按照约定赔偿相应金额。如生猪养殖保险合同。

8. 信贷(借款)合同

信贷(借款)合同是生产经营单位或个人向银行申请贷款所签订的合同。贷款方将一定数额的货币交给借款方使用，借款方按期归还同等数额货币并支付利息。信贷合同也是畜牧企业生产经营活动中最常见的合同形式之一。

9. 联营合同

联营合同是指联合经营各方为共同发展某生产经营项目而协商签订的合同。合同中规定联合经营各方提供的资金、设备、场地、技术等比例，以及彼此之间在经营过程中的权利、义务、责任、利益分配和违约应负的经济责任等内容。

除以上常见的合同种类外，在畜牧企业生产经营过程中还有建筑施工合同、仓储保管合同等类型。

二、签订合同的步骤

签订合同的步骤是指当事人双方就合同的内容进行反复磋商，达成一致协议的全部过程。根据《民法典》规定，其通常分为 3 个阶段，即要约→承诺→实际签约。

(一)要约

要约是希望与他人订立合同的意思表示，该意思表示应当内容具体确定，表明经受要约人承诺，要约人即受该意思表示约束。内容不确定，则为要约邀请(意指希望他人向自己发出要约的表示)。发出要约的当事人为要约人，要约所指向的对方当事人为受要约人。要约具有以下特征。

(1)要约必须是由具有订约能力的要约人作出的意思表示，并须以缔结合同为目的。要约的提出，旨在同对方达成协议、签订合同，而不是一般的产品宣传活动。单纯的初步磋商、贸易谈判的邀请或戏谑表示，均不构成要约。

(2)要约必须提出足以使合同成立的必要条款。也就是说，要约中不仅要表明要约人对订立合同的愿望，还必须明确提出合同的主要条款。依具体合同类型的不同，构成有效的要约通常需要包括标的、数量、质量、价款(或报酬)等内容。要约一经受要约人承诺，合同即告成立。

(3)要约是一种法律行为，在规定的期限内对要约人具有约束力。对方在要约的有效期限内作出承诺后，要约人有义务与之订立合同；以特定物为标的的要约，在要约有效期内，要约人不得就同一内容再向第三方提出要约或签订合同。如要约人违背上述要求，应承担由此引起的法律责任。

要约可以撤回，撤回要约意思表示的通知应当在意思表示到达相对人前或者与意思表示同时到达相对人；要约可以撤销，但有下列情形之一的除外：①要约人以确定承诺期限或者其他形式明示要约不可撤销；②受要约人有理由认为要约是不可撤销的，并已经为履行合同做了合理准备工作。

须注意的是，撤销要约的意思表示以对话方式作出的，该意思表示的内容应当在受要约人作出承诺之前为受要约人所知悉；撤销要约的意思表示以非对话方式作出的，应当在受要约人作出承诺之前到达受要约人。

(4)要约应规定对方答复的期限。由于要约是一种法律行为，在有效时间内对要约人产生法律约束力。所以，要约应规定对方答复的期限。答复期限的长短应视具体情况而定，一般应考虑信函往返的时间和对方研究决策的时间。

(5)有下列情形之一的，要约失效：①要约被拒绝；②要约被依法撤销；③承诺期限届满，受要约人未作出承诺；④受要约人对要约的内容作出实质性变更。

(二)承诺

承诺是受要约人同意要约的意思表示。承诺具有以下特征。

(1)承诺必须在要约规定的期限内作出。除法律另有规定，超过有效期限发出的承诺无法律效力。若要约中未确定承诺期限的，承诺应当依照下列规定到达：①要约以对话方式作出的，应当即时作出承诺；②要约以非对话方式作出的，承诺应当在合理期限内到达；③要约以信件或者电报作出的，承诺期限自信件载明的日期或者电报交发之日开始计算。信件未载明日期的，自投寄该信件的邮戳日期开始计算；④要约以电话、传真、电子邮件等快速通信方式作出的，承诺期限自要约到达受要约人时开始计算。

另须引起注意的几种特殊情形是：受要约人超过承诺期限发出承诺，或者在承诺期限内发出承诺，按照通常情形不能及时到达要约人的，为新要约；但是，要约人及时通知受要约人该承诺有效的除外。

受要约人在承诺期限内发出承诺，按照通常情形能够及时到达要约人，但是因其他原因致使承诺到达要约人时超过承诺期限的，除要约人及时通知受要约人因承诺超过期限不接受该承诺外，该承诺有效。

(2)承诺的内容必须与要约的内容一致。受要约人对要约的内容作出实质性变更的，为新要约。新要约只有经原要约人承诺，合同才能成立。有关合同标的、数量、质量、价款或者报酬、履行期限、履行地点和方式、违约责任和解决争议方法等的变更，是对要约内容的实质性变更。

承诺对要约的内容作出非实质性变更的，除要约人及时表示反对或者要约表明承诺不得对要约的内容作出任何变更外，该承诺有效，合同的内容以承诺的内容为准。

(3)承诺也是一种法律行为，除法律另有规定或者当事人另有约定，承诺生效时合同即告成立，当事人双方都要依约认真履行。

(4)承诺不可撤销，但可以撤回。撤回承诺意思表示的通知应当在意思表示到达相对人前或者与意思表示同时到达相对人。

要约和承诺是订立合同必不可少的两个阶段，在实际签订合同的过程中，当事人双方往往反复磋商，直至达成一致的协议，即往往要经过要约—新要约—再要约—再新要约……直至承诺的反复磋商过程，直到双方完全同意，合同才告成立。

(三)实际签约

实际签约是指合同当事人在遵循合同基本原则的基础上，将经过要约和承诺的合同内容形成文字，并使之最终成立的过程。

(1)经办人出示授权委托书。授权委托书是在订立合同时，明确法人代表、经办人或代理人的身份、授权范围及其行为能力的一种法律文书。授权委托书包括三方面内容：一是证明法人的法定代表人身份和行为能力；二是证明经办人员的代表身份和授权范围；三是证明代理人的身份和授权范围。授权委托书由企业自行填写、签章。在签订合同时，经办的当事人要将该授权委托书送交对方验证并留存，以后一旦发生纠纷可供举证。

(2)填写正式合同书。签订合同一般都使用正规的合同用纸。填写合同时一般先明确合同的种类(标题)及填写签订合同的单位;填写正文即合同的基本条款及所议的有关事项;填写各自单位的地址、电话、传真以及开户银行、账号等;最后要具名和填写日期。填写各部分内容时必须认真审核,一丝不苟。合同中若有涂改的字迹必须加盖当事人的印章。

(3)审核合同书。这是很重要的一步工作。双方当事人要对填写好的合同共同进行认真的审核,发现失误马上纠正,以保证合同内容的完整、准确。

(4)双方当事人对审核无误的合同进行签字、盖章。对审核后的合同书签字盖章是一个很慎重的过程,因为签章后的合同书即刻产生法律效力。

(5)分存合同书,准备履约。一般情况下,合同的正本由双方留存使用,副本送有关单位留存使用。合同的份数可根据需要确定。

签订合同一般要经过要约、承诺和实际签约三个阶段,但这并不意味着是签订合同的全部步骤。例如,有的合同在签订后要报上级主管机关或有关部门审核,经批准后才能成立;有的合同在签订后依照法律规定或当事人约定要待签证或公证后才能成立。否则,这些合同虽经当事人双方签订,但还不能算正式成立。

三、合同的编写

(一)编写合同的一般要求

1.合同编写人应精通业务,熟知市场动态

这是编写好合同应必备的基础。在市场经济条件下,市场行情变化莫测,如不能及时了解和掌握市场行情,就有可能在签订合同时,造成企业或个人的经济损失。因此,在撰写合同之前,必须进行市场调查,了解市场行情,以便在编写合同时尽量避开对己方不利的条款。

2.依法依规撰写,简明实用

这是合同规范化的前提。要做好这一点,合同的起草人必须通晓国家的法律、政策以及各级主管部门制定的有关条例、规定或细则。依法依规撰写,不仅可以保证畜牧企业生产经营的合法性,而且还可以保证经济利益不会受到损失,做到处处有法可依,有章可循。一旦发生合同纠纷,在利益上也会受到法律的保护。简明实用,要求编写合同时应遵循实用性的要求,做到简明扼要,不烦琐难懂。

3.措辞准确,内容真实完备

这是撰写合同在表达上的突出要求。措辞准确,要求编写合同时使用的措辞必须准确、规范、无歧义,力求做到合同书上没有一句废话,没有一句不清楚的话,没有一个错别字或多余的字,绝不能由于措辞含糊不清而造成纠纷。人民币一定要大写,数字的应用包括签订日期都必须清楚,绝不能由于量词或数词不准确而产生歧义,如"交货"与"提货"一字之差,意义迥异。所以,在合同中禁用"大致""估计""尽量"之类的文字。

合同的内容必须真实可信,不允许以合法形式故意掩饰违法的经济行为或隐瞒真相欺骗对方;否则,就是不合法的合同。内容完备,是指编写合同时应做到全面、周详、具体,以便于合同的履行。

4. 不得擅自涂改

合同一经生效，双方当事人即应依约履行各自的义务，并各自承担相应的责任。如需修改、补充或更改时，必须经过双方协商、确认后，再将统一意见写入合同内。

5. 书写工具必须规范化

根据国家文档管理相关规定，签订合同时不能使用铅笔、圆珠笔书写。

(二)合同编写的格式和内容

由于畜牧企业订立合同的目的不同，在合同的具体格式及内容上也会有所差别。但通常应具备合同名称、合同主体、标的及相关事项(如品种、数量、质量、价款等)、合同履行期限、履行地点和方式、违约责任、解决争议的方法等基本要素。以下就前述要素作简要解释和提示。

1. 合同名称

应做到明确、准确、规范、合法，能清晰地反映合同的性质和内容，避免使用模糊及易引起误解或不合法的词语，使读者能够一目了然地了解合同的类型。如畜牧业承包合同、饲料购销合同、畜牧养殖合作协议等。

2. 合同编号

由合同当事人根据实际需要确定。

3. 合同当事人

合同当事人是指签订合同的双方或多方，是享有合同约定的权利义务的主体。应注意在合同中必须准确写明当事人的正式全称、住所以及代理人的姓名、职务、联系方式等信息。当合同履行过程中万一发生争议引发诉讼时，这些信息将会成为选择管辖法院、送达法律文书等的重要依据。

4. 签订地点、签订日期

签订合同时，应写明合同签订的具体地点和日期。反之，将可能会对确定合同的生效时间及正常履行等方面带来不必要的麻烦。

5. 合同标的

合同标的是指合同当事人权利义务所共同指向的对象，是合同的核心内容。包括物、行为或智力成果等，如饲料购销合同中饲料产品就是标的。标的是任何一个合同都必须具有的首要条款。没有标的或标的不明确，合同就无法履行，当事人的权利义务也不能落实，合同也就毫无意义。因此，在确定合同标的时，应注明标的名称、品种、规格型号、商标等，若有条件或必要，还应提供样品，以备履行时检查。

6. 数量和质量

数量和质量是确定合同标的特征的最重要的因素，是衡量当事人权利、义务大小的主要尺度。因此，任何合同都必须对标的数量和质量做出明确的约定。

(1)标的数量的计数单位应采用国家规定的法定计量单位。根据标的物的特性，还应规定合理的误差和自然损耗率，以免执行合同时引起不必要的争议。

(2)标的质量是指标的内在素质和外观形态的综合指标。我国产品质量标准分为国家标准、行业标准、地方标准和企业标准等。凡有规定标准的，应按规定标准执行；没有规定标准时，由合同当事人协商确定。当事人有特殊要求的，可以封样备验，以免履行合同时发生质量纠纷。

7.价款或酬金

价款或酬金，简称为价金，是指取得标的的一方向对方支付的以货币数量表示的对价。以货物、工程项目为标的的称为价款，以劳务为标的的称为酬金。当事人在签订合同时，应根据国家规定和等价有偿原则，在合同中规定具体价格、计量标准和结算方式。

价款和酬金的结算除国家另有规定外，一律以人民币计算支付；结算方式包括现金结算和转账结算，除国家规定可以使用现金支付的范围外，一律通过银行转账结算，特别是法人之间不允许用现金支付方式结算。

8.履行的期限、地点和方式

(1)履行的期限是指交付标的和支付价款的时间，它是衡量合同是否按时履行的标准。合同履行期限由双方约定。合同的履行期限必须明确、具体，尽可能规定具体日期。对易受客观条件限制的履行期限应明确可以顺延的条件，并尽可能约定履行期限与有效期限相一致。履行期限届满，不能履行或不能完全履行合同的一方，要承担违约责任。

(2)履行地点是指合同当事人履行义务、交付或获取标的的地方。合同中必须对履行地点做出明确规定，尽可能选择对自己有利的履行地点，并注意履行地点应详细，切莫简写，以免搞错。合同的履行地点直接关系到合同的履行时间、履行费用，尤其对活畜禽购销合同而言意义则更大，它关系到失重、死亡等损失的责任。履行地点也是判断合同当事人是否违约的标志和合同发生纠纷时选择案件管辖法院的重要依据。例如，《中华人民共和国民事诉讼法》第二十四条规定："因合同纠纷提起的诉讼，由被告住所地或者合同履行地人民法院管辖。"司法实践中，以履行地法院管辖优先。

(3)履行方式可分为时间方式和行为方式。时间方式是指合同是一次性履行还是分期分批履行。一般合同标的单一或数量少、金额不大的合同一次性履行，而合同标的数量、金额大的可采用分批履行，具体应根据双方的实际情况来确定。行为方式包括标的物的交付方式、劳务提供方式和结算方式等。以物为标的的交付方式，通常包括送货、自提和代运等方式。它关系到货物所有权的转移、风险责任的承担，有时也能间接地证明合同的履行地点。

9.违约责任与合同纠纷解决方式

违约责任是指合同当事人不履行或不适当履行合同规定的义务而应承担的经济责任和法律责任。违约责任的范围，法律有规定的，依照法律规定的范围确定；法律没有规定的，由合同当事人在合同中事先约定。如可以约定定金或违约金、约定赔偿金额以及赔偿金的计算方法等。当事人双方在合同中明确违约责任，有利于保证合同的严肃性，避免和减少合同纠纷。在合同执行过程中发生纠纷时，除法律、法规规定的免责情况外，违约方应承担违约责任。《民法典》第五百七十七条规定："当事人一方不履行合同义务或者履行合同义务不符合约定的，应当承担继续履行、采取补救措施或者赔偿损失等违约责任。"

当事人双方应本着实事求是、互谅互让的原则，可通过选择协商、调解、仲裁、诉讼等方式解决合同纠纷。

【**例 6-1**】商品仔猪买卖合同(样式)

商品仔猪买卖合同(样式)

合同书编号:××××

甲方(需方):×××养殖有限公司

住所地:××省××市××镇,邮编:×××××,电话:××××,传真:××××

法定代表人:×××,职务:总经理

乙方(供方):××种猪场

住所地:××省××市××镇,邮编:×××××,电话:××××,传真:××××

法定代表人:×××,职务:场长

为推广良种商品猪,促进畜牧业生产健康快速发展,经甲乙双方共同协商,在平等自愿、互惠互利的基础上,就甲方向乙方购买良种商品仔猪事宜达成如下协议,以共同遵守。

一、产品名称、品种、数量、单价、金额(表 6-1)

表 6-1　产品明细

产品名称	品种	数量	单价/(元/kg)	金额/元

二、质量标准

仔猪的体形外貌符合品种特征,发育良好,体质健壮,被毛有光泽,四肢无残疾。每头仔猪的重量为(18±1.5) kg。若仔猪不符合质量要求,甲方有权拒绝接受,并有权要求乙方重新送货。

三、供货时间及数量

乙方应于××××年××月分三批向甲方提供商品仔猪。每批提供×××仔猪600 头,三批合计提供仔猪 1 800 头。

四、验收办法及时间、地点

乙方交货时,必须随带乙方所在地动物检疫部门出具的检疫证、运输工具消毒证、非疫区证。乙方送货前 2 d 通知甲方到货时间,货到甲方,甲方应立即逐只称重验收。检疫费用由乙方负担。

若在品种纯度上有异议时，可请高等院校和农业农村局的相关专家到现场鉴定；对于在运输途中出现伤残及死猪，导致供货数量不足时，可在下批送货时给予补足。

五、货款的支付方式及期限

1. 定金的支付：每头商品仔猪预付定金20元，第一批仔猪的定金在合同签字生效当日内给付，以后二批的定金分别在乙方前批送货后给付下批定金。

2. 货款以每批实际到货商品仔猪的千克数乘以单价据实结算，在验收合格后的2日内，甲方通过银行汇款将货款支付给乙方，并扣除已付的定金。

六、交(提)货地点及运输方式和费用负担

根据商品仔猪的特点，乙方采用合理的运输方式送货到甲方，运输费用由乙方负担。

七、运输途中仔猪伤残及死猪的处理

在运输途中出现的伤残仔猪和死猪由乙方自行处理，但必须严防疫病的扩散。

八、违约责任

甲乙双方必须严格按合同的要求履行各自的义务，若乙方不按时交付货物或者甲方不按时支付货款，则违约方必须按照违约批次的实际应提供仔猪数量并以每头仔猪90元的金额向对方支付违约金。

九、争议解决的方式

甲乙双方应本着公平合理的原则处理出现的纠纷。若出现严重违约，导致一方产生重大经济损失，双方不能协商解决时，任何一方均可向有管辖权的人民法院提起诉讼。

十、本合同一式两份，甲、乙双方各执一份，具有同等效力。本合同经双方法定代表人签字及加盖公章后生效。

甲方(公章)：×××养殖有限公司　　　　乙方(公章)：××种猪场
法定代表人：×××　　　　法定代表人：×××
签订日期：　　年　月　日　　　　签订日期：　　年　月　日

任务二　合同的担保

一、合同担保的概念

合同担保，是指法律规定或者当事人约定的确保债务人履行债务，保障债权人的债权得以实现的法律措施。其目的在于督促当事人重视和认真履行合同，预防不履行合同行为的发生。合同担保对于提高合同的法律效力，维护当事人的合法权益是十分必要的。

二、合同担保的特征

(一)从属性

从属性又称为附随性、伴随性，是指合同担保的成立和存在以主合同的存在为前提，因主合同的变更而变更，因主合同的消灭而消灭，因主合同的无效而无效。法律另有规定的除外。

(二)补充性

补充性是指合同担保一经成立，相对于主债关系而言，债权人所享有的担保权对于债权的实现具有补充的意义。

(三)保障性

保障性是指合同担保是用以保障债务的履行和债权的实现。

三、合同担保的形式及内容

合同担保的法定形式有定金、保证、抵押、质押、留置5种担保方式。

(一)定金

1. 定金的概念

定金是指为证明合同成立及保障合同债权的实现，当事人可以约定在合同订立时或订立后至履行前由一方预先向对方给付一定数量的货币作为担保。定金是畜牧企业生产经营活动中经常使用的担保形式，合同完全履行后，定金应当收回或抵作价款。

2. 定金合同的成立时间及定金数额的规定

定金合同为实践性合同，是相对于诺成合同(指只需合同当事人意思表示一致，合同即可成立)而言的一种合同类型，是指除当事人意思表示一致以外，尚需交付标的物或完成其他现实给付才能成立的合同。《民法典》第五百八十六条规定："当事人可以约定一方向对方给付定金作为债权的担保。定金合同自实际交付定金时成立。"

定金的数额由当事人约定，但不得超过主合同标的额的20%，超过部分不产生定金的效力。实际交付的定金数额多于或者少于约定数额的，视为变更约定的定金数额。

3. 定金的基本类型

(1)订约定金。以定金交付作为订立主合同的担保，若其后一方拒绝订立主合同，应承受定金罚则。

(2)成约定金。以定金交付作为主合同成立或生效要件，不交付定金，主合同即不成立(或不生效)；但若未交定金，主合同履行的，合同可成立并生效。

(3)解约定金。定金交付后，一方解除主合同时，须以承担定金罚则为代价。

(4)违约定金。一方当事人不履行或履行不符合约定，致使双方丧失合同目的时，应承担定金罚则。

4. 定金罚则的适用

(1)定金罚则适用的基本规则。

①交付方违约的，定金丧失；收受方违约的，双倍返还定金。

②部分违约的，按比例适用定金罚则，但是部分未履行致使不能实现合同目的的除外。

(2)免责事由。

①因不可抗力致使主合同不能履行的。

②双方都根本违约的。

当事人一方仅有轻微违约，对方具有致使不能实现合同目的的严重违约行为，轻微违约方主张适用定金罚则，对方以轻微违约方也构成违约为由抗辩的，对该抗辩不予支持。

5.定金与订金的区别

定金是指合同当事人约定一方在合同订立时或在合同履行前预先给付对方一定数量的金钱，以保障合同债权实现的一种担保方式；而订金目前法律上没有明确规定，一般可视为“预付款”。

定金与订金的区别主要表现在以下几方面。

(1)数额不同。定金的数额不得超过主合同标的额金额的20%，超过的部分无效；而订金的数额没有限制。

(2)效力不同。订金作为预付款一般在合同正常履行的情况下，成为价款的一部分；在合同没有得到履行的情况下，不管是给付一方当事人违约，还是接受方违约，订金都要原数返还。定金则不同，在合同得到履行时，定金是收回还是抵作价款，要根据双方当事人的约定来确定，并非一定抵作价款；在不履行合同的情况下，给付定金的一方不履行债务时，无权要求返还定金，接受定金的一方不履行债务的，应当双倍返还定金。

由此可知，“订金”与“定金”虽然只有一字之差，但二者的性质根本不同，法律效力也有巨大的差别，因此在签订合同时应予以注意。

(二)保证

1.保证的概念

保证是指合同当事人以外的第三人(保证人)以自己的名义担保一方当事人(被保证人)履行合同，当被保证人不履行合同时，由保证人承担责任的一种法律制度。保证属于人的担保，是从属于主合同的担保合同，它的订立以主合同的存在为前提。保证也是畜牧企业生产经营活动中经常使用的一种担保方式，尤其是借款合同的签订。

保证合同是单务、诺诚、要式、无偿合同。

2.保证的方式

保证的方式包括一般保证和连带责任保证。当事人在保证合同中对保证方式没有约定或者约定不明确的，按照一般保证承担保证责任。

(1)一般保证。是指当事人在保证合同中约定，债务人不能履行债务时，由保证人承担保证责任的，为一般保证。一般保证人享有先诉抗辩权，即一般保证的保证人在主合同纠纷未经审判或者仲裁，并就债务人财产依法强制执行仍不能履行债务前，有权拒绝向债权人承担保证责任，但有下列情形之一的除外：①债务人下落不明，且无财产可供执行；②人民法院已经受理债务人破产案件；③债权人有证据证明债务人的财产不足以履行全部债务或者丧失履行债务能力;④保证人书面表示放弃法律规定的权利。

此外,还需注意以下几种情形。

一般保证的债权人取得对债务人赋予强制执行效力的公证债权文书后,在保证期间内向人民法院申请强制执行,保证人以债权人未在保证期间内对债务人提起诉讼或者申请仲裁为由主张不承担保证责任的,人民法院不予支持。

不可单独起诉保证人,可将保证人与债务人列为共同被告。判决书中应明确在对债务人财产依法强制执行后仍不能履行债务时,由保证人承担责任。

债权人未就主合同纠纷提起诉讼或者申请仲裁,仅起诉一般保证人的,人民法院应当驳回起诉。

债权人未对债务人的财产申请保全,或者保全的债务人的财产足以清偿债务,债权人申请对一般保证人的财产进行保全的,人民法院不予准许。

(2)连带责任保证。当事人在保证合同中约定保证人和债务人对债务承担连带责任的,为连带责任保证。

连带责任保证的保证人不享有先诉抗辩权,债权人可单独起诉债务人,也可单独起诉保证人,还可将债务人和保证人作为共同被告。

3.保证人资格

(1)保证人的积极条件。

①自然人、法人、非法人组织均有可能。

②没有完全的代偿能力,却作为保证人订立了保证合同,又以自己没有代偿能力要求免除保证责任的,人民法院一律不予支持。

(2)不得担任保证人的主体范围。

①机关法人不得作为保证人,但经国务院批准为使用外国政府或者国际组织贷款进行转贷的除外。

②以公益为目的的非营利性法人、非法人组织不得为保证人。如以公益为目的的学校、医院、社会团体等。

③企业法人的职能部门不可以。

④企业法人的分支机构不可以,但在授权范围内可以;超出授权范围,债权人无过错的,企业法人承担责任。

4.保证的常见表现形式

(1)债权人与保证人签订书面保证合同。

(2)在主合同上有保证条款,保证人在该条款保证人签名处签字。

(3)在主合同上没有保证条款,但第三人以保证人身份签字。

(4)第三人单方以书面形式向债权人出具担保书,债权人接受且未提出异议。

(5)第三人向债权人提供差额补足、流动性支持等类似承诺文件作为增信措施,具有提供担保的意思表示,债权人请求第三人承担保证责任的,人民法院应当依照保证的有关规定处理。

5.主合同变更对保证的影响

主合同变更对保证的影响,如表 6-2 所示。

表 6-2 主合同变更对保证的影响

主合同债权让与	原则上保证责任不变。 例外:保证合同约定仅对特定债权人承担保证责任或禁止转让的,保证人免责。
主合同债务承担	(1)除非经保证人书面同意,否则部分转让,保证人部分免责;全部转让,保证人全部免责。 (2)第三人提供物保的,与此相同。
主合同内容变更	(1)主合同责任量的变化: ①减轻了债务人的责任,保证人对减轻后的责任承担保证责任。 ②加重了债务人的责任,保证人对于加重的部分不承担保证责任。 (2)主合同履行期限发生变更的情形:如果未经保证人书面同意,则原保证期间不变。 (3)债权人与债务人达成变更合同协议未实际履行的,不影响保证人责任承担。

(三)抵押

1.抵押的概念

抵押是指合同中的债务人或第三人将自己所有的或经营管理的一定财产提供给债权人作为抵押物的一种担保。前述中的债务人或者第三人称为抵押人,债权人称为抵押权人,提供担保的财产称为抵押财产。

抵押与保证不同,保证是人的担保,而抵押是物的担保。当债务人不履行债务时或者发生当事人约定的实现抵押权的情形,抵押权人有权依法将抵押物折价或变卖,并就该财产优先受偿。所以,它比保证更可靠。在畜牧企业生产经营活动中,抵押多用于借款、承包、租赁经营合同。

2.订立抵押条款时应注意的事项

(1)抵押人应是对抵押物享有财产所有权或经营管理权的人。但下列财产不可抵押:①土地所有权。②宅基地、自留地、自留山等集体土地使用权,但法律规定可以抵押的除外。③学校、幼儿园、医疗机构等为公益目的成立的非营利性法人的教育设施、医疗卫生设施和其他社会公益设施(非公益财产可抵押)。④所有权、使用权不明或者有争议的财产。当事人以所有权、使用权不明或者有争议的财产抵押,经审查构成无权处分的,依照《民法典》关于善意取得的规定处理。⑤依法被查封、扣押、监管的财产。⑥法律、行政法规规定不得抵押的财产。如违法违章建筑。

(2)抵押物可以是动产,也可以是不动产,但必须是依法可以流动的财产。

(3)设立抵押权,当事人应当采用书面形式订立抵押合同。以动产抵押的,抵押权自抵押合同生效时设立;未经登记,不得对抗善意第三人。以不动产抵押的,应当办理抵押登记,抵押权自登记时设立。

(4)抵押期间,抵押人可以转让抵押财产。当事人另有约定的,按照其约定。抵押财产转让的,抵押权不受影响。

(5)抵押权不得与债权分离而单独转让或者作为其他债权的担保。债权转让的,担保该债权的抵押权一并转让,但法律另有规定或者当事人另有约定的除外。

(6)同一财产向两个以上债权人抵押的,拍卖、变卖抵押财产所得的价款依照下列规定清偿:①抵押权已经登记的,按照登记的时间先后确定清偿顺序;②抵押权已经登记的先于未登记的受偿;③抵押权未登记的,按照债权比例清偿。其他可以登记的担保物权,清偿顺序参照适用前述规定。

(7)行使抵押权一定要在主债权的诉讼时效之内。时效一旦经过,抵押人享有抗辩权。

(四)质押

1.质押的概念

质押包括动产质押和权利质押。动产质押是指债务人或第三人将其动产移交债权人占有,将该动产作为债权的担保;权利质押是指以汇票、支票、本票、债券、存款单、仓单、提单、依法可以转让的股票、商标专用权、专利权、著作权中的财产权等财产权利作为担保。当债务人不履行到期债务或者发生当事人约定的实现质权的情形,质权人可以与出质人协议将质押财产折价,也可以就拍卖、变卖质押财产所得的价款优先受偿。

2.订立质押条款时应注意的事项

(1)设立质权,当事人应当采用书面形式订立质押合同。

(2)以动产质押的,质权自出质人交付质押财产时设立;以权利质押的,法律规定应当办理登记手续的,质权自办理出质登记时设立。例如,以注册商标专用权中的财产权出质的,只有在依法办理出质登记后,质权方能设立。

3.质押与抵押的区别

(1)质押与抵押的根本区别在于是否转移担保财产的占有。抵押不转移对抵押物的占管形态,仍由抵押人负责抵押物的保管;质押改变了质押物的占管形态,由质权人负责对质押物进行保管。

(2)质权人享有收取利息的权利,而抵押权人只能在法院扣押了抵押财产后才享有收取利息的权利。

(3)质权人享有最终独立决定拍卖或变卖质押财产的权利,而抵押权人在与抵押人协商不成时,只能向法院起诉才能实现抵押权。

(4)担保范围有差别。抵押法定担保范围包括主债权及利息、违约金、损害赔偿金和实现抵押权的费用,而质押担保范围除此之外,还包括质权人为保管质物而支付的必要费用。

(五)留置

1.留置的概念

留置是指债务人不履行到期债务,债权人可以留置其已经合法占有的债务人的动产,并有权就该动产优先受偿。《民法典》第四百四十八条规定:“债权人留置的动产,应当与债权属于同一法律关系,但是企业之间留置的除外。”这也就意味着作为自然人身份的债权人留置的动产,应当与债权属于同一法律关系。若用公式表示,则为:

合法占有债务人财产+债务人不履行债务+留置财产与债权之间的牵连关系

但是,企业之间的留置不要求留置财产与债权之间必须属于同一法律关系。

2. 留置的成立要件

(1)标的须为动产。

(2)债权人合法占有债务人的动产——通常是合法的合同行为。

(3)债权已届清偿期。

(4)债权的发生应与动产的占有具有牵连关系——商事留置除外。

(5)没有禁止留置的规定或约定——意味着当事人可以约定排除适用留置权。

(6)对动产的留置不违反公共秩序或善良风俗。

3. 抵押与留置的区别

(1)抵押行为是抵押人的自愿行为,而留置行为是强制行为。

(2)抵押物的所有人可以是合同当事人,也可以是第三者,而留置物则是引起主债关系之物。

(3)留置只适用于保管合同、运输合同、加工承揽合同中债务的情形。

任务三 合同的履行

一、合同履行的概念

合同履行是指当事人按照合同的约定,履行各自所应当承担的义务的过程。合同生效后,合同的双方当事人均应当遵循诚信原则,按照约定全面履行合同中规定的各项义务。

二、合同约定不明时的履行规则

根据《民法典》规定,合同生效后,当事人就质量、价款或者报酬、履行地点等内容没有约定或者约定不明确的,可以协议补充;不能达成补充协议的,按照合同有关条款或者交易习惯确定;仍不能确定的,适用下列规定。

(1)质量要求不明确的,按照强制性国家标准履行;没有强制性国家标准的,按照推荐性国家标准履行;没有推荐性国家标准的,按照行业标准履行;没有国家标准、行业标准的,按照通常标准或者符合合同目的的特定标准履行。

(2)价款或者报酬不明确的,按照订立合同时履行地的市场价格履行;依法应当执行政府定价或者政府指导价的,依照规定履行。

(3)履行地点不明确,给付货币的,在接受货币一方所在地履行;交付不动产的,在不动产所在地履行;其他标的在履行义务一方所在地履行。

(4)履行期限不明确的,债务人可以随时请求履行,债权人也可以随时要求履行,但应当给予对方必要的准备时间。

(5)履行方式不明确的,按照有利于实现合同目的的方式履行。

(6)履行费用的负担不明确的,由履行义务一方负担;因债权人原因增加的履行费用,由债权人承担。

三、涉及第三人的合同履行

涉及第三人的合同履行，主要包括向第三人履行与由第三人履行两种情形。

(一)向第三人履行的合同

1. 概念

向第三人履行的合同又称为利他合同，是指双方当事人约定，由债务人向第三人履行债务，第三人直接取得债权的合同。

2. 向第三人履行时应注意的事项

(1)原则上不打破合同的相对性。未向第三人履行的，债务人向债权人(非第三人)承担违约责任。

(2)例外打破相对性。合同约定或法律规定第三人可以直接请求债务人履行的。只要第三人未拒绝此权利，债务人未向第三人履行的，第三人可主张债务人承担违约责任。此时，债务人对债权人的抗辩可向第三人主张。

(3)第三人权利的限度及合同消灭的后果。①第三人可按照约定，请求债务人向自己履行债务。但除法律另有规定外，不享有撤销权、解除权等民事权利。②合同依法被撤销或者被解除，债务人可请求债权人返还财产。

(4)第三人拒绝受领的后果。①债务人按照约定向第三人履行债务，第三人拒绝受领，债权人可请求债务人向自己履行债务，但债务人已经采取提存等方式消灭债务的除外。②第三人拒绝受领或者受领迟延，债务人可请求债权人赔偿因此造成的损失。

(二)由第三人履行的合同

1. 概念

由第三人履行的合同又称为第三人负担的合同，是指双方当事人约定债务由第三人履行的合同，该合同必须征得第三人同意。

2. 由第三人履行时应注意的事项

(1)原则上不打破合同的相对性，即当事人约定由第三人履行，第三人不履行或履行债务不符合约定的，仍由债务人承担违约责任。

(2)第三人向债权人履行债务所增加的费用，除合同另有约定外，一般由债务人承担。

四、抗辩权

(一)抗辩权的概念

抗辩权是指在双务合同中，一方当事人在对方不履行债务或者履行债务不符合约定时，依法对抗对方请求或否认对方权利主张的权利。抗辩权是一种防御性权利，以对方当事人请求权的行使为前提，旨在对抗对方当事人的权利主张。

(二)抗辩权的种类

我国《民法典》合同编规定了同时履行抗辩权、先履行抗辩权和不安抗辩权 3 种类型。

1.同时履行抗辩权

(1)概念。同时履行抗辩权是指无先后履行顺序的双务合同当事人一方在对方当事人未为对待给付前,有权拒绝自己给付的抗辩权。

(2)同时履行抗辩权的构成要件。

①双方互负的债务均届清偿期,且未约定履行顺序的先后。

②对方未履行债务或履行债务不符合约定。未履行或履行债务不符合约定,包括拒绝履行、迟延履行、不完全履行等。对方当事人未履行或未适当履行的债务应与抗辩权人抗辩同时履行的债务具有给付与对待给付的对价关系,若对方当事人未履行或未适当履行的是合同附随义务或其他无对价关系的从属义务,则不得主张给付义务的同时履行抗辩权。

若对方当事人给付不完全或有其他不符合履行要求的情形,另一方能否行使同时履行抗辩权,应根据具体情形,依据诚实信用原则判断。以部分履行为例,当对方当事人的部分履行不损害债权时,根据《民法典》规定,另一方仅得拒绝其相应的履行要求;但当对方当事人的部分履行对另一方无意义时,另一方则可行使同时履行抗辩权请求对方当事人全部履行。

③同时履行抗辩权的法律效力。同时履行抗辩权只是暂时阻却对方当事人请求权的行使,而非永久地消灭对方当事人的请求权。当对方当事人完全履行了合同义务,同时履行抗辩权即告消灭,主张同时履行抗辩权的当事人就应当履行己方的义务。当事人因行使同时履行抗辩权致使合同迟延履行的,迟延履行责任由对方当事人承担。

2.先履行抗辩权

(1)概念。先履行抗辩权是指当事人互负债务,且有先后履行顺序,应当先履行债务一方未履行的,后履行一方有权拒绝其履行请求。先履行一方履行债务不符合约定的,后履行一方有权拒绝其相应的履行请求。

(2)先履行抗辩权的构成要件。

①当事人双方基于同一双务合同,互负债务。

②当事人的履行有先后顺序。

③应当先履行的当事人未履行合同义务或履行合同义务不符合约定。

④先履行抗辩权的行使人是履行义务顺序在后的一方当事人。

(3)先履行抗辩权的法律效力。先履行抗辩权也只是可以暂时阻止对方当事人请求权的行使,当应先履行一方的当事人完全履行了合同义务,后履行一方当事人就应按照合同约定履行己方的义务。

3.不安抗辩权

(1)概念。不安抗辩权是指当事人互负债务,且有先后履行顺序,应先履行义务的一方有确切证据能证明对方已丧失履行债务能力时,在对方没有履行或者未提供担保之前,享有可以中止己方履行的抗辩权。规定不安抗辩权,旨在为了切实保护应先履行一方当事人的合法权益,防止对方借合同进行欺诈,促使对方履行义务。

(2)不安抗辩权的构成要件。

①当事人基于同一双务合同,互负债务,且双方债务有先后履行顺序。

②主张先履行抗辩权的一方有确切证据证明对方有不能为对待给付的现实危险。

(3)适用不安抗辩权的情形。负有先履行合同义务的一方当事人,有确切证据证明对方有下列情形之一的，可以中止己方义务的履行：①经营状况严重恶化；②转移财产、抽逃资金，以逃避债务；③丧失商业信誉；④有丧失或可能丧失履行债务能力的其他情形。

须注意的是，行使不安抗辩权的一方如果没有确切证据中止履行的，应当承担违约责任。

(4)不安抗辩权的法律效力。

①中止履行。中止履行是指应先履行债务的一方当事人中止先为履行，但应及时通知对方。如果对方恢复履行能力或者提供了担保，则应先履行一方当事人行使不安抗辩权的基础丧失，就应当恢复合同的履行。

②解除合同。中止履行后，如果对方在合理期限内未恢复履行能力且未提供适当担保的，视为以自己的行为表明不履行主要债务，中止履行合同的一方可以解除合同，并可以请求对方承担违约责任。

五、合同的保全

(一)合同保全的概念及法律形式

1. 概念

合同保全，是指为了避免债务人责任财产的不当减少，危及债权人债权的实现，法律赋予债权人得以自己的名义对于债务人处分其责任财产的行为予以干涉的权利，以保障债权实现的制度。

前述所谓的责任财产，是指债务人用以承担民事清偿责任的财产。根据民法的一般原则，债务人或责任人通常应以其全部财产对债务承担责任，这也被称为债权实现最基本的担保。若债务人因不当处分致使其责任财产减少，势必会影响债权人利益的实现。但在法律或合同另有规定的情况下，责任人也可以仅以其特定部分的财产对债务负责。

2. 法律形式

合同保全的法律形式主要包括代位权和撤销权。这两种权利的特点是，已经突破了合同的相对性，其效力将触及债务人实施财产处分行为中的第三人。因此，债权人代位权与撤销权的行使，体现了债的对外效力，起到了维护债权人利益、弥补合同相对性不足方面的独特作用。

(二)代位权

1. 代位权的概念

代位权是指债务人怠于行使其对第三人(次债务人)享有的到期债权或者与该债权相关的从权利，危及债权人债权的实现时，债权人为了保障自己的债权，得以自己的名义代位行使债务人对第三人(次债务人)的权利，但该债权专属于债务人自身的除外。

2. 代位权的构成要件

(1)债权人对债务人的债权合法有效，已到期。

(2)债务人对第三人享有合法债权或者与该债权有关的从权利，已到期，且为非专属性的债权。专属性债权是指专属于债务人自身的债权，多为基于抚养关系、扶养关系、赡养关系、继承关系产生的给付请求权，以及基于劳动报酬、基本养老金、退休金、失业保险金、最低生活保障金、抚恤金、安置费、人寿保险、人身损害赔偿等产生的请求权。

(3)债务人怠于行使其债权及与该债权有关的从权利。债务人既不履行,又不“以诉讼或者仲裁方式”向其债务人主张权利,即为怠于行使其债权。

(4)债务人怠于行使权利有害于债权人债权的实现。但若债务人的财产已足以清偿其债务,即使债务人怠于行使其对第三人的债权,也不产生债权人的代位权。

3. 代位权的行使

(1)代位权的行使范围以债权人的到期债权为限,且不得超过次债务人对债务人所负债务额。

(2)债权人须以自己的名义通过诉讼形式行使代位权。债权人仅以次债务人为被告向人民法院提起代位权诉讼,未将债务人列为第三人的,人民法院应当追加债务人为第三人。

(3)次债务人可以主张其对债务人的抗辩以及债务人对债权人的抗辩。

(4)债权人行使代位权的必要费用由债务人负担。

4. 代位权行使的法律效力

(1)债权人向次债务人提起的代位权诉讼,经人民法院审理后认定代位权成立的,由次债务人向债权人履行清偿义务。债权人接受履行后,债权人与债务人、债务人与次债务人之间相应的权利义务关系即予消灭。债务人对相对人的债权或者与该债权有关的从权利被采取保全、执行措施,或者债务人破产的,依照相关法律的规定处理。

(2)债权人提起代位权诉讼后,债务人无正当理由减免次债务人的债务或者延长履行期限,次债务人以此向债权人抗辩的,人民法院不予支持。

(3)债权人提起代位权诉讼的,应当认定对债权人的债权和债务人的债权均发生诉讼时效中断的效力。

(三)撤销权

1. 撤销权的概念

撤销权是指债务人实施了减少财产或增加财产负担的行为并危及债权人债权实现时,债权人为了保障自己的债权,请求人民法院撤销债务人该行为的权利。撤销权的设立,旨在防止债务人责任财产的不当减少,保障债权人的债权得以实现,维护社会交易秩序。

2. 撤销权的构成要件

(1)债权人对债务人享有合法债权。

(2)债务人实施了有害于债权人债权的处分行为。包括以下情形。

①放弃债权(包括到期与未到期)、放弃债权担保或为他人债务提供担保(此情形要求债务人的相对人知道或者应当知道该情形)、恶意延长到期债权的履行期。

②无偿转让财产。如赠与。

③以明显不合理的低价转让财产或以明显不合理的高价受让他人财产。所谓“明显不合理的低价”,人民法院应当以交易当地一般经营者的判断,并参考交易当时交易地的物价部门指导价或者市场交易价,结合其他相关因素综合考虑予以确认。转让价格达不到交易时交易地的指导价或者市场交易价70%的,一般可以视为明显不合理的低价。债务人以明显不合理的高价收购他人财产,人民法院可以根据债权人的申请,予以撤销。对转让价格高于当地指导价或者市场交易价30%的,一般可以视为明显不合理的高价。债务人与相对人存在亲属关

系、关联关系的，不受前述70％、30％规定的限制。

(3)第三人的主观要件。

①对于债务人有偿转让和受让财产，或者为他人债务提供担保的行为，债权人行使撤销权须以第三人的恶意为要件；若第三人无恶意，则不能撤销其取得财产的行为。

②对于债务人无偿转让财产、放弃到期债权等无偿行为，不论第三人善意或恶意，债权人均得以请求撤销。

3.撤销权的行使

(1)债权人行使撤销权应以自己的名义，向被告的住所地人民法院提起诉讼，请求法院撤销债务人因处分财产而危害债权的行为。

债权人在提起撤销权诉讼时，应当以债务人和债务人的相对人为共同被告，由债务人或者相对人的住所地人民法院管辖，但是依法应当适用专属管辖规定的除外。两个或两个以上的债权人以同一债务人为被告，就同一标的提起撤销权诉讼的，人民法院可以合并审理。

(2)撤销权自债权人知道或者应当知道撤销事由之日起1年内行使。自债务人的行为发生之日起5年内没有行使撤销权的，该撤销权消灭。

(3)撤销权的行使范围以债权人的债权为限。债权人行使撤销权的必要费用，由债务人负担。此处的“必要费用”，是指债权人行使撤销权所支付的合理的律师代理费、差旅费等费用。

4.撤销权行使的法律效力

(1)债务人影响债权人的债权实现的行为被撤销的，自始没有法律约束力。

(2)受益人已受领的债务人财产，应返还；不能返还的，折价补偿。

(3)受益人支付对价的，对债务人享有不当得利返还请求权。

六、合同的变更和转让

广义的合同变更包括内容变更与主体变更，狭义的合同变更仅指内容变更。合同主体的变更，又称为合同转让，此时合同内容不发生变化，具体包括债权让与、债务承担和债权债务的概括转让(图6-1)。

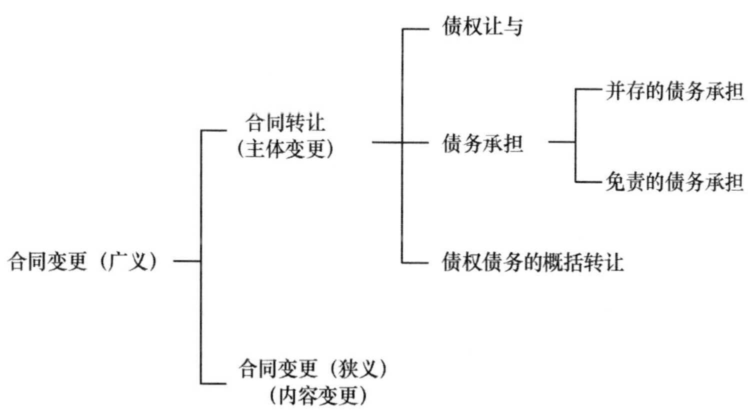

图6-1　合同变更的体系

(一)合同变更

1.合同变更的概念

合同变更在这里仅指合同内容的变更,是指合同成立后,当事人双方根据客观情况的变化,依照法律规定的条件和程序,经协商一致,对原合同内容进行修改、补充或者完善。合同变更是在合同主体不改变的前提下对合同内容的变更,合同性质并不改变。

2.合同变更的构成要件

(1)当事人之间已存在合同关系。

(2)合同内容发生了变化。

(3)合同变更必须遵守法律的规定或当事人的约定。

合同的变更可以依据法律的规定产生,当法律规定的情形出现时,合同内容可能发生变化。如遇有不可抗力导致债务不能履行时,合同可以延期履行。

当事人约定变更合同有两种情形:一是由合同当事人达成变更合同的协议;二是当事人可以在订立合同时即约定当某种特定情况出现时,当事人有权变更合同。

3.合同变更的形式和程序

合同变更除法律规定的变更和人民法院依法变更外,主要是当事人协议变更。

合同约定变更适用《民法典》合同编关于要约、承诺的规定,双方经协商取得一致,并采用书面形式。如原合同是经过公证、鉴证的,变更后的合同应报原公证、鉴证机关备案,必要时应对变更的事实予以公证、鉴证;如原合同按照法律、行政法规的规定是经过有关部门批准、登记的,变更后仍应报原批准机关批准、登记。

合同变更后,变更后的内容就取代了原合同的内容,当事人就应当按照变更后的内容履行合同,合同各方当事人均应受变更后的合同的约束。为了减少在合同变更时可能发生的纠纷,当事人对合同变更的内容约定不明确的,推定为未变更。合同变更的效力原则上仅对未履行的部分有效,对已履行的部分没有溯及力,但法律另有规定或当事人另有约定的除外。

(二)合同转让

1.合同转让的概念

合同转让是指合同当事人一方将其合同的权利和义务全部或部分转让给第三人的行为。合同转让仅指合同主体的变更,不改变合同约定的权利义务。其中,转让权利的债权人称为让与人,接受权利的第三人称为受让人。

2.合同权利转让的构成要件

(1)须存在有效的合同权利。

(2)合同权利具有可转让性。不具有让与性的债权包括。

①根据合同性质不得转让。例如,基于当事人之间信任关系而发生的债权,如委托合同中,受托人基于对委托人的信任,愿意接受委托,债权人不得任意将请求实施委托事务的权利转让给他人。

不作为债权,是指合同内容中包括了针对特定当事人的不作为义务。例如,合同约定了一方承担竞业禁止义务，另一方不得将请求承担该不作为义务的权利转让给他人。

专为特定债权人利益而存在的债权。例如，扶养请求权、抚恤金请求权等，不得让与。

②根据当事人约定不得转让。当事人在订立合同时，可以对权利的转让作出特别的约定，禁止债权人将权利转让给第三人。但根据《民法典》第五百四十五条第二款的规定，当事人约定非金钱债权不得转让的，不得对抗善意第三人，如果一方当事人违反约定，将合同权利转让给善意第三人，则善意第三人可以取得该项权利。当事人约定金钱债权不得转让的，不得对抗第三人。

③依照法律规定不得转让。如果相关法律对于债权让与作出了禁止性规定，这些规定应得到遵守。

(3)当事人之间订立了合同权利转让的协议，且不违反法律的有关规定。如果法律、行政法规规定合同权利转让需要办理批准、登记等手续的，合同权利转让在办妥这些手续之后才生效。

(4)合同债权的转让须通知债务人。债权人转让权利无须经债务人同意，但应当通知债务人。未经通知，该转让对债务人不发生效力。债务人接到债权转让通知后，债权让与行为对债务人发生效力，债务人应对受让人履行义务。

3.合同权利转让的法律效力

(1)合同权利全部转让的，原合同关系消灭，受让人取代原债权人的地位，成为新的债权人，原债权人脱离合同关系。所以，债务人应向新的债权人履行债务。合同权利部分转让的，受让人作为第三人加入合同关系中，与原债权人共同享有债权。

(2)债权人转让主权利时，附属于主权利的从权利也一并转让，受让人在取得债权时，也取得与债权有关的从权利，但该从权利专属于债权人自身的除外。该从权利包括抵押权、定金债权、保证债权等。受让人取得从权利不因该从权利未办理转移登记手续或者未转移占有而受到影响。

(3)债务人接到债权转让通知后，债务人对让与人的抗辩，可以向受让人主张，如同时履行抗辩权、权利无效的抗辩、权利已过诉讼时效期间的抗辩等。

(4)有下列情形之一的，债务人可以向受让人主张抵销。

①债务人接到债权转让通知时，债务人对让与人享有债权，且债务人的债权先于转让的债权到期或者同时到期。

②债务人的债权与转让的债权是基于同一合同产生的。

(5)因债权转让增加的履行费用，由让与人负担。

(三)合同义务移转

1.合同义务移转的概念

合同义务移转又称为债务承担，有广义与狭义之分。广义的合同义务移转包括免责的债务承担与并存的债务承担。前者是指由第三人取代债务人承担其债务；后者是指第三人加入债务关系中而与原债务人共同承担同一内容的债务。狭义的合同义务移转仅指免责的债务承担。对于并存的债务承担，《民法典》第五百五十二条规定："第三人与债务人约定加入债务并通知债权人，或者第三人向债权人表示愿意加入债务，债权人未在合理期限内明确拒绝的，债权人可以请求第三人在其愿意承担的债务范围内和债务人承担连带债务。"并存的债务承担，因原债务人不脱离合同关系，且第三人的加入通常有利于债权的实现，原则上债权人乐享其成。本处所指的合同义务转移是狭义的合同义务移转，即免责的债务承担。

2.合同义务移转的条件

(1)须有合法有效的合同义务存在。

(2)合同义务须具有可移转性。下列情形的合同义务不具有可移转性。

①性质上不可移转的合同义务。某项合同义务若以特别的信任关系或债务人的特殊技能为基础，需要债务人亲自履行的，则该项合同义务可能因其性质而不具有可移转性。例如，由某著名歌星履行的演唱义务，或基于特别信任的委托合同义务等，均因合同义务的性质而不可移转。

②当事人约定不可移转的合同义务。

③法律规定不可移转的合同义务。

(3)须达成合同义务转让的协议。较为常见的合同义务转让协议是债务人与第三人之间订立的。合同债权人也可以直接与第三人订立协议来实现合同义务的移转。

(4)须经债权人同意。否则，债务人转移合同义务的行为对债权人不发生效力，债权人有权拒绝第三人向其履行，同时有权要求债务人履行义务并承担不履行或迟延履行义务的法律责任。

3.合同义务移转的法律效力

(1)合同义务全部移转的，新债务人成为合同一方当事人，如不履行或不适当履行合同义务，债权人可以向其请求履行债务或承担违约责任。合同义务部分移转的，则第三人加入合同关系，与原债务人共同承担合同义务。

(2)债务人转移义务的，新债务人可以主张原债务人对债权人的抗辩，但原债务人对债权人享有债权的，新债务人不得向债权人主张抵销。

(3)从属于主债务的从债务，随主债务的转移而转移，但该从债务专属于原债务人自身的除外。

(4)由第三人向债权人提供的担保，若担保人未书面同意继续担保外，则担保责任因债务转移而消灭。

(四)合同权利义务的一并转让

合同权利义务的一并转让，又称为债权债务的概括移让。合同关系的一方当事人将权利和义务一并转让时，除应当征得另一方当事人的同意外，还应当遵守有关转让权利和义务的规定。

(五)法人或其他组织合并或分立后债权债务关系的处理

当事人订立合同后合并的，由合并后的法人或者其他组织行使合同权利或履行合同义务。

当事人订立合同后分立的，除债权人和债务人另有约定的以外，由分立的法人或者其他组织对合同的权利和义务享有连带债权，承担连带债务。

任务四 合同的解除

一、合同解除的概念

合同解除是指合同有效成立后，因主客观情况发生变化，使合同的履行成为不必要或不可能，根据双方当事人达成的协议或一方当事人的意思表示提前终止合同效力。

二、合同解除的种类

合同解除包括约定解除和法定解除两种情形。

(一)约定解除

表现形式为协商解除和约定解除权。

1. 协商解除

协商解除是指合同生效后，未履行或未完全履行之前，当事人以解除合同为目的，经协商一致，可以订立一个解除原合同的协议，从而使原合同效力消灭。

2. 约定解除权

约定解除权可在订立合同时约定，也可以在履行合同的过程中约定。可以约定一方解除合同的权利，也可以约定双方解除合同的权利。

约定解除权与协商解除有所不同。约定解除权是双方在解除事由发生前的约定，是给予当事人解除权，并非直接消灭合同，合同是否消灭取决于当事人是否行使解除权；协商解除则是当事人基于合意直接消灭原合同关系。

(二)法定解除

法定解除是当事人行使依据法律规定取得的解除权以消灭合同关系的行为。解除权取得的基础在于法律的明文规定。解除权人依其解除的单方意思表示即可使合同关系归于消灭。

1. 法定解除权取得的原因

(1)因不可抗力致使不能实现合同目的。

(2)预期违约。在履行期限届满之前，当事人一方明确表示或者以自己的行为表明不履行主要债务的，对方当事人可以解除合同。

(3)当事人一方迟延履行主要债务，经催告后在合理期限内仍未履行。

(4)当事人一方迟延履行债务或者有其他违约行为致使不能实现合同目的。这种情形中的迟延履行因致使合同目的不能实现，债权人可不经催告直接解除合同。

(5)法律规定的其他情形。例如，以持续履行的债务为内容的不定期合同，当事人可以随时解除合同，但是应当在合理期限之前通知对方。再如房屋承租人未经出租人同意转租的，出租人可以解除合同。

此外，《民法典》第五百三十三条规定了情势变更原则。该条规定："合同成立后，合同的基础条件发生了当事人在订立合同时无法预见的、不属于商业风险的重大变化,继续履行合同对于当事人一方明显不公平的,受不利影响的当事人可以与对方重新协商;在合理期限内协商不成的,当事人可以请求人民法院或者仲裁机构变更或者解除合同。人民法院或者仲裁机构应当结合案件的实际情况,根据公平原则变更或者解除合同。"根据该条的规定,当合同履行满足情势变更诸要件,且当事人在合理期限内协商不成的,可以通过司法途径请求变更或者解除合同,但是否允许变更或解除合同属于司法决定权的范畴。

2. 法定解除权的行使

(1)解除权行使的主体。因不可抗力致使合同目的不能实现的情形,双方均无过错,所以双方均可解除合同。在法定解除权发生的其他情形,解除权的行使主体应限于守约方,合同解除是因违约方根本违约而赋予守约方的救济路径。

(2)享有解除权的一方向对方表示解除的意思,合同自解除通知到达对方时解除;通知载明债务人在一定期限内不履行债务则合同自动解除,债务人在该期限内仍未履行债务的,合同自通知载明的期限届满时解除。

当事人一方未通知对方,直接以提起诉讼或者申请仲裁的方式依法主张解除合同,人民法院或者仲裁机构确认该主张的,合同自起诉状副本或者仲裁申请书副本送达对方时解除。

(3)对方对于法定解除权行使有异议的,应诉诸司法程序。根据《民法典》第五百六十五条的规定,对方对解除合同有异议的,任何一方当事人均可以请求人民法院或者仲裁机构确认解除行为的效力。

(4)解除权应在法定或约定的期限内行使。法律规定或者当事人约定解除权行使期限,期限届满当事人不行使的,该权利消灭。法律没有规定或者当事人没有约定解除权行使期限,自解除权人知道或者应当知道解除事由之日起 1 年内不行使,或者经对方催告后在合理期限内不行使的,该权利消灭。

三、合同解除的法律效力

(1)合同解除后尚未履行的,终止履行;已经履行的,根据履行情况和合同性质,当事人可以要求恢复原状、采取其他补救措施,并有权要求赔偿损失。

(2)合同的权利义务终止,不影响合同中结算和清理条款的效力。

(3)合同因违约解除的,解除权人可以请求违约方承担违约责任,但是当事人另有约定的除外。

(4)主合同解除后,担保人对债务人应当承担的民事责任仍应承担担保责任,但是担保合同另有约定的除外。

四、违约责任

(一)违约责任的概念与基本构成

1. 违约责任的概念

违约责任,即违反合同的民事责任,是指合同当事人一方或双方不履行合同义务或者履行合同义务不符合约定时，依照法律规定或者合同约定所应承担的法律责任。依法订立的有效合同对当事人双方来说，都具有法律约束力。如不履行或者履行义务不符合约定，就要承担违约责任。

2.违约责任的基本构成

《民法典》第五百七十七条规定："当事人一方不履行合同义务或者履行合同义务不符合约定的，应当承担继续履行、采取补救措施或者赔偿损失等违约责任。"据此可知，违约责任在归责原则上适用无过错原则，分则中有特别规定时，考虑过错，如赠与合同。在我国，除非法律有特别规定，违约责任属于严格责任，即违约责任的承担不以违约方有过错为条件。一般违约责任的构成要件仅包括违约行为以及无法定或约定的免责事由。当然，不同的违约责任承担形式，其构成要件可能略有不同，如违约损害赔偿，除前述两个要件外，尚需具备损害以及违约行为与损害结果之间存在因果关系两个要件。违约行为分为实际违约与预期违约。实际违约包括履行不能、履行拒绝、履行迟延与不完全履行。对于预期违约，《民法典》第五百七十八条规定："当事人一方明确表示或者以自己的行为表明不履行合同义务的，对方可以在履行期限届满前请求其承担违约责任。"

(二)承担违约责任的形式

1.继续履行

继续履行，又称为强制履行，是指在一方当事人不履行合同义务或者履行合同义务不符合约定时，另一方可请求法院强制违约方继续履行合同义务。订立合同的目的是实现合同的约定，继续履行合同既是为了实现合同目的，又是一种违约责任。当事人一方未支付价款或者报酬的，对方可以要求其支付价款或者报酬。当事人一方不履行非金钱债务或者履行非金钱债务不符合约定的，对方可以要求履行，但有下列情形之一的除外。

(1)法律上或者事实上不能履行。

(2)债务的标的不适于强制履行或者履行费用过高，前者如以具有人身性质的劳务为债务的，后者指履行费用大大超过实际履行合同所能获得的利益。

(3)债权人在合理期限内未请求履行。

有前述除外情形之一，致使不能实现合同目的的，人民法院或者仲裁机构可以根据当事人的请求终止合同权利义务关系，但是不影响违约责任的承担。

当事人一方不履行债务或者履行债务不符合约定，根据债务的性质不得强制履行的，守约方可以请求违约方负担由第三人替代履行的费用。

2.采取补救措施

当事人一方履行合同义务不符合约定的，应当按照当事人的约定承担违约责任。受损害方可以根据受损害的性质以及损失的大小，合理选择要求对方适当履行，如采取修理、更换、重作、退货、减少价款或者报酬等措施，也可以选择解除合同、中止履行合同、通过提存履行债务、行使担保债权等补救措施。

3.赔偿损失

赔偿损失，是指当事人一方不履行合同义务或者履行合同义务不符合约定而给对方造成损失的，依法或根据合同约定应承担赔偿对方当事人所受损失的责任。当事人一方不履行合同义务或者履行合同义务不符合约定的，在履行义务或者采取补救措施后，对方还有其他损失的，应当赔偿损失。当然，对方也可以不选择要求继续履行或采取补救措施，直接主张赔偿损失。损失赔偿额应当相当于因违约所造成的损失，包括合同履行后可以获得的利益，但不得超过违反合同一方订立合同时能预见到或者应当预见到的因违反合同可能造成的损失。

当事人一方违约后，对方应当采取适当措施防止损失的扩大；没有采取适当措施致使损失扩大的，不得就扩大的损失要求赔偿。当事人因防止损失扩大而支出的合理费用，由违约方承担。

4. 支付违约金

为了保证合同的履行，合同当事人可以约定一方违约时应当根据情况向对方支付一定数额的违约金，也可以约定因违约而产生的损失赔偿额的计算方法。与损失赔偿相比，违约金的支付可以避免损失赔偿方式在适用中经常遇到的计算损失范围和举证的困难。

合同违约方支付违约金不足以弥补非违约方遭受的损失的，非违约方仍然可以向违约方请求赔偿损失。但原则上，非违约方获得的赔偿应与其实际受到的损失大致相当。《民法典》第五百八十五条规定："约定的违约金低于造成的损失的，人民法院或者仲裁机构可以根据当事人的请求予以增加；约定的违约金过分高于造成的损失的，人民法院或者仲裁机构可以根据当事人的请求予以适当减少。当事人就迟延履行约定违约金的，违约方支付违约金后，还应当履行债务。"

5. 定金责任(详见合同担保部分)

当事人既约定违约金，又约定定金的，根据《民法典》第五百八十八条规定，一方违约时，对方可以选择适用违约金或者定金条款。定金不足以弥补一方违约造成的损失的，对方可以请求赔偿超过定金数额的损失。

五、免责事由

(一)法定事由

1. 不可抗力

不可抗力是指不能预见、不能避免且不能克服的客观情况。常见的不可抗力情形主要包括自然灾害、政府行为或社会异常事件等，当事人可以在合同中通过约定限定不可抗力的具体范围。因不可抗力不能履行合同的，根据不可抗力的影响，部分或者全部免除责任，但法律另有规定的除外。当事人迟延履行后发生不可抗力的，不能免除责任。

当事人一方因不可抗力不能履行合同的，应当及时通知对方不能履行或不能完全履行合同的情况和理由，并在合理期限内提供有效的证明，证明存在不可抗力及其影响当事人履行合同的具体情况。若当事人怠于通知，致使对方当事人损失的，仍须就对方的损失承担赔偿责任。

2. 受害人过错

受害人过错是指受害人对于违约行为的发生或违约损害后果扩大所具有的过错。《民法典》第五百九十二条规定："当事人一方违约造成对方损失，对方对损失的发生有过错的，可以减少相应的损失赔偿额。”据此，受害人过错是部分减免违约方责任的法定事由。

3.其他法定事由

如《民法典》第八百三十二条规定：“承运人对运输过程中货物的毁损、灭失承担赔偿责任。但是，承运人证明货物的毁损、灭失是因不可抗力、货物本身的自然性质或者合理损耗以及托运人、收货人的过错造成的，不承担赔偿责任。”

(二)约定免责事由

约定免责事由是指合同双方当事人在合同中约定，当出现一定的事由或条件时，可免除或限制违约方的违约责任。约定免责条款是对当事人合意尊重的体现，但以下免责约定无效：

(1)提供格式条款的一方不合理地免除或减轻其责任，加重对方责任，限制对方主要权利的。

(2)约定造成对方人身损害免责或者因故意或重大过失造成对方财产损失免责的条款。

任务五　合同的消灭

合同消灭，又称为合同权利义务终止，是指依法生效的合同，因具备法定情形和当事人约定的情形，合同债权及债务归于消灭，债权人不再享有合同权利，债务人也不必再履行合同义务，与此相关的从权利义务(如保证债权)也归于消灭。债权人应当将债权文书返还债务人，当事人应当遵循诚信等原则，根据交易习惯履行通知、协助、保密、旧物回收等义务。但合同消灭，不影响合同中有关解决争议的方法、结算和清理条款的效力。

合同消灭，除因当事人行使法定或约定解除权导致合同消灭外，还包括以下情形。

一、清偿

(一)清偿的概念

清偿是指债务人按照合同约定的标的、质量、数量、价款或报酬、履行期限、履行地点和方式全面履行债务，使得债权债务关系消灭的行为。

清偿与给付、履行三者意义相近，只是表述的视角有所不同。清偿侧重于债获得满足而消灭的结果；给付是表述债务人的特定行为；如强调满足债权的给付过程，称为履行。

(二)清偿人

清偿人多为债务人或债务人之代理人，但法律规定或当事人约定不得由代理人清偿的除外。清偿也可由第三人代为清偿。根据《民法典》第五百二十四条规定，债务人不履行债务，第三人对履行该债务具有合法利益的，第三人有权向债权人代为履行；但是，根据债务性质、按照当事人约定或者依照法律规定只能由债务人履行的除外。

(三)清偿标的、清偿地、清偿期、清偿费用的确定

应依照合同约定，合同没有约定或者约定不明确的，可以协议补充；不能达成补充协议的，按照合同有关条款或者交易习惯确定；仍不能确定的，适用合同履行的相关法定规则。

(四)清偿抵充

清偿抵充,是指对于同一债权人负担数项给付种类相同的债务,当债务人的给付不足以清偿全部债务时,决定该给付应抵偿哪项债务的办法。因各项债务在是否附利息、利息高低及是否有担保等方面均可能不同,确定某给付先抵偿哪项债务,往往会影响双方当事人的切身利益。所以,《民法典》第五百六十条规定:"债务人对同一债权人负担的数项债务种类相同,债务人的给付不足以清偿全部债务的,除当事人另有约定外,由债务人在清偿时指定其履行的债务。债务人未作指定的,应当优先履行已经到期的债务;数项债务均到期的,优先履行对债权人缺乏担保或者担保最少的债务;均无担保或者担保相等的,优先履行债务人负担较重的债务;负担相同的,按照债务到期的先后顺序履行;到期时间相同的,按照债务比例履行。"

债务人在履行主债务外,还应当支付利息和实现债权的有关费用,其给付不足以清偿全部债务的,除当事人另有约定外,应当按照下列顺序履行。

(1)实现债权的有关费用。

(2)利息。

(3)主债务。

(五)清偿的法律效力

债权债务关系因清偿而消灭,债权人的从权利一般随之消灭,但通知、协助、保密、旧物回收等后合同义务因是法定之债,并不随之消灭。

在第三人代为清偿情形,债权人接受第三人履行后,其对债务人的债权转让给第三人,但债务人和第三人另有约定的除外。

二、抵销

抵销是指双方当事人互负债务时,一方通知对方以其债权充当债务的清偿或者双方协商以债权充当债务的清偿,使得双方的债务在对等额度内消灭的行为。抵销包括法定抵销和约定抵销。

(一)法定抵销

1.法定抵销的概念

法定抵销是根据法律规定,依当事人一方意思表示即可发生抵销效果的抵销。其中,可依单方意思表示而使自己所负债务消灭的权利称为"抵销权"。提出抵销的债权称为主动债权;被抵销的债权称为被动债权。

2.法定抵销的构成要件

(1)须双方当事人互负债务、互享债权。但此互负债务应基于不同法律关系而生,并非同一双务合同中的给付与对待给付。否则,如果允许抵销,则相当于合同解除。

(2)须双方债务的标的物种类、品质相同。只有债务的种类、品质相同,双方债务才具有可比较性,依抵销消灭双方对等的债务才可能公平。相反,若双方债务的种类、品质不同,如一方所负债务为金钱之债,另一方在另一合同中所负债务为提供劳务之债,双方应各有不同的合同目的追求,不应允许当事人一方依单方意思表示抵销互负之债务。因此要件的限制,抵销在现实生活中主要适用于互负的金钱债务。

(3)须主动债权即提出抵销的债权已届清偿期。只有当主动提出抵销的当事人一方享有的债权已到期,对方才有义务履行。否则,允许单方提出抵销就相当于剥夺了对方的期限利益。

(4)须不存在按照合同性质或者依照法律规定不得抵销的情形。主要包括以下几类。

①按债务性质不能抵销。例如,不作为债务、提供劳务的债务、与人身不可分离的债务,如抚恤金、退休金、最低生活保障金等均不得抵销。

②按照约定应当向第三人给付的债务。如果双方当事人在订立合同时已约定债务人应向第三人履行义务,则债务人不得以对合同对方当事人享有债权而主张抵销该义务,否则将损害第三人的利益。

③当事人约定不得抵销的债务。

④因侵害自然人人身权益,或者因故意、重大过失侵害他人财产权益产生的损害赔偿债务,侵权人主张抵销的,人民法院不予支持。

⑤法律规定不得抵销的其他情形。

3.法定抵销的行使

(1)作为形成权,单方通知即可行使。

(2)抵销不得附条件或期限。

(3)主动债权未过诉讼时效;若过时效,抵销须经对方同意,若对方提出抗辩,则不能抵销;过了时效的债权可被抵销。

(4)行使抵销权的一方负担的数项债务种类相同,但其享有的债权不足以抵销全部债务,当事人因抵销的顺序发生争议的,人民法院可以参照《民法典》第五百六十条规定处理。

顺序:约定—债务人指定—先到期—缺乏担保或担保不足的—负担较重的—到期的先后顺序—顺序相同按比例。

(5)行使抵销权的一方享有的债权不足以抵销其负担的包括主债务、利息、实现债权的有关费用在内的全部债务,当事人因抵销的顺序发生争议的,人民法院可以参照《民法典》第五百六十一条规定处理。

顺序:约定—费用—利息—主债务。

4.法定抵销的效力

(1)抵销权成立的,应认定通知到达对方时双方互负的主债务、利息、违约金或者损害赔偿金等债务在同等数额内消灭。双方债务数额不等时,对尚未抵销的剩余债务,债权人仍有受领清偿的权利。

(2)抵销后剩余债权的诉讼时效期间,应重新起算。抵销属于债权的行使方式之一,会发生诉讼时效中断,且中断的法律效果及于全部债权。所以,在部分抵销的场合,剩余债权的诉讼时效期间应重新计算。

(3)一旦抵销,不得反悔。

(二)约定抵销

1.约定抵销的概念

约定抵销又称为合意抵销,是基于双方当事人合意使相互债务同归于消灭。

2. 约定抵销的构成要件

(1)须当事人互负债务。

(2)债务的种类、品质不相同。

(3)当事人订立抵销协议。

三、提存

(一)提存的概念与功能

提存是指由于债权人的原因,债务人无法向其交付合同标的物而将该标的物交给提存机关,从而消灭债务的制度。将标的物交托有关机构的人称提存人,债权人为提存受领人;受领并保管提存物的机构称为提存机关;被提存的相关标的物称为提存物。

提存的主要功能是使债务人得以从合同关系中解脱出来,防止因债权人原因导致的合同履行障碍,保障交易的安全性和稳定性。根据《民法典》第五百七十一条规定,提存成立的,视为债务人在其提存范围内已经交付标的物。

(二)提存的原因

有下列情形之一,难以履行债务的,债务人可以将标的物提存:

(1)债权人无正当理由拒绝受领。例如,在仓储合同中,存储期届满,仓单持有人不提取仓储物,保管人催告其在合理期限内提取货物后,逾期仍不提取的,保管人可以提存该货物。

(2)债权人下落不明。此类情形包括债权人失踪,其财产尚无人代管、债权人地址不详、无法查找等。

(3)债权人死亡未确定继承人、遗产管理人或者丧失民事行为能力未确定监护人。此时债权人的财产没有合法的管理人,债务人无法交付。

(4)法律规定的其他情形。

(三)提存的法律效力

1. 在债务人与债权人之间

(1)自提存之日起,提存人的债务归于消灭。

(2)提存期间,标的物的孳息归债权人所有;提存费用由债权人负担;标的物提存后,毁损、灭失的风险由债权人承担。

(3)提存人的通知义务。提存后,除债权人下落不明等难以通知情形外,债务人应及时通知债权人或其继承人、遗产管理人、监护人、财产代管人。

2. 在提存人与提存机关之间

提存人与提存机关之间,一般可准用保管合同的规定。提存机关应当妥善保管提存物。提存人可以凭人民法院生效的判决、裁定或者提存之债已经清偿的公证证明取回提存物。提存人取回提存物的,视为未提存,提存人应承担提存机关保管提存物的费用。

3. 在债权人与提存部门之间

(1)债权人可以随时领取提存物,但债权人对债务人负有到期债务的,在债权人未履行债务或者提供担保之前,提存部门根据债务人的要求应当拒绝其领取提存物。

(2)债权人领取提存物的权利,自提存之日起5年内不行使而消灭,提存物扣除提存费用后归国家所有。但是,债权人未履行对债务人的到期债务,或者债权人向提存部门书面表示放弃领取提存物权利的,债务人负担提存费用后有权取回提存物。此5年期间为不变期间,不适用诉讼时效期间中止、中断或延长的规定。

四、免除

(一)免除的概念

债务的免除是指权利人放弃自己的全部或部分权利,从而使合同义务减轻或使合同终止的一种形式。

(二)免除的构成要件

(1)债权人或其代理人应向债务人或其代理人作出放弃债权的意思表示,债务人在合理期限内不拒绝即为消灭(体现了对于债务人的尊重)。

(2)免除是债权人处分其债权的法律行为,所以,免除应符合法律行为要件的有关规定,如免除人须具备民事行为能力。

(3)免除不得损害第三人的利益。例如,债权人免除其债务人的债务,使得债权人无法清偿自身债务,债权人的债权人可以依法行使债权人撤销权,撤销债权人免除债务的行为。

(三)免除的效力

(1)债权人免除债务人部分或者全部债务的,合同的权利义务部分或者全部终止,但是债务人在合理期限内拒绝的除外(体现了对债务人的尊重)。

(2)免除债务发生债务绝对消灭的效力,债权的从权利(如从属于债权的担保权利)、利息权利、违约金请求权等也随之消灭。

(3)债权人免除连带债务人之一的债务的,其余连带债务人在扣除该连带债务人应分担的份额后,仍应就剩余债务承担连带责任。

(4)免除为单方行为,自债权人向债务人或其代理人表示后即产生债务消火的效果。一旦作出,不得撤回。

五、混同

(一)混同的概念

混同,即债权债务同归于一人,致使合同关系消灭的事实。债权债务的混同由债权债务的承受而产生,债权债务的概括承受是发生混同的主要原因。

(二)混同的效力

(1)合同关系及其他债之关系因混同而绝对消灭,也使从权利(如利息债权、违约金债权、担保权等)归于消灭。对于担保物权的消灭,应注意两种情形:

①如果仅有一个担保物权,当担保物权人购买了担保物成为担保物的所有权人时,担保物权消灭。

②当担保物上存在两个以上担保物权人时，顺位在前的担保物权人成为担保物的所有权人时，担保物权不消灭，可以此来对抗顺位在后的担保物权人。

(2)混同不导致债之关系消灭的例外情形。

①债权是他人权利之标的时，从保护第三人合法权益的角度出发，债权不消灭。例如，债权为他人权利质押的标的，债权债务即使同归于一人，债权也不消灭，否则将损害质权人的利益。

②法律另有规定的，债权债务不因混同而消灭。例如，《票据法》规定，票据未到期前依背书转让的，票据上债权债务即使同归于一人，票据仍可流通，票据上的债权债务不消灭。

复习思考题

1. 畜牧企业合同担保的形式有哪些？各有何特征？
2. 违约责任有哪些具体承担方式？
3. 合同的基本条款包括哪些内容？
4. 简述编写合同的步骤及应注意的事项。
5. 简述合同消灭的原因及各自的构成要件。
6. 合同消灭会产生哪些法律效力？

项目七
畜牧市场营销管理

学习目标

1. 了解畜牧市场的概念及演变。
2. 了解畜牧产品的分类及影响畜牧产品需求的因素。
3. 了解畜牧产品市场调查的范围及市场调查的基本流程。
4. 掌握市场调查问卷的设计方法及注意事项。
5. 熟练掌握市场调查报告的基本结构及撰写方法。
6. 了解和掌握畜牧市场预测的内容与方法。
7. 了解畜牧产品组合的要素及产品组合的重要意义。
8. 掌握畜牧产品组合的基本策略与要点。
9. 掌握畜牧产品品牌与包装的含义及营销策略。
10. 了解影响畜牧产品定价的因素，并熟练掌握畜牧产品的定价方法。
11. 了解畜牧产品营销渠道的类型、基本模式及影响渠道选择的因素。
12. 了解促销与促销组合的概念，掌握畜牧产品促销组合策略。
13. 了解畜牧产品网络营销的特征及影响因素。
14. 熟练掌握畜牧产品网络营销的主要方法。

项目七思维导图

畜牧企业经营与管理项目七课件

素质目标

1. 培养审时度势，灵活应变，捕捉市场的能力。
2. 提升创意性思维、综合分析能力及协作沟通能力等综合素养。

学习内容

任务一　畜牧市场营销概述

一、畜牧市场的概念

畜牧市场是随着社会分工和商品生产的发展而形成和发展起来的，它是一种以商品交换为内容的经济联系形式，是连接生产和消费的桥梁和纽带。畜牧市场的概念不是一成不变的，而是随着商品经济和企业经营活动的发展，在不同的场合，从不同的角度看，畜牧市场有不同的含义。

(一)畜牧市场是畜牧商品交换的场所

这是市场的原始概念，是从狭义的角度对畜牧市场的理解。如我国古书《易传·系辞传下》所载的“日中为市，致天下之民，聚天下之货，交易而退，各得其所。”市场在这里指的是商品交换的具体场所，是个地理空间上的概念。这个概念反映出在简单的畜牧产品生产和交换条件下，畜牧市场进行的多只是直接的畜牧产品交换，并没有复杂的交换关系。

(二)畜牧市场是畜牧商品交换关系的总和

这是一种广义的、反映实质的畜牧市场概念。市场的核心是交换，而在当今商品经济发达的时代背景下，随着畜牧市场的专业化和社会化程度的快速提高，市场活动的内容也在随之不断扩大和丰富。由此围绕着畜牧产品交换过程，在生产者之间、生产者与经营者之间、生产者与消费者之间、经营者与消费者之间形成了各种错综复杂的交换关系。也就是说，这里的畜牧市场概念已不再局限于固定的空间场所范畴，而是表现为经由交换过程链接形成的畜牧产品全部交换关系的总和。

(三)畜牧市场是畜牧商品购买者的集合

这是从卖方的角度来理解市场的。我们经常说某种商品或服务有没有市场，实质上就是指消费者对这种商品或服务有没有需求。因此，从营销学的角度对市场下定义，畜牧市场是所有愿意并能够通过交换来满足某种需要或欲望的现实购买者和潜在购买者的集合。从这个概念可以看出，畜牧市场的大小并不取决于交换场所的大小，而是取决于那些有某种需要，并拥有使别人感兴趣的资源，且愿意以这种资源来换取其需要东西的主体数量。具体来说，畜牧市场是由购买者、购买力和购买愿望3要素组成。如用公式表示，即：

畜牧市场＝购买者＋购买力＋购买欲望

以上3个要素缺一不可，只有当这3要素同时具备时，才能构成完整的、现实的市场，才能决定市场的规模和容量。它们之间的关系表现在以下几个方面。

1. 购买者是构成市场的最基本条件

拥有一定数量的购买者是构成市场的前提，这些现实或潜在的购买者关系着市场规模和市场容量。

2. 购买力是构成现实市场的物质基础

一个区域人口即便数量众多，但收入水平低，购买力有限，则不能构成容量大的市场；一个地区人口稀少，尽管购买力很大，同样也不能构成容量大的市场。只有人口数量多且购买力大的市场，才可能成为一个有潜力的大市场。

3. 购买欲望是购买力得以实现的必不可少的条件

购买欲望支配着人们的购买行为，如果某产品不能引起消费者的购买欲望，这一消费者群体的人数再多，购买力再高，对于该产品的销售者而言，也不会成为现实的市场。

所以，从卖方的角度来看，市场是某商品需求的总和，是购买者、购买力、购买欲望3个要素的统一。

二、畜牧市场的分类

根据研究市场的角度不同，可按不同的标准对畜牧市场进行划分（表 7-1）。

表 7-1　畜牧市场分类

分类依据	类型
购买畜牧产品的用途及购买者的身份	畜牧产品消费者市场、畜牧产品组织者市场
畜牧产品商品的类别	肉类市场、奶类市场、蛋类市场、皮毛市场
畜牧的产业链	机械设备市场、饲料市场、兽药市场、养殖市场、畜牧产品加工市场与销售市场
畜牧市场的范围	区域市场、国内市场、国际市场
市场供需状况	卖方市场、买方市场
养殖动物类型	猪类市场、牛类市场、羊类市场、家禽市场等
经营模式	传统养殖市场（以小规模、家庭式的养殖为主）、规模化养殖市场、"互联网＋"养殖市场
畜牧产品流通路线	产地市场、中心集散市场和消费地市场

（一）按购买畜牧产品的用途及购买者的身份划分

畜牧产品具有生活资料和生产资料的双重属性，因此按购买畜牧产品的用途及购买者的身份划分，可分为畜牧产品消费者市场和组织者市场。

1. 畜牧产品消费者市场

畜牧产品消费者市场是指为满足生活需要而购买畜牧产品或服务的个人和家庭的总和，并无从中牟利的动机。因为消费者市场是社会生产的最终市场，所以它是所有畜牧产品市场的基础，也是起决定作用的市场。

2. 畜牧产品组织者市场

畜牧产品组织者市场是指为了从事生产、再出售或者为了履行职责而购买畜牧产品或服务所构成的市场。简而言之，组织者市场是以某种正规组织为购买单位，购买畜牧产品或服务的用途是为了再加工或转售，或者向其他组织或社会提供服务，从中获取利润报酬。例如，生猪养殖企业购买大量仔猪，经育肥后销售至消费者市场。

（二）按畜牧产品商品的类别划分

按畜牧产品商品的类别划分，可分为肉类市场、蛋类市场、奶类市场等。

（三）按畜牧的产业链划分

按畜牧的产业链划分，可分为饲料市场、养殖市场、畜牧产品加工市场、兽药市场、机械设备市场等。

（四）按畜牧市场的范围划分

按畜牧市场范围划分，可分为区域市场、国内市场、国际市场。

除此之外，畜牧市场按经营模式可分为传统养殖市场（以小规模、家庭式的养殖为主）、规模化养殖市场、“互联网＋”养殖市场；按畜牧产品流通路线可分为产地市场、中心集散市场和消费地市场。

这些分类方式可以相互交叉，形成更为复杂的市场结构。这反映了畜牧市场的多样性和复杂性，在实际营销过程中，畜牧企业应该根据需要选择不同类型的市场，依据市场特点开展营销活动。

虽然畜牧市场的划分有多种方式，但目前对整个畜牧行业来说，多以产业链的划分为主。

三、畜牧市场的特征

畜牧市场作为整个国民社会的经济组成部分，除具备普通市场的共性特征外，还具备自己的特质，主要包括以下方面。

(一)交易的畜产品具有生活资料和生产资料双重性质

如牛肉、蛋禽等，既是人们日常生活的必需品(生活资料)，又是食品加工业所需的原材料(生产资料)。

(二)有供给的季节性和周期性

鉴于畜禽的生物学特性，饲料生产的季节性，因此畜牧市场的货源常常会随畜牧业生产的季节性和周期性而发生变动。

(三)需求的普遍性和持续性

畜产品是人们生活中必需的消费品，大部分畜产品属于“生存资料”，直接满足人类的吃、穿、用等基本生活需要，因此畜牧市场对人们的生活而言，在需求上具有普遍性和持续性的特点。

(四)受自然风险和市场风险双重约束

畜牧业生产是建立在第一性生产基础之上的第二性生产，对自然环境有很强的依赖性。在畜牧业生产过程中，不仅可能会受到水、旱、风、雹、冻、热和疫病等自然灾害的影响，还可能会因为供求关系变化而造成市场风险，因此畜牧市场会受到来自自然与市场的双重风险。

(五)发展潜力大，竞争激烈

畜产品作为人们生活中必需的消费品，随着生活水平的提高，消费结构和食物结构的调整，畜产品的需求量在迅速增长。我国人口众多，人均畜产品消费与发达国家相比差距甚大，所以我国畜产品的潜在需求量大，有广阔的发展空间。另一方面，随着畜牧业生产规模化、集约化、标准化地推进，市场供给总量在不断增加。此外，现代物流业的快速发展，以及国外资本及知名企业进入我国后对畜牧市场的冲击等因素影响，利润空间在进一步压缩，畜牧市场的竞争日趋激烈。

四、畜牧市场营销

(一)畜牧市场营销的含义

畜牧市场营销是市场营销的一个重要分支。畜牧市场营销是畜牧或是与畜牧相关经营企业开展的创造性地适应动态变化的畜牧市场的活动，以及由这些活动综合形成的畜牧商品、服务和信息从经营者流向畜牧产品或相关服务购买者的社会活动和管理过程。概而言之，畜牧市场营销是指畜牧产品所有权和产品实体从生产领域转移到消费领域所经过的全过程。

（二）畜牧市场营销的主要任务

畜牧市场营销的目的是实现交换，有需求是形成交换的前提条件。需求状况是畜牧或是相关企业经营的方向和晴雨表。从此意义上说，畜牧市场营销的主要任务是刺激、创造、适应及影响消费者的需求。

（三）畜牧产品需求

1. 畜牧产品需求的概念

畜牧产品需求是指在一定时期内人们对某种畜牧产品愿意并且能够购买的数量，主要取决于商品的价格，以及人们的购买欲望和购买能力。在这里，要注意将需求的概念与需要、欲望区别开来。

2. 需要、欲望与需求的区别

(1)需要(needs)。需要是指人们为了要维持正常的生存而必需的生活保障没有得到某些基本满足的感受状态，是人类与生俱来的，也是人类自身本能的基本组成部分，是天生的反应。如渴思饮，寒思衣。人的需要包括物质需要和精神需要，它是促使人们产生购买行为的原始动机，是市场营销活动的起点。

需要存在于企业营销活动之前，营销不能创造需要。

(2)欲望(wants)。欲望是指人们希望自身的需要能得到满足的一种愿望，它表现为想得到某物或某种方式。欲望是建立在需要基础之上的，即有了需要，人才会产生欲望。

在市场营销活动中，虽然不能创造需要，但可以激发人们的欲望并通过开发和销售特定的“物品”或“方式”来满足这些欲望，从而实现营销目标。也就是说，欲望是可以影响的。

(3)需求(demands)。需求是指人们有能力购买，并且愿意购买某种商品的欲望。用公式表示，即：

$$需求=欲望+购买力$$

在市场营销活动中，不仅要估量有多少人想要本企业的产品，更重要的是应该了解有多少人真正愿意并且有能力购买。也就是说，只有在有人愿意而且有能力购买的情况下，才能形成经济学含义上的现实的需求。营销管理的实质是对需求的管理，因为需求既是企业营销的起点又是终点，它指导企业的营销方向。

（四）畜牧产品需求的类型

从不同的角度，畜牧产品需求可划分为不同的类型。例如，根据需求满足的程度，畜牧产品需求可分为现实需求和潜在需求；根据畜牧产品的类别特征，畜牧产品需求可分为如图 7-1 所示的几种类型。

- 畜牧产品需求
  - 生活资料需求
    - 食品：肉、蛋等
    - 非食品：宠物等
  - 生产资料需求
    - 工业原料：羊毛、肠衣等
    - 农业原料：肥料等

图 7-1　畜牧产品需求类型

(五)影响畜牧产品需求的因素

影响畜牧产品需求的因素主要包括以下几个方面。

1. 人口因素

人口是影响畜牧产品需求的最重要的市场因素之一。

2. 收入水平

人均收入水平对畜牧产品的需求量具有决定性作用。消费者收入水平越高，其购买能力越强，对畜牧产品的消费水平也就越高。当消费者的收入水平下降时，对畜牧产品的需求量也会随之下降。

3. 畜牧产品质量

随着人们收入水平和生活水平的不断提高，人们对畜牧产品的质量越来越重视。畜牧产品必须满足消费者需要的质量，才会受到消费者的欢迎。满足程度越高，其市场需求量越大；反之，则需求量下降。

4. 畜牧产品价格

畜牧产品价格是影响畜牧产品需求的直接因素。由于多数畜牧产品并非最基本的生活必需品，需求弹性大，畜牧产品价格升高时畜牧产品需求量相应减少；反之，当畜牧产品价格降低时，需求量增加。

5. 畜牧产品加工和以畜牧产品为原料的轻工业发展状况

畜牧产品加工和以畜牧产品为原料的轻工业发展状况也会对畜牧产品需求产生影响作用。

(六)畜牧市场营销现状

1. 规模大，竞争激烈

改革开放以来，我国畜牧业无论是畜禽的饲养量，还是畜牧产品产量及人均占有量都在稳步发展。特别是近些年来，随着强农惠农等乡村振兴战略的实施，畜牧业呈现出加快发展势头，畜牧业生产方式开始日趋规模化、标准化、产业化和区域化，生产结构进一步优化，主要畜牧产品持续增长，现已成为我国农业农村经济中最有活力的增长点和最主要的支柱产业。与此同时，随着我国畜牧市场日渐规范与市场环境进一步净化、利润空间的不断压缩、营销模式和手段的日益多样化，以及畜牧业日益国际化的竞争趋势，国外许多知名畜牧企业也进入我国市场，对我国畜牧产品冲击很大，导致畜牧市场竞争也变得更加激烈。

2. 畜牧产品市场的风险性增大

进入 21 世纪，随着重大疫病频发和畜牧产品贸易竞争的加剧，畜牧业的自然风险和贸易风险在不断加大。重大疫病的发生引起畜禽及畜牧产品国内市场流通受阻、消费需求下降、出口遭遇封关，导致产品价格下跌、库存积压、生产效益下滑，畜牧业生产无法循环往复，生产力遭受极大冲击。近年来，许多国家特别是一些发达国家和地区纷纷设置绿色壁垒和技术壁垒，限制畜牧产品进口贸易，以保护国内畜牧业的生产。这些原因导致畜牧产品市场受外界的影响较大，风险性也随之增大。

3. 畜牧产品市场竞争力有待提升

我国畜牧行业起步于20世纪70年代，经过几十年发展，畜牧生产能力和水平不断提高，产业规模不断扩大，畜牧品种逐步丰富，已形成门类较齐全、品种相对多样并具有一定国际竞争力的产业体系。但受限于当前畜牧养殖科技水平，在先进技术与品牌产品建设方面，我国畜牧产品市场依然还具备较大提升空间，地方龙头企业带动力严重不足，不能构建良好健全的经济功能机制。这些因素都导致地方畜牧业发展产能不足，畜牧产品加工能力不到位以及产品营销链条过短和产品附加值不高。

另外，畜牧产品国家质量标准体系与质量安全监控虽不断加强，但在激烈的国际市场竞争中，仍经常成为对外贸易的绿色壁垒。

任务二　畜牧市场调查

在现代市场中，任何一家企业都面临着诸多外部与内部的不确定因素，无论是宏观环境还是微观环境，都给企业带来了平等面对竞争、挑战、机遇与威胁的契机。实践证明，成功的营销决策是建立在对市场清晰、准确、及时地了解和把握基础之上的。畜牧企业若想更好地适应市场，满足消费者需求，就必须研究畜牧市场，及时、准确地做出预测，而市场调查与预测等市场研究正是畜牧企业认知市场的重要手段。在深入调查、掌握信息的基础上，科学的预测方法将帮助畜牧企业管理者认识市场的发展规律与未来的市场需求，了解市场的发展空间，进而为企业制定合理的营销策略提供依据。

一、畜牧市场调查的含义与作用

(一)畜牧市场调查的含义

畜牧市场调查是运用科学的方法，有目的、系统地设计、收集、分析并报告与畜牧企业营销有关的数据和研究结果的营销活动。

(二)畜牧市场调查的作用

市场调查服务于企业经营管理工作的全过程，是现代企业开展经营活动的起点和基础，是企业市场预测的基础，也是企业经营决策的依据。它对改善企业经营管理水平、提高企业经济效益具有重要的意义。具体来说，有以下几方面的作用：

1. 有利于了解市场需求

无论是畜牧产品的生产者还是经营者，都是以顾客的需求为中心进行生产经营活动的。通过科学、系统的市场调查，能够及时、准确地把握消费者需求及其变化，为企业制定生产计划、经营目标提供数据支持和依据。

2.有利于企业开拓新的市场

通过市场调查,可以帮助企业发现消费者尚未满足的需求,从而发现新的市场机会,开发出新产品以满足市场需求。

3.有利于优化营销策略

根据市场调查的结果,可以为畜牧企业优化营销决策提供客观性较强的参考资料。例如,根据消费者对现有产品的态度,进行产品改进;通过测试消费者对产品价格变动的反应,分析竞争者的价格策略,确定合适定价;通过了解消费者的购买习惯,确定合适的营销渠道;掌握消费者的心理变化,改进促销方案。市场调查所提供的翔实数据和深刻洞察,能极大地降低决策的风险和不确定性。

4.有利于企业建立和完善市场营销信息系统,提高企业经营能力

通过全面、深入、持续的市场调查,企业能够广泛收集关于市场环境、消费者行为、竞争对手状况、行业趋势等多方面的信息。这些信息的汇聚和整理,构成了市场营销信息系统的重要基础。及时更新和充实信息系统,可以确保企业对市场动态的实时跟踪和准确把握。让企业对市场变化更加敏感,能够快速做出反应,灵活调整经营策略以适应不同的市场情况。

二、畜牧市场调查的内容

畜牧市场调查的范围非常广泛,主要包括以下几方面。

(一)市场宏观环境调查

市场宏观环境是指对企业的营销活动产生影响的、不可控制或难以控制的力量、外部因素和条件,是企业的外部环境和生存基础。企业的生存与发展离不开市场和社会,要使企业发展壮大,就要对企业所处的外部环境进行调查。宏观环境调查主要包括政治法律环境、社会经济环境、社会文化环境、人口环境、技术环境、自然环境六类营销方面的信息。具体的调查内容可以是市场的购买力水平,经济结构,国家的方针、政策和法律法规,风俗习惯,科学发展动态,气候等各种影响市场营销的宏观因素。

(二)消费者调查

消费者调查,包括消费者需求调查和消费者购买动机、购买行为、购买模式等调查。

1.消费者需求调查

满足消费者需求是营销管理的核心,所以消费者需求调查是营销调查中最重要的内容,包括市场需求总量和市场需求结构两方面的调查。

(1)市场需求总量的调查。确定畜牧产品(如猪肉、牛肉、羊肉、禽肉、蛋类、奶类等)在特定市场区域内的总体需求量及其变化趋势;研究特定时间段(如月度、季度、年度)内的需求量波动情况。

(2)市场需求结构的调查。了解消费者对不同品种、规格、价格、质量、品牌畜牧产品的需求比例及其变化趋势。

2. 消费者购买动机、购买行为、购买模式等调查

主要调查内容包括：

(1)购买什么(What)——调查消费者的购买对象是什么。

(2)由谁购买(Who)——调查消费者的特点。如消费者的年龄结构、性别结构、家庭结构、收入状况等。

(3)为何购买(Why)——调查消费者购买的原因，即购买动机。如满足生活需求，社交需求，对有机、绿色畜牧产品的追求等。为什么购买这种商品而不是那种商品，在挑选畜牧产品时的关注点，如价格、新鲜度、外观、产地、品牌、口感等。

(4)何时购买(When)——调查消费者购买的时间。如消费者的消费频率，自然季节和传统节假日对市场购买的影响程度等。

(5)何地购买(Where)——调查消费者的购买地点。如便利店、商业中心、农贸市场或者专卖店等。

(6)怎样购买(How)——调查消费者购买的方式。如线上购买还是线下购买等。

(7)价值(Worth)——调查产品或服务对消费者的价值。如功能价值、情感价值等。

(三)竞争状况调查

竞争状况调查的内容主要包括如下。

1. 竞争者是谁

企业直接或间接的竞争对手有哪些，竞争对手的生产经营规模和资金状况。

2. 竞争产品是什么

了解竞争对手生产经营商品的品种、品质、价格、服务质量以及在消费者心中的认知度和形象。

3. 竞争区域在哪里

竞争对手的重点销售区域、市场覆盖范围以及各竞争者在不同地区的市场占有率。

4. 竞争对手的技术水平和创新能力

了解竞争对手在技术上的优势和创新，是否有独特的技术专利或工艺以及新产品开发经营情况。

5. 竞争对手的销售渠道建设

销售渠道的多元化程度以及渠道的覆盖范围和深度。

6. 竞争对手的营销手段调查

如广告宣传、促销活动、公共关系等。这类调查有助于企业了解竞争对手的战略、优势、劣势，将自身现有条件与竞争对手进行对比，帮助企业了解自身在市场中的地位，找准竞争的切入点和差异化的竞争策略。

(四)营销组合因素调查

1. 产品调查

调查消费者对产品的用途、质量、性能、包装、售后服务等的评价和要求，消费者对研制新产品的要求和对拟推出的新产品的评估，以及产品正处于市场生命周期的阶段等。

2. 价格调查

调查消费者和中间商对现有产品价格的反应，如他们认为适宜的售价是多少、新产品如何定价、老产品价格如何调整、应采取什么样的价格策略等；了解产品价格的变动对消费者购买量以及满意度的影响。

3. 营销渠道调查

调查目前采用的分销渠道效果如何，是否需要调整；结合企业目前的产品和市场特点，决定是运用直接渠道还是间接渠道，是宽渠道还是窄渠道。

4. 促销调查

促销调查主要是对企业在产品或服务的促销活动中所采用的各种促销方法的有效性进行测试和评价。例如，广告目标、媒体影响力、广告设计及效果，公共关系的主要方式及效果，企业形象的设计和塑造等。

三、市场调查的类型

市场调查可以分为 3 种类型：探索性调查、描述性调查和因果性调查。

(一)探索性调查

探索性调查是一种初步的市场研究活动。当研究者对某个新的市场领域或问题知之甚少时，可以通过探索性调查来熟悉情况，识别问题的关键所在，为进一步的研究提供方向。例如，一家饲料公司想推出一款创新型的宠物食品，但对市场需求和消费者偏好不太确定。此时可以先进行探索性调查，如查阅宠物食品市场的相关文献，与宠物饲养专家和资深宠物主人进行深度访谈，组织宠物主人召开小型座谈会等，以初步了解市场的潜在需求和消费者的期望，为后续的产品开发和市场推广提供方向。

(二)描述性调查

描述性调查是一种对市场现象进行客观、准确描述的市场调查类型。它旨在回答“是什么”的问题，通过系统地收集、整理和分析相关数据，详细描述市场的各种特征，如消费者的人口统计学特征、消费者行为特点、产品销售状况、顾客对产品的满意度等。描述性调查通常会基于较大的样本量，运用严格设计的问卷和标准化的数据收集方法，以确保所获取信息的准确性和可靠性。

(三)因果性调查

因果性调查是一种旨在确定市场现象之间因果关系的调查类型。它致力于回答“为什么”的问题，即探寻某个现象产生的原因以及其导致的结果。因果性调查常采用实验法，通过控制某些变量来观察其对其他变量的影响，揭示市场变量之间的内在因果机制，以确定某种营销活动或策略是否会对市场结果产生特定的影响。例如，为了研究广告投入增加是否会导致产品销售额上升，而将市场分为实验组和对照组。实验组增加广告投入，而对照组保持不变，然后比较两组的销售额变化，以确定广告投入与销售额之间的因果关系。

四、畜牧市场调查的基本流程

(一)明确调查目的

明确调查目的是正式开启畜牧市场调查工作之前十分重要的环节,将为整个调查活动指引方向。确定调查目的就是要明确为什么进行调查,想通过调查获取哪些方面的信息。例如,某畜牧企业想推出一款新产品,希望通过此次调查来确定是否存在足够的市场需求来支撑新的畜牧产品的推出,这就是调查目的。

(二)设计调查方案

拟定调查方案是非常关键的一步。调查方案是对市场调查工作的整体规划,是实施市场调查工作的活动指南,也是完成市场调查工作后的考评依据。设计调查方案需要从以下几方面进行细致考虑和规划:

1. 确定调查目的和调查项目

在明确调查目的之后,需要根据调查目的进一步细化和确定具体的调查项目。调查项目是指在市场调查中需要具体了解和研究的内容和问题,这些调查项目应该与调查目的紧密关联,能够为实现调查目的提供有力的支持和有价值的信息。将这些调查项目精心设计成问题,能够确保调查的全面性和深入性,为后续的分析和决策提供可靠的依据。

2. 明确调查的范围和对象

详细说明被调查的地理区域、目标市场细分群体以及相关行业参与者等。这需要根据调查主题和目的来确定,确保调查能够覆盖到关键的方面。例如,要调查全国范围内的畜牧市场,我们可以将其划分为不同地区,如东北、华北、华东等,并针对不同规模的畜牧企业、经销商以及消费者进行分类调查。

3. 选择合适的调查方法

根据调查内容和目标对象的特点,选择合适的调查方法。可以是问卷调查、访谈、实地观察等多种方式的灵活运用。不同的方法有不同的优势和适用场景,要根据实际情况进行选择。例如,对于一些一般性的问题,可以设计详细的问卷,通过线上或线下的方式进行发放和收集;对于一些需要深入了解的问题,可以安排面对面的访谈,与行业专家、企业负责人等进行深入交流;同时,还可以安排调查人员进行实地观察。确定是否进行抽样调查,如果进行抽样调查,确定抽样的方法。

4. 确定数据分析方法

对调查所得的资料需要进行研究分析,在调查方案中需要描述将采用的资料进行统计分析的方法和工具。

5. 拟定调查的时间进度

合理规划从调查方案设计到提交调查报告的整个工作时间。如调查方案的提交、问卷设计与测试、数据收集阶段、数据分析阶段和报告撰写等各个阶段的具体时间安排。确保调查能够在规定的时间内完成,同时也要考虑到可能出现的延误和调整。

6. 调查人员安排

根据实际的调查需求,估算调查人员的数量,确定组织机构及职责分工,保证调查人员的配备。

7. 调查经费预算

涵盖了完成调查项目所需的各项费用，如调查方案策划费、问卷设计费、印刷费、调查人员酬金、数据处理与分析费用、差旅费等，在预算方面要合理分配资金，确保各项费用都能得到保障。

8. 制定详细的质量控制措施

为确保调查过程的规范性和数据的准确性，需制定详细的质量控制措施。例如，对调查人员进行专业培训，让他们熟悉调查流程和注意事项；在问卷发放和回收过程中，进行严格的审核，剔除无效问卷；对于收集到的数据，进行多次校验和核对，确保数据的准确性，以提高调查的质量和可信度。

综合考虑以上各个方面，形成一个完整的实施方案。

(三)开展调查

按照制定的计划，组织好调查人员，根据所选择的调查方法，切实地开展具体的调查工作。如果是采用问卷调查的方式，要通过各种合适的途径广泛地发放问卷，如线上的各类平台以及线下的相关场所等，同时要及时跟踪和督促问卷的回收情况，确保有较高的回收率。若是进行访谈，就需要提前与受访者预约好时间，根据预先设计好的访谈提纲进行深入的交流，并且认真地记录下访谈的内容。而对于实地观察，则要安排调查人员前往现场，仔细地观察并详细记录相关的情况。

在调查过程中，要时刻关注调查的进展状况，及时发现并解决可能出现的问题和困难。一旦发现某些问题的答案不够明确或者存在疑问，要马上与被调查者进行沟通和进一步的确认。同时，要严格把控数据的质量，保证所收集到的数据是真实、有效且可靠的。最后，做好调查的收尾工作。对收集到的数据进行整理和初步分析，检查是否存在遗漏或错误等情况，为后续更深入地分析做好充分的准备。

(四)整理分析调查信息

整理分析调查信息是确保畜牧市场调查成功的重要步骤。数据分类是基础，将收集到的信息按照不同的特征或属性进行划分，如地理位置、市场规模等。统计分析包括反映数据的集中趋势（均值、中位数、众数的计算）、反映数据的离散程度（方差、标准差的计算）、展示数据在不同区间的分布情况（频率的计算）、相关性分析（衡量两个变量之间线性关系强度的统计量）和回归分析（确定变量之间的因果关系）等。此外，可以利用图表和图形，如柱状图、折线图等，直观地展示市场的趋势和变化。定性分析结合定量数据，深入分析数据背后的意义，识别出市场中的潜在机会和挑战。

(五)提交调查报告

撰写调查报告时，要求结构清晰，逻辑严谨。可以采用图表、数据等形式来直观地呈现调查结果，增强报告的可读性和说服力。注重语言表达的准确性和规范性，避免使用模糊或含有歧义的词汇，详细描述调查的背景、目的、方法和过程，让读者能够清晰了解调查的全貌。对调查资料进行深入分析，得出结论，同时提出合理的建议和解决方案。

五、调查问卷的设计

调查问卷又称为调查表，是调查者事先根据调查目的所设计的，以问题的形式系统地记载调查内容的一种电子版或纸质版的文件。调查问卷设计时应当遵循一定的原则和程序，运用一定的技巧。

（一）调查问卷的设计原则

为了提高问卷调查的质量和有效性。在设计调查问卷时，通常应遵循以下原则。

1. 完整性原则

主要体现在调查信息的完整性和备选答案的完整性。即所有需要调查的信息都应以一定的形式设计到相应的问卷中。此外，每个被调查者都能在答案中找到符合自己情况的类别。

2. 必要性原则

只询问与调查目的紧密相关的问题，避免无关问题。例如，关于消费者对某品牌酸奶的满意度调查，就没必要问与该产品无关的个人收入这种隐私问题。

3. 客观性原则

问题的设计应避免引导性和倾向性，确保能真实地反映被调查者的观点和情况。例如，避免问“大家都说这个品牌酸奶的包装很可爱，你觉得呢？”，而是问“你对该品牌酸奶包装的看法是什么？”

4. 便于整理的原则

问卷的设计要便于操作和统计分析。对一些能够量化的问题，答案尽可能采用分类分级的方法列出明确的数量界限使得所得到的资料便于分析。例如，“对该品牌酸奶口感的评价（A. 5 分　B. 4 分　C. 3 分　D. 2 分　E. 1 分）”，便于后续统计时直接归类计数。

5. 准确性原则

提的问题要具体、明确，概念要清晰，避免模糊和歧义。例如，不能模糊地问“你觉得这个品牌酸奶怎么样”，问题不具体，应该细化具体询问关于产品口味、黏稠度、外观等方面的印象。

6. 逻辑性原则

问题之间的逻辑关系要清晰合理，避免前后矛盾或跳跃性过大。问题的编排要由易到难，由浅到深，由简单到复杂，且同一主题或系列的问题应编排在一起，而从一个主题过渡到另一个主题的问题，应有转折性的安排，以保持问题的流畅。

7. 可行性原则

避免出现被调查者不了解或难以回答的问题。注意询问语句的措辞和语气，要使被调查者乐于回答、易于回答。问题的数量要合理，不能过多，从而导致被调查者失去耐心，答卷时间最好控制在 15 min 以内；也不能过少，导致无法获取足够信息。纸质问卷的排版应简洁大方，提升人们参与调查的意愿。此外，还要保护被调查者的隐私和个人信息，不涉及敏感和侵犯隐私的问题，避免被调查者感觉尴尬。

（二）调查问卷的基本结构

一份完整的调查问卷通常包括以下基本结构。

1. 标题

标题应能简明扼要地概括调查的主题，让被调查者能够快速了解调查的大致内容。如“××品牌××产品满意度调查问卷”。

2. 说明

主要向被调查者说明调查的目的、意义、调查的组织单位、调查结果的使用者、保密措施等相关信息，以消除被调查者的疑虑，引起受访者对填答问卷的重视和兴趣，争取他们的支持和合作。本部分还可以加上指导语，用于指导被调查者如何正确填写问卷，包括答题的方法、要求、注意事项等。例如：

> 尊敬的养殖户：
>
> 您好！为了提升×××品牌×××产品的质量和服务，更好地满足您的需求，我们特开展此次调查。您的真实反馈对我们至关重要，所有信息仅用于内部研究和改进，将严格保密。本次调查预计占用您 5～10 min 时间，感谢您的支持与配合！
>
> 请您仔细阅读每个问题，并在您认为最合适的选项上打钩(√)或在横线上填写答案。如无特别说明，均为单选。

3. 调查内容

调查内容主要包括各类问题和备选答案，这是调查问卷的核心部分，也是问卷设计的主要内容。问卷中的问答题从形式上看，可分为封闭式问题、开放式问题和半开放式问题三种类型。

4. 编码

在规模较大又需要运用电子计算机统计分析的调查中，要求所有的资料数量化，这就需要借助编码技术，将调查问卷中的问题和备选答案给予统一设计的代码，以便数据的录入、整理和分析。

5. 结束语

结束语主要表达对调查对象真诚合作的谢意。

(三)调查问卷中的问题设计

1. 封闭型问题

封闭型问题是指在调查问卷中，调查人员事先将问题的所有可能的答案一一罗列出来，被调查者从给定的选项中做出选择，包括单选题和多选题。例如：

> 您对我们新推出的产品满意程度如何？
>
> □非常满意　□满意　□一般　□不满意　□非常不满意

封闭型问题的主要优点在于：答案是标准化的，调查结果便于统计和分析；回答者易于作答，有利于提高问卷的回收率。封闭型问题也存在一些缺点：可能限制被调查者的思维和表达，无法获取一些独特或未预想到的答案；可能产生“顺序偏差”或“位置偏差”，即被调查者选择答案可能与该答案的排列位置有关(研究表明,对陈述性答案被调查者趋向于选第一个或最后一个答案,特别是第一个答案,而对一组数字,如数量或价格,被调查者则趋向于选取中间位置的),导致调查结果与真实情况存在偏差;回答者对题目不能正确理解的,难以觉察出来。

2. 开放型问题

开放型问题是指调查人员对提出的问题不设定固定、明确的答案选项,而是给予被调查者充分的自由,来表达自己的观点。例如:

> 对于我们的产品,您有什么建议?

开放型问题的优点是:被调查者可以充分表达自己的意见和看法,并且比较深入,对于调查者来说,有时可能会获得一些未曾预料到的答案,从中发现问题或得到启发。它的缺点有:回答的难度较大,对于一些被调查者来说,可能不知道从何开始回答,或者难以清晰准确地表达自己的想法;回答的内容差异较大,导致数据处理和分析的难度也增加。

开放型问题比较适宜于小范围的探索性调查,旨在对所研究的问题或现象进行初步了解,发现潜在的问题、机会和趋势,为后续更深入、更具针对性的研究提供基础和方向。

3. 半开放型问题

半开放型问题是一种介于封闭型问题和开放型问题之间的提问方式。它既为被调查者提供了一些预先设定的选项,同时也允许被调查者在选项之外自由补充或详细阐述自己的观点和想法。例如:

> 对于猪肉的食品安全,您最关注的方面是(可多选):
> A. 饲料添加剂
> B. 疫病防控
> C. 加工环节卫生
> D. 贮藏运输条件
> E. 其他(请注明)________________

半开放型问题的优点在于:提供的选项在保证答案具有一定规范性的基础上,对于那些可能不太善于完全自由表达的被调查者,这些选项在一定程度上可以引导被调查者的思考方向,同时又给予了一定的表达自由,可以获取一些额外的、个性化的信息。然而,半开放型问题也存在着一些局限性:设计难度相对较大,需要精心考虑提供的选项,以避免选项过于狭窄或宽泛。数据处理时,对于“其他”选项中的回答,需要进行更多的分类和归纳工作。

在实际调查过程中,开放型问题、封闭型问题和半开放型问题常常是结合在一起使用的,以实现优势互补,更全面、更有效地收集信息。

六、调查方法的选择

市场调查常用的方法有市场观察法、市场访问法、市场实验法等。

(一)市场观察法

1. 市场观察法的概念

市场观察法是一种重要的市场调查方法。它主要是指调查者凭借自己的眼睛或借助摄像等仪器,直接观察正在发生的消费者行为或市场状况,以获取第一手市场数据。这种方法的最大特点是被调查者并不知晓自己正在被观察,从而能够在较为自然的状态下表现出真实的行为和态度。通过市场观察,可以详细了解消费者在购买过程中的行为习惯、决策过程、对产品的反应等,以及市场中各种因素的相互作用和动态变化。同时,市场观察法还能够捕捉到一些难以用语言表达的细节和微妙之处,为研究者提供更为全面和深入的视角。

2. 市场观察法的种类

(1)直接观察法。这是一种较为传统的观察方式。调查人员亲自来到市场现场,以自身的感官和经验来直接进行观察。例如,调查人员亲自到市场、商店或消费者使用产品的环境中去,观察消费者的行为和购买偏好;调查人员到市场观察竞争对手的产品展示、促销活动、价格策略等,以了解其市场定位和竞争手段等。人员观察法中调查人员可以根据实际情况灵活调整观察的重点和内容,适应性较强。

(2)痕迹观察法。通过观察和分析被调查者留下的痕迹来研究和了解其特征、行为或历史的方法。例如,通过分析用户在网站或应用上的点击流、页面停留时间、滚动深度等数据,了解用户的兴趣点和行为模式;通过监听社交媒体上的提及、标签使用、分享和评论,收集消费者对其品牌或产品的态度和反馈。

(3)行为记录法。研究者通过在调查现场安装收录、摄像及其他监视设备,系统地收集、整理和分析特定对象的行为数据,这样调查人员不必亲临现场,就可以了解行为的模式、频率、变化等,进而深入探究相关的问题或现象。

3. 市场观察法的优缺点

优点:①直接性,能够让研究者直观地看到实际发生的情况,所获取的信息真实可靠,避免了因被调查者主观表述而可能带来的偏差。②及时性,能够迅速捕捉到市场上正在发生的动态和变化,使企业能及时做出反应。③它还能深入了解消费者的行为和反应细节,有助于发现一些潜在的问题和机会。

缺点:观察范围和时间往往受到一定限制,难以全面涵盖整个市场,可能会导致一些重要信息的遗漏。观察者的主观判断也会在一定程度上影响观察结果,可能造成对某些现象的误读。此外,运用这种方法需要投入较多的时间和人力,成本相对较高。

(二)市场访问法

1. 市场访问法的概念

市场访问法是一种常用的市场调查方法,它通过与被调查者进行直接的交流和互动来获取信息。

在市场访问法中,调查人员通常会采用各种方式与目标群体进行接触,如面对面访问、电话访问、网络访问等。通过这些方式,调查人员可以向被调查者提出一系列问题,了解他们的态度、意见、需求、购买行为等方面的情况。

2. 市场访问法的种类

(1)入户访问。入户访问是一种较为深入的市场访问法。调查人员亲自前往消费者家中，与他们进行面对面的交流。在这种环境下，被访者往往会感到更加放松和舒适，愿意分享更多真实的信息。调查人员可以观察被访者的家庭环境，进一步了解他们的生活方式和消费习惯。同时，入户访问也能够让调查人员更详细地解释问卷内容，确保被访者理解准确。然而，这种方法可能会受到被访者时间和隐私的限制，实施起来较为耗时费力。

(2)街头拦截访问。街头拦截访问是在公共场所随机选择被访者进行访问的方式。这种方法能够快速接触到大量不同背景的人群，获取较为广泛的意见和反馈。调查人员可以在短时间内收集到一定数量的样本数据。不过，街头拦截访问也存在一些挑战，比如被访者可能因为匆忙或对陌生人的警惕而不太愿意配合，导致样本的代表性存在一定局限性。此外，环境的嘈杂和干扰也可能影响访问的质量。

(3)电话访问。电话访问是借助电话通信进行的市场访问方式。它具有便捷、高效的特点，可以在较短时间内联系到大量被访者。通过电话访问，调查人员可以直接与被访者交流，及时获取他们的观点和意见。同时，电话访问也相对较为经济实惠。然而，这种方法也存在一些不足之处，如无法观察被访者的表情和肢体语言，可能会导致信息传达不够全面准确。此外，电话骚扰问题也可能使被访者对电话访问产生抵触情绪。

(4)邮寄访问。邮寄访问是将问卷邮寄给被访者，由其自行填写后寄回的方法。这种方式给予了被访者较大的自由和时间，可以在他们方便的时候进行回答。同时，邮寄访问也降低了调查人员的工作强度。但是，邮寄访问的回收率往往较低，而且问卷在邮寄过程中可能会出现丢失或损坏的情况。此外，由于缺乏调查人员的现场指导，被访者可能对问卷内容存在疑问或误解，影响数据质量。

(5)网上访问。网上访问是利用互联网进行的市场调查方式。它具有覆盖面广、成本低、数据收集快速等优点。通过网上平台，调查人员可以轻松地将问卷发送给目标群体，并及时获取反馈。同时，网上访问还可以借助多媒体等手段丰富问卷内容，提高被访者的参与度。不过，网上访问也存在一些问题，如部分被访者可能对网络调查不够信任，从而影响样本的代表性。

(6)关键人物访谈。关键人物访谈选择在特定领域、组织或市场中具有权威性、重要影响力、专业知识丰富的人物作为访谈对象，通过访谈获取对特定主题或问题的深入理解。由于访谈对象的特殊地位和经验，所提供的信息往往具有深度和前瞻性。然而，它也存在一些局限性，采用此种方法对调查者的专业技能要求很高，需要调查者具备良好的沟通技巧和引导能力。关键人物的观点可能存在一定的主观性和片面性。可以结合其他研究方法提供更全面的市场洞察。

3. 市场访问法的优缺点

(1)优点：通过与被调查者进行直接的交流和互动能够获取到更为详细和深入的信息。通过这种方式，我们可以更准确地了解消费者的需求、态度和行为，为企业的决策提供有力的支持。

(2)缺点：实施成本相对较高，如人力、时间和资金等方面的投入都比较大。并且可能会存在样本偏差的问题，如果被访者的选择不具有代表性，会影响调查结果的准确性。此外，面对面访问中，调查人员的职业能力和素养可能会对调查结果产生一定的影响。

（三）市场实验法

1. 市场实验法的概念

市场实验法是市场研究者在实际或者模拟市场环境中通过控制一个或多个市场变量（如价格、广告、包装等）进行实验，来观察和分析这些变量对消费者反应和市场动态具体影响的一种研究方法。

在市场实验中，研究者会选择一个或几个具有代表性的市场区域作为实验区域，对特定的产品价格、促销活动等进行控制和操纵，然后观察和记录消费者的购买行为、态度和其他相关反应。通过比较实验组和对照组的差异，来推断某些因素对市场的影响。这种方法能够提供较为真实和直接的市场数据，可以帮助企业在实际推出产品或策略之前，预测和评估其潜在效果，从而做出更为科学合理的决策。

2. 市场实验法的构成要素

（1）实验主体。实验主体是指市场实验中接受测试并被观察的对象。实验主体可以是消费者、经销商、商店、销售区域等。

（2）实验组。实验组是指参与实验并接受特定实验处理或干预的个体或群体。实验组会接触到实验设计中定义的一个或多个变量，其行为、反应、意见和反馈会被详细记录和分析，以评估实验变量的影响。

（3）对照组。对照组是用来与实验组进行对比的群体，他们不接受实验处理或干预，或接受标准处理。作为实验效果的基准，对照组用于排除其他因素对实验结果的影响，帮助研究者评估实验变量对结果的影响是否显著，确保实验结果的可靠性和有效性。

（4）实验变量。实验变量是指在实验中被有意识地操纵或改变的因素，以观察这些变化对实验结果的影响。如产品变量（产品特性、包装设计、品牌标识等）、价格变量（定价策略、折扣优惠等）、促销变量（广告宣传、促销活动、公关活动等）、分销变量（销售渠道、物流安排等）。

（5）观测指标。用于衡量实验效果的具体指标，如销售量、市场份额、顾客满意度等。

3. 市场实验法中常用的实验类型

（1）随机对照实验（randomized controlled trials）。随机对照实验是一种将参与者随机分配到实验组和对照组，以评定特定干预的效果的实验方法。例如，某公司想要测试新的饲料添加剂对肉鸡生长速度的影响。将一定数量肉鸡随机分成两组，一组使用添加了新添加剂的饲料（实验组），另一组使用常规饲料（对照组），一段时间后比较两组肉鸡的体重增长情况。

（2）配对设计（matched-pairs design）。在配对实验中，会先将具有相似特征的受试对象进行配对，然后将每对中的一个分配到实验组，另一个分配到对照组。这样做的目的是尽量减少受试对象之间的个体差异对实验结果的影响，从而提高实验的准确性和可靠性。例如，一家企业想要评估新的饲料配方对奶牛产奶量的影响，将产奶量相近的奶牛进行配对，并将每对中的一头分配到实验组（喂养新饲料），另一头分配到对照组（喂养原饲料）。通过比较两组中配对奶牛的产奶量差异，企业能够评估新饲料的效果。

（3）前后对比实验。前后对比试验是通过对同一受试对象在实验处理前后的状况进行比较，来评估实验处理的效果。例如，一家超市考虑调整某种猪肉的价格，在价格调整前，记录该种猪肉在一段时间内的销售数量和市场反馈。调整价格后，持续观察相同时间段内的销售数量变化以及消费者的评价。以此了解该价格调整策略是否成功。前后对比实验能够直观地反映出市场实验处理带来的变化，可以有效地帮助企业了解营销策略或产品改进对市场表现的影响。

(4)因子设计(factorial design)。因子设计是一种在市场实验中用于系统研究多个因素及其交互作用对市场表现的影响的方法。通过因子设计，可以更全面、更深入地评估每个因子如何单独以及共同影响畜牧产品的市场表现。在畜牧产品市场营销中，因子设计的关键在于确定相关的影响因子，并为每个因子设定不同的水平。例如，一家畜牧企业想要提升其某种猪肉产品的市场份额，决定进行因子设计实验来确定最佳的营销策略组合。确定的因子包括：价格水平(高、中、低)、促销方式(买一送一、满减、折扣)、销售渠道(超市、专卖店)。通过因子设计，企业可以创建 3 种价格水平×3 种促销方式×2 种销售渠道的组合，共 18 种不同的营销策略组合，并选择合适的市场区域进行实验。实验持续一段时间后，收集各个区域的销售数据和市场反馈。这样，可以通过因子设计帮助畜牧企业更精准地找到最优的市场营销策略组合。

(5)拉丁方格设计(latin square design)。拉丁方格设计主要用于研究两个因素对一个因变量的影响。它通过巧妙的实验安排，使每个因素的每个水平在其他因素的每个水平上恰好只出现一次。例如，一家养鸡场想要评估两种不同品牌的饲料(因素 A：品牌 X、品牌 Y)和两种不同的光照制度(因素 B：自然光照、人工光照)对鸡蛋产量的影响。使用 2×2 的拉丁方格设计，将鸡群随机分配到四个实验组，每组在特定的饲料品牌和光照制度条件下进行饲养。在一定时间内收集鸡蛋产量数据，评估不同品牌饲料和光照制度对鸡蛋产量的影响。由于拉丁方格设计控制了顺序效应，可以更准确地评估每个因素的独立影响。

七、调查报告的撰写

市场调查报告是对某项市场调查活动的目的、方法、实施过程、调查结果等进行直接反映和研究分析的书面文件。调查报告是评判调查活动质量高低的重要标志，更是为企业的相关经营管理活动特别是企业决策提供重要的参考依据。

(一)调查报告的基本结构

一份完整的市场调查报告通常由 3 部分组成，即前言部分、主体部分和结尾部分。

1. 前言部分

(1)标题页。主要包括调查的题目、计划执行者或组织信息、报告提供对象的名称、报告公布日期。调查报告的题目，必须准确、简洁地概括报告的主题。标题一般采用规范化的标题格式，即“发文主题”加“文种”，如《2025 年上半年生猪养殖行业市场调查报告：价格波动与产业调整》。

(2)目录。如果调查报告的内容、页数较多，应当使用目录，列出报告各个部分的标题及页码，方便读者快速查阅。

(3)概要。概要是调查报告的核心，是在完成书面调查报告主体部分的基础上对调查报告的高度概括和提炼。事实上，许多高层管理者通常先阅读报告的概要，才会决定是否继续读下去。

2. 主体部分

(1)引言。引言是市场调查报告的开头部分。主要包括以下内容：说明调查的起因、目的和中心问题；介绍市场调查工作基本概况，包括市场调查的时间、地点、对象和调查要点以及采用的调查方法；如果研究中包括抽样，还应介绍采用的抽样方法，使阅读者了解本次调查所得材料是否具有全面性或典型性。

(2)调查方法。主要是将本次调查运用的方法进行描述，以有助于帮助阅读者更好地理解研究的可靠性。

(3)调查过程。主要是描述调查设计的本质、抽样计划以及数据收集和分析的过程。

(4)调查结果和局限性。针对调查课题、目标，依据研究人员设定的方案，对调查数据进行处理得到的结果。事实上，由于受到客观条件、资源等因素的影响，所有的调查都很难做到十全十美，调查的局限性是客观存在的，只要予以适当说明供决策者参考即可。

(5)调查结论和建议。通过对资料和数据的分析，得出针对调查目的的结论。结论是对所有关键信息的一个总结，应该使用简练和准确的语言加以概括。另外要注意材料和观点的统一性，不可以提出无材料依据的结论，也不要做没有结论性意见的论证。依据调查所得的结论，运用市场经济理论和市场营销学原理，根据进行该项调查的企业的主客观条件提出针对性的建议和措施，为决策提供参考。

3.结尾部分

(1)结束语。总结全文、强调重点、提出建议或展望。

(2)附录。附录在市场调查报告中，常处于结尾的位置，所有与调查结果有关的而放在报告正文中不利于正文逻辑次序的资料都可集中放在附录里。主要有调查问卷、访谈提纲、资料来源说明等，这些资料是论证、说明和深入分析报告正文内容必要的参考资料。

(二)撰写调查报告的注意事项

由于调查报告的大小、形式、委托等具体情况的不同，各部分的具体组成内容可能会有所差异。需注意的是，调查报告的撰写应做到支撑数据清晰，应用的理论与模型得到公众认可。尽量以事实数据为支撑，能用图表就不用表格，能用表格就不用段落，能用数字就不用文字，尽可能让阅读者在第一时间内尽快捕捉到重要信息，大段的文字不仅容易让人产生疲劳感，难以掌握要点，也容易让人误解。

任务三 畜牧市场预测

一、市场预测的含义

市场预测是市场调查的延续与发展，是市场分析研究的结果。所谓市场预测，就是运用科学的方法，对影响市场供求变化诸因素进行调查研究，分析和预见其发展趋势，掌握市场供求变化的规律，为市场营销决策提供可靠依据，有助于畜牧企业能按照市场需求组织生产和销售，提高市场的适应性、竞争力和经济效益。

二、市场预测的内容

市场预测的内容相当广泛，从不同方面、不同角度进行预测，包含的内容会有所不同。例如，若从畜牧企业生产角度出发，包括行业发展趋势预测、科技发展预测、市场需求预测、成本和利润预测等。下面从销售预测这个角度出发，介绍市场预测的主要内容：

1. 市场需求预测

重点从市场潜力、销售前景入手进行预测。畜牧企业须全面调查产品销售潜力，从政治、人口、文化、消费习惯、销售渠道特点、品牌基础等方面预测产品的销售前景。

2. 市场购买力预测

重点预测当地现有的经济水平、购买力水平、潜在的购买力水平及消费结构情况。及时了解各项政策因素对购买力的影响，增强预测的前瞻性、准确性。

3. 新产品开发预测

结合企业生产经营现状预测新产品的开发方向、结构变化，并注重对竞争对手产品的分析，及时开发市场竞争需要的产品，保证企业建立具有综合竞争力的产品线。

4. 产品资源预测

预测产品供应市场的可能来源及供应量，是否能够保证新产品投入市场后的上游原料供应，是否能够创建收编上游原料供应链，以保证竞争优势，同时也要考虑竞争产品也有资源需求的竞争因素。

5. 产品价格变动趋势预测

产品价格变动趋势预测主要是对产品价格涨落及其发展趋势进行预测。一般可以通过两种途径来进行：一种是根据产品成本构成因素及其变化趋势，预测价格的变化趋势；另一种是根据供求关系对价格的影响，预测价格的变动趋势。

6. 产品库存预测

预测产品库存情况，充分了解经销商、批发商等的库存，建立淡旺季安全库存，以此为依据建立自有的各时期安全库存，同时要结合生产能力并考虑竞争因素，对于特殊市场行情要及时调整库存数量。

7. 市场占有率预测

预测产品上市销售中在市场上占有的比重、变化情况和发展趋势。

8. 产品生命周期预测

预测产品市场发展水平处在产品生命周期何种阶段，并针对产品处在导入期、成长期、成熟期、衰退期不同的生命周期阶段，制定不同的应对方法，保证产品能最大限度地达到各项预期目标。

9. 营销效果预测

对市场产品各个时期经销的营销效果进行预测。保证企业追求的品牌、利润、销量等各项目标能顺利实现。

三、市场预测的程序

为了取得理想的预测结果，市场预测应遵循一定的程序和步骤，以提高畜牧企业经营预测工作的质量。市场预测的过程大致包含以下几个程序。

1. 确定预测目标

确定预测目标是指要结合畜牧企业需要解决的问题，明确要预测什么，达到什么目标。这是进行其他预测程序的前提条件。

2. 收集和整理有关资料

进行市场预测必须掌握充分的资料。有了这个基础，才能为市场预测提供分析、判断的可靠依据。

3. 选择预测方法

预测方法的选用是否恰当，将直接影响市场预测的精确性和可靠性。因此，要根据预测的目标及各种预测方法的适用条件和性能，选择出适当的预测方法。

4. 预测分析和修正

预测分析和修正是指对调查收集的资料进行综合分析和检验，并在分析评判的基础上，进行必要的评估和修正，以尽可能减少预测结果的误差。

5. 编写预测报告

预测报告主要包括预测目标、预测方法、预测过程、资料来源，以及对预测结果的评价及建议等内容。

四、市场预测的方法

常见的市场预测方法，主要为定性预测法和定量预测法两种。

（一）定性预测法

定性预测法又称为经验预测法，是指由一些熟悉业务知识、经验丰富并具有综合分析判断能力的人员，根据已经掌握的历史资料和现实情报，运用自己的知识经验和判断能力，对市场未来趋势做出判断和推测。其特点是主要靠经验判断未来，有时也以一些量化分析作判断的辅助手段。这种方法适用范围广、成本低、费时少，但受预测者的主观因素影响大，较难提供准确数据作为预测的依据。在数据资料较少或不准的情况下，多采用此法。常用的定性预测方法主要有营销人员估计法、专家预测法、购买者意向调查预测法、集合预测法、主观概率法等。这些预测方法各有其优缺点，需根据实际情况选用或者进行综合运用。本教材仅以营销人员估计法为例予以介绍，其他预测方法请自行查阅、研究与学习。

营销人员估计法是指由专业营销人员通过会议或书面的形式，对某一种商品的市场需求趋势作出个人的估计，再用加权平均的方法计算出预测结果。一般将每个人的估计值汇总整理，分为最乐观估计值、最悲观估计值和最客观估计值三类，并计算各类数据值的平均数，再用加权平均公式计算出预测值。加权平均公式为：

$$预测值=\frac{a_1\times 最乐观估计值+a_2\times 最客观估计值+a_3\times 最悲观估计值}{a_1+a_2+a_3}$$

式中，a_1、a_2、a_3均为权数。

【例 7-1】 某生猪屠宰企业要预测在当地肉类产品批发市场第一季度的销售量，就请了三个销售人员根据以往的销售经验对销售量作出各自的估计。销售人员甲估计的销售量：最高 1 200 kg，最可能 1 000 kg，最低 800 kg；销售人员乙估计的销售量：最高 1 400 kg，最可能 1 200 kg，最低 1 000 kg；销售人员丙估计的销售量：最高 1 100 kg，最可能 900 kg，最低 700 kg。试用加权平均公式计算案例中生猪屠宰企业在肉类产品批发市场第一季度的销售量预测值。

计算步骤为：

(1)先计算出三个销售人员最乐观估计值、最客观估计值和最悲观估计值的平均值。

最乐观估计值＝(1 200＋1 400＋1 100)/3＝1 233(kg)

最客观估计值＝(1 000＋1 200＋900)/3＝1 033(kg)

最悲观估计值＝(800＋1 000＋700)/3＝833(kg)

(2)用前述加权平均公式计算预测值，首先要确定 a_1、a_2、a_3 的权数值。假设 a_1(最乐观估计)、a_2(最客观估计)、a_3(最悲观估计)权数值分别为 2、5、3，则计算方法如下：

$$\text{销售量预测值}=\frac{a_1\times\text{最乐观估计值}+a_2\times\text{最客观估计值}+a_3\times\text{最悲观估计值}}{a_1+a_2+a_3}$$

$$=\frac{2\times 1\,233+5\times 1\,033+3\times 833}{2+5+3}=1013(\text{kg})$$

(二)定量预测法

定量预测法又称为统计预测法，主要是利用历史相关资料和统计数据，运用数理统计和数学模型对事物进行数量分析，估计和计算未来变化趋势及数量关系，从而确定预测值的一种预测方法。这种方法的优点是避免人为因素干扰和预测者的主观化倾向；缺点是对有些重要因素很难量化，且对预测人员的素质要求也很高。

定量预测法又分为时间序列分析法和因果关系分析法(回归分析法)两种。

时间序列分析法是根据时间序列，运用数学方法分析计算预测值，包括简单平均数法、移动平均数法、加权移动平均数法、变动趋势预测法、指数平滑法和季节指数法等。本教材仅以简单平均数法、移动平均数法、加权移动平均数法与季节指数预测法为例予以说明，其他预测方法请自行查阅、研究及学习。

1. 简单平均数法

简单平均数法是以过去若干时期的实际数量之和除以所选时期的个数，将平均值作为下一期的预测值。这种方法计算简便，但因忽略掉了季节变动、市场变化的趋势、周期性变动等因素，准确性不高。其计算公式为：

$$\text{预测销售量}=\frac{\text{过去各期实际销售量之和}}{\text{期数}}$$

或用下列公式表示：

$$\overline{X_{n+1}}=\frac{X_1+X_2+\cdots+X_n}{n}$$

式中，$\overline{X_{n+1}}$ 表示预测数值；$X_1+X_2+\cdots+X_n$，表示各时期的实际销售数量；n 表示销售量的期数。

【例 7-2】某生猪屠宰场 2024 年 3—6 月的猪肉销售量分别为 890 kg、720 kg、820 kg、830 kg，用简单平均数法计算，则 7 月份的猪肉销售量的预测值为：

$$\overline{X_7}=\frac{X_3+X_4+X_5+X_6}{n}=\frac{890+720+820+830}{4}=815(\text{kg})$$

2. 移动平均数法

移动平均数法是在简单平均数法的基础上，利用靠近预测期的连续几期的资料值来计算平均数，通常 n 为 3～7。期数的选择取决于实验应有足够的期数，以抵消随机波动的影响，但期数又不能过多。

仍以【例 7-2】为例，当 n 取三期时，预测 7 月份的猪肉销售量为：

$$\overline{X_7}=\frac{X_4+X_5+X_6}{n}=\frac{720+820+830}{3}=790(\text{kg})$$

如果 7 月份猪肉的实际销售量为 810 kg，则预测 8 月份的猪肉销售量为：

$$\overline{X_8}=\frac{X_5+X_6+X_7}{n}=\frac{820+830+810}{3}=820(\text{kg})$$

3. 加权移动平均数法

加权移动平均数法是把近期资料和远期资料对预测值的影响程度等考虑进去，根据过去实际资料的数值乘以权数后所计算的加权平均数为预测值的方法。各期权数离预测期越近则越大。其计算公式为：

$$\overline{X_{n+1}}=\frac{\sum xf}{\sum f}=\frac{x_1f_1+x_2f_2+\cdots+x_nf_n}{f_1+f_2+\cdots+f_n}$$

式中：$f_1,f_2,\cdots,f_n$为各期的权数。

仍以【例 7-2】为例，预测 7 月份猪肉销售量时，6 月份、5 月份、4 月份猪肉销售量的权数分别为 3、2、1，则 7 月份的猪肉销售量的预测值为：

$$\overline{X_7}=\frac{720\times1+820\times2+830\times3}{1+2+3}=808(\text{kg})$$

4. 季节指数预测法

季节指数预测法是根据时间序列中的数据资料所反映的季节变动规律性，对预测目标未来状况作出预测的方法。当产品的市场需求呈明显的季节波动时，用简单平均数法进行销售预测就很难正确反应销售量的波动情况，就可用季节指数预测法来预测目标的季节性波动趋势。由于若仅根据 1 年或者 2 年的历史数据计算而得到的季节变动指标往往具有很大的随性波动因素，所以在实际预测中通常需要掌握和运用 3 年以上的各月或各季的实际历史数据。

季节指数法在畜牧企业的实际生产经营活动中具有广泛的应用价值，如销售量预测、生产计划制定和股票市场分析等。

【例 7-3】下面以兽药在某地区 3 年内的市场销售情况为例，采用季节指数预测 2025 年每月的兽药销售量(表 7-2)。

表 7-2　某地区 2022—2024 年兽药销售量　　万 t

月份	2022 年	2023 年	2024 年	同期平均	季节指数	2025 年预测值
1	32	34	38	35	0.70	55.17
2	35	37	39	37	0.74	39.62
3	31	35	33	33	0.66	35.35
4	54	57	59	57	1.14	61.06
5	51	54	56	54	1.08	57.84
6	50	52	55	52	1.04	55.70
7	68	66	69	68	1.36	72.84
8	71	76	72	73	1.46	78.20
9	75	71	74	73	1.46	78.20
10	42	45	48	45	0.90	48.20
11	45	41	46	44	0.88	47.13
12	38	35	31	35	0.70	37.49
平均	49	50	52	50	1.00	53.56

用季节指数进行预测的步骤如下：

第一步：先求出 3 年来每年(12 个月)的平均销售量，以 2022 年为例，计算方法为：

$$\overline{X_{2022}}=\frac{32+35+\cdots+38}{12}=49(\text{万 t})$$

依此类推，计算出其他各年的全年销售量平均值。

第二步：求历年来各月的同期平均销售量，以 1 月份为例，计算方法如下：

$$\overline{X_1}=\frac{32+34+\cdots+38}{3}=35(\text{万 t})$$

依此类推，计算出 2022—2024 年其他月份的同期平均销售量。

第三步：求历年来所有月份的平均销售量。可将第一步计算的 2022—2024 年 3 年的平均销售量计算平均值：

$$\overline{X}=\frac{49+50+52}{3}=50(\text{万 t})$$

第四步：求季节指数，计算公式为：

$$\text{季节指数}=\frac{\text{历年来各月同期平均销售量}}{\text{历年来全部月份的平均销售量}}$$

例如，1 月份的季节指数为：

$$1\text{ 月季节指数}=\frac{\text{历年来各月同期平均销售量}}{\text{历年来全部月份的平均销售量}}=\frac{35}{50}=0.70$$

依此类推，计算出其他月份的季节指数。

第五步：预测下一年度(2025 年)12 个月的平均销售量。

首先，求出 2023 年全年平均销售量与 2022 年全年平均销售量的比值：

$$X_1=\frac{50}{49}=1.02$$

2024 年全年平均销售量与 2023 年全年平均销售量的比值：

$$X_2=\frac{52}{50}=1.04$$

然后，再用几何平均数公式计算 2022—2024 年 3 年平均销售量的增长比值：

$$\overline{X}=\sqrt[2]{X_1\times X_2\times\cdots\times X_n}=\sqrt[2]{1.02\times1.04}\approx1.03$$

最后，用 2022—2024 年平均销售量的平均增长值乘以 2024 年全年平均销售量，计算出下一年度(2025 年)全年的预计平均销售量：

下一年度全年预计平均销售量＝1.03×52≈53.56(万 t)

第六步：应用季节指数求下一年度每个月的预测平均销售量。

用 2022—2024 年每个月的季节指数乘以下一年度(2025 年)全年的预计平均销售量，计算出下一年度(2025 年)每个月的预计平均销售量。例如，下一年度 1 月份的预计平均销售量为：

下一年度 1 月份预计平均销售量＝1.03×53.56≈55.17(万 t)

依此类推，计算下一年度 2—12 月的预计平均销售量。

任务四　畜牧产品与产品组合策略

一、畜牧产品

(一)畜牧产品的整体概念

畜牧产品营销中的产品概念和传统意义上产品的含义有很大不同。传统意义上的产品仅指有形的实物，而畜牧产品营销中的产品指的是提供给市场，能用于交换并满足人们某种需要或欲望的与畜牧产品有关的一切有用物。既包括具有特定性状的有形物品，也包括各种无形的服务、观念、策划等。这种广义上的畜牧产品，被称为畜牧产品的整体概念。

(二)畜牧产品整体概念的 3 个层次

畜牧产品整体概念由核心产品、形式产品和附加产品 3 个层次构成。

1. 畜牧产品的核心产品

畜牧产品的核心产品也称为实质产品，是指畜牧产品能给购买者带来的基本效用或利益。例如，牛奶的核心产品是能提供人体所需要的营养；仔猪的核心产品是可以在育肥后通过销售获得经济利益等。核心产品是畜牧产品整体概念中最基本、最重要的层次。

2. 畜牧产品的形式产品

畜牧产品的形式产品是指核心产品借以实现的外在表现形式和载体。例如，各种包装精美的肉类产品。畜牧产品的基本效用必须通过特定形式才能实现，畜牧产品营销者在满足消费者所追求的基本效用时，还应考虑形式产品的设计，以达到与核心产品的统一。

3. 畜牧产品的附加产品

畜牧产品的附加产品又称为延伸产品，是指购买者在购买畜牧产品时所能获得的全部附加服务和利益，包括产品使用方法、免费送货服务以及质量保证等。市场营销专家李维特曾指出：现代企业竞争并不在于各公司能生产什么，而在于它们能为其产品增加些什么内容。因此，随着科学技术的发展和企业生产与经营管理水平的提高，不同企业提供的同类产品在核心产品和形式产品层次上会越来越接近，而附加产品将逐步成为决定企业竞争力高低的一个重要因素。

(三)畜牧产品整体概念对营销的启示

(1)它是以消费者基本利益为核心，指导整个市场营销管理活动，是企业贯彻市场营销观念的基础。消费者购买畜牧产品追求的基本利益大致包括功能和非功能两方面的要求。消费者对前者的要求是出于实际使用的需要，而对后者的要求则往往是出于社会心理动机。两种需要往往交织在一起，并且非功能需求所占的比重越来越大。畜牧产品整体概念明确地向畜牧产品的生产经营者指出，要通过有形产品和附加产品去满足核心产品所包含的一切功能性和非功能性的要求，充分满足消费者的需求。

(2)畜牧产品三层次的最佳组合，有利于确立畜牧产品的市场地位。当今社会畜牧产品十分丰富，一类或一种产品只有一个品牌的时代已经结束，同类产品的不同品牌层出不穷。如何在众多的品牌中脱颖而出，很重要的一点就是把产品 3 个层次的内容都要考虑到，产品质量好就一定能够卖得出去的传统观念已经很难适应市场发展。当然，质量好是产品能够售出去的第一因素和必要因素，但绝不是充分因素。对于畜牧产品营销者来说，产品越能以一种消费者易觉察的形式来体现消费者选择时所关心的因素，就越能获得好的产品形象，进而确立有利的市场地位。

(3)产品差异构成企业特色的主体，畜牧企业要在激烈的市场竞争中取胜，就必须致力于创造自身产品的特色。不同产品项目之间的差异是非常明显的，这种差异或表现在功能上或表现在设计风格、品牌、包装的独到之处，甚至表现在与之相联系的文化因素上或表现在产品的附加利益上。如不同的服务内容可使畜牧产品各具特色。

总之，在畜牧产品整体概念的 3 个层次上，企业都可以发掘自己的特色，从而与竞争产品区别开来，以形成自己独有的竞争优势。

二、畜牧产品组合策略

(一)畜牧产品组合的概念

所谓畜牧产品组合，是指一个畜牧企业生产经营的所有产品线和产品项目的组合。产品线即产品系列或产品大类，而产品项目是产品线中不同品种、档次、质量、价格或其他属性的特定畜牧产品。

(二)畜牧产品组合的四要素

1. 畜牧产品组合的宽度

畜牧产品组合的宽度是指畜牧企业生产经营的产品大类有多少，拥有多少条不同的生产线，多者为宽，少者为窄。畜牧产品组合的宽度反映了一个畜牧企业市场服务面的宽窄程度和承担风险的能力。

2. 畜牧产品组合的长度

畜牧产品组合的长度是指畜牧产品组合中所有产品项目的总数。每一条产品线内的产品项目数量，称为该产品线的长度。如果具有多条产品线，可将所有产品线的长度加起来，得到产品组合的总长度，除以产品组合的宽度，则得到平均产品线的长度。

3. 畜牧产品组合的深度

畜牧产品组合的深度是指产品大类中每种产品有多少花色、品种、规格。例如，某奶业公司生产的某品牌牛奶，假设有三种规格和两种配方，则该品牌产品的深度为 6。畜牧产品组合的深度反映了某一畜牧企业在同类产品细分市场中满足消费者不同需求的程度。

4. 畜牧产品组合的关联度

畜牧产品组合的关联度是指各产品线之间在最终用途、生产技术、目标市场、分销渠道及其他方面相互关联的程度。其关联程度越密切，说明企业各产品线之间越具有一致性。

(三)畜牧产品组合的意义

产品组合的宽度、长度、深度和关联度不同，就会构成不同的产品组合。产品组合的宽度、长度、深度和关联性在市场营销战略上具有重要意义。

首先，畜牧企业增加产品组合的宽度(如增加产品大类，扩大经营范围，甚至跨行业经营，实行多元化经营)，可以充分发挥企业的特长，使企业尤其是大企业的资源、技术得到充分利用，提高经营效益；此外，实行多元化经营还可以减少经营风险。

其次，企业增加产品组合的长度和深度(如增加产品项目，增加产品的花色、式样、规格等)，可以适应消费者不同的需求，扩大总销售量。

最后，企业增加产品组合的关联性，则可以充分发挥企业现有的生产、技术、渠道等方面的能力，提高企业的竞争力，巩固市场地位，提高经营的安全性。

(四)畜牧产品组合策略

畜牧产品线是决定产品组合广度、长度和关联性的基本因素，最优产品组合正是通过及时调整产品线来实现的。因此，对畜牧产品线的调整是畜牧产品组合策略的基础和主要组成内容。

1. 畜牧产品线延伸策略

畜牧产品线延伸是突破企业原有经营档次的范围，使畜牧产品线加长的策略。促使畜牧产品线延长的因素有很多，包括企业生产能力过剩、企业希望以更全面的产品线去满足顾客的需求、开拓新市场、追求更高的销售量和利润等。畜牧产品线延伸策略有以下 3 种形式。

(1)向下延伸。产品线向下延伸是指企业原来定位于高档市场的产品线向下延伸，增加低档产品项目。企业采用这种延伸策略，其主要原因与目的是：

①利用高档产品的声誉,吸引购买力水平较低的消费者慕名购买此产品线中的低档廉价产品。

②高档产品销售增长缓慢且市场范围有限,资源设备不能得到充分利用,也不能为企业带来满意的利润。为赢得更多消费者,企业可以将产品线向下延伸。

③补充企业产品线的空白。

(2)向上延伸。产品线间上延伸是指原来定位于低档产品市场的企业,在原有的产品线内增加高档产品项目,使企业进入高档产品的市场。畜牧企业采用向上延伸这一策略,主要原因与目的是:

①高档产品市场具有较大的潜在成长率和较高利润率。

②企业要重新进行产品线定位。

(3)双向延伸。产品线双向延伸即原定位于中档产品市场的企业掌握了市场优势以后,决定向产品线的上下两个方面延伸。一方面增加高档产品,另一方面增加低档产品,扩大市场阵容,丰富产品类型。

2.产品线扩充策略

产品线扩充策略又称为产品多样化策略,是指增加畜牧产品的种类和各种不同产品的品种数量,扩大经营范围。例如,某畜牧产品加工企业除了在原有猪肉产品的基础上,又增加了牛肉、羊肉等产品;在牛肉产品的加工中,又根据牛的不同部位细分为牛排、牛腿、腱子肉等产品。扩大产品组合可以使企业充分利用生产设备、技术和人力、物力及品牌和销售渠道等,而且通过开辟新的产品线,增加新的产品项目,有助于企业避免风险,提高市场占有率,增强企业的市场竞争能力。

3.产品线缩减策略

产品线缩减策略是指收缩、消减产品线或畜牧产品项目,通常是在市场不景气,特别是原料和能源供应紧张时,企业为了获得最大利益,从产品组合中剔除那些获利小的产品线或产品项目。通过缩减产品组合,可以使企业避免战线过长造成的精力分散,有利于企业集中力量发挥和提高专业技术水平,使企业生产经营专业化,赢得某特定市场的利益和信誉。同时还有利于企业节约原材料,降低成本,减少资源占用,加快资金周转。

4.产品差异化策略

产品差异化策略是指畜牧企业通过采取不同口味、不同包装、不同服务等方式,以凸显本企业产品与竞争对手的产品之间不同的特征。实施产品差异化策略可以帮助企业在激烈的市场竞争中脱颖而出,提高产品的附加值,增强品牌的影响力和知名度,提高企业的市场地位。

任务五 畜牧产品品牌与包装策略

品牌与包装都是畜牧产品整体概念下“形式产品”的重要组成部分,因而它们是产品策略的必要组成部分。掌握制定和实施产品品牌、商标和包装策略的原理与方法,有利于优化营销组合,吸引消费者购买,扩大销售,提高营销效益。

一、品牌策略

(一)品牌的概念

品牌是指用以识别某个销售者或某销售者群体的产品或服务,并使之与竞争对手的产品或服务区别开来的商业名称及其标志。品牌是一个复合概念,主要由品牌名称和品牌标志两部分组成。品牌名称是指品牌中能用语言表达的部分,也称为“品名”,如我国畜牧业知名品牌“双胞胎”“大北农”“正邦”等;而品牌标志则是通过某些符号、图案或特定颜色等可被识别但不能用语言表达的部分,如正邦集团的两个红蓝色正三角形组成的正方形标志(图 7-2)、双胞胎集团的两只歪戴帽子憨态可掬的小猪标志(图 7-3)等。

图 7-2　正邦集团 LOGO

图 7-3　双胞胎集团 LOGO

(二)品牌的作用

1. 对消费者而言

(1)方便识别。品牌是消费者购买商品的识别工具,面对品牌繁多的各类商品,消费者能通过熟悉的品牌来辨认和选购。

(2)保护利益。品牌是消费者选择商品的评判标准,是产品质量与信誉的保证。商标经登记注册后具有法律效力,既保护了企业利益,也保护了消费者利益。

(3)象征档次。品牌是消费者个人价值的一种体现,购买名牌产品,被部分消费者认为是体现其个人社会地位、职业身份、文化修养的一种标志。

2. 对企业而言

(1)有利于宣传。品牌与商标是企业主要的营销工具,品牌宣传对提升产品知名度和美誉度效果较好。

(2)突出定位。品牌是企业营销战略的基本手段,它有助于市场细分、目标市场选择和市场定位。

(3)塑造形象。品牌是促进企业发展的激励手段,通过创造受消费者欢迎的品牌,可以激励企业不断提高产品质量,提高企业信誉,完善和提升企业形象。

(4)便于区分。品牌是区别同类产品的重要标志,不同品牌代表着不同的来源、质量、信誉、价值和评价。

(5)资产增值。著名品牌可成为企业巨大的无形资产,这种无形资产具有巨大的促销能力和增值能力。

3. 对社会而言

(1)品牌可促进产品销量不断提高,使经济繁荣、国家税收收入增加。

(2)品牌可鼓励生产者不断创新,使市场上的产品更加丰富、不断推陈出新。

(3)注册商标的专用性和排他性,可保护企业间的公平竞争,使社会上商品流通有序,促进市场经济健康发展。

(三)品牌与商标的区别

品牌与商标都是用以识别不同生产经营者的不同种类、不同品质产品的商业名称及其标志。但品牌并不等同于商标,二者之间最主要的区别在于:品牌是市场概念,是产品和服务在市场上通行的牌子,它强调与产品及其相关的质量、服务之间的关系;而商标属于法律范畴,是法律概念,它是经过注册获得商标专用权从而受到法律保护的商品名称及其标志,是品牌的法律形式。

(四)品牌策略

品牌策略是指畜牧企业通过品牌形象的塑造,提高企业产品竞争力的策略,主要包括品牌统分策略、多品牌策略等。

1. 品牌统分策略

(1)统一品牌。统一品牌是指畜牧企业对其全部产品使用同一个品牌。

(2)个别品牌。个别品牌是指畜牧企业为各种不同的产品分别使用不同品牌。

(3)统一品牌与个别品牌并行。采用这种策略的出发点是兼有二者的优点,一个拥有多条产品线或者具有多种类型的产品的畜牧企业可以考虑采用并行策略。

2. 多品牌策略

多品牌策略是指畜牧企业为一种产品设计两种或两种以上相互竞争品牌的策略。这种策略能够避免统一品牌下的负面株连效应,还可以在产品分销过程中占有更大的货架空间,进而压缩或挤占竞争者产品的货架面积,为获得较高的市场占有率奠定基础。

二、包装策略

(一)包装的概念

市场营销中的包装泛指装盛产品的容器或包装物及其设计装潢。一般分为首要包装(即内包装)、次要包装(即保护首要包装的包装物)、装运包装 3 个层次。

(二)包装策略

1. 统一包装策略

统一包装策略又称为类似包装策略,是指企业生产的多种产品,在包装上采用相同的图案、相近的颜色,体现共同的特色,使消费者易于辨认是同一家企业的产品。

2. 等级包装策略

等级包装策略是指畜牧企业对自己生产经营的不同质量等级的产品分别设计和使用不同的包装,方便购买力不同的消费者按需选购。

3. 配套包装策略

配套包装策略是指畜牧企业将几种有关联性的产品组合在统一包装物内的做法。如将不同口味的肉制品放在同一包装内。

4. 附赠品包装策略

附赠品包装策略是指在产品容器中或包装物上附加赠送物品或奖券等，以激发消费者购买的欲望。

5. 再使用包装策略

再使用包装策略是指消费者将产品使用完后，包装容器可另作他用。如设计精美的酸奶瓶可作为饮水杯使用等。

任务六 畜牧产品定价策略

一、影响畜牧产品定价的因素

产品定价一直是企业的重要决策内容之一。影响畜牧产品定价的因素有很多，就整体而言，大致可分为内部因素和外部因素两部分。

(一)内部因素

1. 产品成本

产品成本是指从事商品生产销售的企业在商品的生产与流通过程中所耗费的物化劳动和活劳动的价值总和，包括固定成本、变动成本、总成本、边际成本、平均成本等。成本是畜牧产品定价的底线，除特殊情况下允许以低于成本的价格进行销售外，产品的销售价格通常必须要高于成本费用，企业才能维持正常运转及从中获利。反之，企业将无法继续经营下去。

2. 企业的定价目标

企业的定价目标是指企业通过产品定价期望达到的效果，主要包括维持生存、当期利润最大化、市场占有率最大化和产品质量最优化等目标。

3. 品牌形象

品牌形象是企业及其产品在消费者心中的形象和认知，良好的品牌形象可以提高产品或服务的溢价能力，使消费者愿意为其产品或服务支付更高的价格。如知名畜牧企业通常会在其产品定价上享有比一般品牌更为主动的竞争优势。

(二)外部因素

1. 市场供求

供求规律表明，在现实的市场运行中，供求变化一般会直接决定产品价格的变动方向及变动程度。因此，产品价格的确定应充分考虑市场供求状况的影响。

2. 竞争者的产品和价格

在当今竞争性的市场上，几乎每种产品都有或多或少的竞争品，而价格竞争无疑是企业能否获得市场竞争优势的重要因素。因此，了解竞争者的产品及价格，就可以与竞争者比质比价，更准确地制定本企业的产品定价，从而增强自身产品的市场竞争力。

3.其他外部因素

如政策的价格管制、消费者的购买习惯等。

二、畜牧产品的定价方法

(一)成本导向定价法

成本导向定价法是以产品单位成本为基本依据，再加上预期利润来确定价格的定价方法，应用最为广泛。主要包括以下几种具体方法。

1.成本加成定价法

成本加成定价法又称为成本添加法，是用畜牧产品的总成本除以产品数量，得出产品单位成本，再以单位成本加上一定百分比的加成(即利润)来确定产品售价的方法。其计算公式为：

单位畜牧产品销售价＝畜牧产品单位成本×(1＋加成率)

正常情况下，单位产品的预期利润多少通常应由买卖双方协商决定，但很多行业也存在着约定俗成的加成率可供参考。例如，生猪养殖行业的加成率一般为10％～15％，收购、屠宰、批发者的加成率为15％～20％，猪肉零售者的加成率为25％～30％等。

【例7-4】某畜牧产品单位成本为1 200元，预期加成率(利润率)为15％，则：

某畜牧产品单位销售价＝1 200元×(1＋15％)＝1 380元

此种方法一般适用于比较平稳的市场环境，操作简便，但因仅考虑产品本身的成本和预期利润，忽视了市场供求和竞争环境下其他影响因素，所以该定价法具有较强的主观性特点。

2.目标利润定价法

目标利润定价法又称为目标收益定价法，是指根据估计的总销售收入(销售额)和估计的产量(销售量)来确定产品价格的定价方法。目标利润定价法的特点是，首先确定一个总的目标利润或目标利润率，然后把总利润分摊到每个产品中去，与产品的成本相加，就可以确定价格。目标利润定价法是成本计划的编制方法之一。

目标利润定价法的计算公式为：

产品价格＝(总成本＋目标利润)/预计销售量

这种定价方法的最大不足是必须要根据销售量来确定价格，事实上销售量如何会受到多种因素影响，而且价格恰恰也是影响销售量的重要因素之一。

3.边际成本定价法

边际成本定价法是指仅计算变动成本，略去固定成本，而以预期的边际贡献补偿固定成本并获得收益。边际贡献是指企业每增加一个产品的销售，所获得的收入减去边际成本的数值。如果边际贡献不足以补偿固定成本，则出现亏损。其计算公式为：

价格＝变动成本＋边际贡献

边际贡献＝价格－变动成本

利润＝边际贡献－固定成本

边际成本定价法一般是在供大于求、竞争十分激烈时，企业为迅速开拓市场而采用的做法。在供大于求时，如果企业坚持按照平均成本定价往往会出现滞销积压，甚至被迫减产、停产，此时固定成本还得如数支出，则亏损更大，故干脆舍去固定成本，尽力维持生产，争取边际成本能补偿或超过固定成本。这种定价方法的特点是，产品售价必须高于变动成本，否则生产越多，亏损越大。

（二）需求导向定价法

需求导向定价法是指以消费者感受和市场需求强度为主要依据的定价方法，体现了以消费者为中心的现代营销观念。这种定价方法主要包括感知价值定价法和需求差异定价法两种形式。

1. 感知价值定价法

感知价值定价法是指根据消费者对畜牧产品价值的感受及理解程度作为定价基本依据的方法。消费者的价值感知主要来源于其主观判断、以往经验和对消费体验的感受。

该定价方法的关键在于应能准确判断出消费者对所提供的畜牧产品价值的认知程度。采用这种定价方法，首先应做好畜牧产品的市场定位，突出自己产品的特点，并综合运用非价格因素，如广告、服务活动等来影响消费者，加深消费者对产品的印象，从而提高消费者对产品价值的理解，然后据此确定价格。

2. 需求差异定价法

需求差异定价法是以销售对象、销售地点、销售时间等条件变化所产生的需求差异，尤其是需求强度的差异，对同一产品或同一服务确定不同价格的方法。例如，淡旺季的产品定价；同一产品销售给批发商、零售商、消费者的不同价格等。

（三）反向定价法

反向定价法是指畜牧企业根据消费者能够接受的最终销售价格计算出自己的经营成本和利润后，逆向推算出产品的批发价和零售价。这种定价方法不以实际成本为主要依据，而是以市场需求为定价出发点，力求使产品或服务的价格为消费者所接受。一般分销渠道中的批发商和零售商多采用此定价方法。

三、畜牧产品定价策略

为适应不同的消费者、顺利实现营销目标，畜牧企业可以运用一些具体的价格策略来有效地确定和调整产品的价格。在畜牧产品市场营销中的定价策略主要有新产品定价策略、折扣让价定价策略、产品组合定价策略等。畜牧企业究竟采用哪一种定价策略，应根据市场需求、竞争状况、品牌形象、市场潜力、生产能力和成本水平等因素综合考虑。

（一）新产品定价策略

1. 撇脂定价策略

撇脂定价策略是指畜牧企业在新产品投放市场初期，将其价格定得尽可能高，以期在较短时间内尽快收回研发和生产成本及获取最大利润。例如，某公司近期推出了一种新型的有机牛肉产品，这种牛肉采用了特殊的饲养方法，使其口感和营养价值远超普通牛肉。为了最大化初期利润并建立品牌形象，该公司就可以采用撇脂定价策略。

2. 渗透定价策略

渗透定价策略与撇脂定价策略正好相反，是指畜牧企业在新产品投放市场初期将价格定得较低，以迅速打开销售局面，扩大市场销量，同时可以借此阻止竞争者进入市场。

3. 满意定价策略

满意定价策略又称为适中定价策略，是介于“撇脂”和“渗透”之间的定价策略。

（二）折扣让价定价策略

折扣让价定价策略是指畜牧企业在基本价格的基础上，采用各种折扣和折让措施给予买方一种优惠的定价策略，具体又可细分为现金折扣、数量折扣、功能折扣、季节折扣、价格折让等类型。

1. 现金折扣

现金折扣是对按期付款或提前付款的买方给予一定的折扣。

2. 数量折扣

可简单地概括为量大从优。

3. 功能折扣

功能折扣又称为贸易折扣，是指中间商为生产企业的产品进行广告宣传、展销等推广活动，企业在价格上给予这些中间商一定折扣的策略。

4. 季节折扣

畜牧产品的季节性较强，特别是草原畜牧业具有较强的生产季节性，畜牧产品集中上市往往会造成价格竞争。这时，畜牧生产经营者通常会适度降低价格以促销产品，维持生产经营。

（三）产品组合定价策略

产品组合定价策略是指处理本企业各种产品之间价格关系的经济策略。该策略的主要方法有以下几种：

1. 产品线定价法

产品线定价法是指产品线内的不同产品根据不同质量和档次，结合消费者的不同需求和竞争者的产品情况来确定不同价格的定价方法。例如，某畜牧产品公司对其牛肉产品线制定了 3 种价格：260 元/kg、340 元/kg、410 元/kg。而这些不同价格一般会在消费者心目中自然形成低、中、高三个档次，从而根据自己的消费水平选择不同档次的牛肉产品。

2. 选择品定价法

选择品定价法是指畜牧企业对主产品之外的可供选择的附带产品或服务进行定价的价格策略。一般有两种策略可供选择：一种策略是为附带产品或服务定高价，靠它盈利；另一种策略是定低价，以此作为吸引消费者的促销项目之一。

3. 产品群定价策略

为了促进销售，企业常常把所生产经营的一组相关畜牧产品组合在一起出售，售价上要比单独购买其中一个产品时要低，以促使消费者成套购买，扩大销售量。

任务七　畜牧产品营销渠道及促销组合策略

一、畜牧产品营销渠道的概念及模式

(一)畜牧产品营销渠道的概念

市场营销学家菲利普·科特勒认为，营销渠道是指某种货物或劳务从生产者向消费者移动时，取得这种货物或劳务所有权或帮助转移其所有权的所有企业或个人。而畜牧产品营销渠道就是畜牧产品从生产者向消费者转移过程中的具体通道或路径。

(二)畜牧产品营销渠道类型及模式

随着畜牧产品生产地域性和消费普遍性矛盾的日益加剧，单一的销售渠道已经远远无法满足现代畜牧产品市场的需求。就现阶段而言，畜牧产品市场中主要存在以下几种营销渠道类型及模式：

1. 直接营销渠道和间接营销渠道

畜牧产品直接营销和间接营销渠道的模式(表 7-3)。

表 7-3　畜牧产品直接营销和间接营销渠道的模式

类型	营销渠道模式
直接营销渠道	生产者—消费者
间接营销渠道	生产者—零售商—消费者
	生产者—批发商—零售商—消费者
	生产者—收购商—批发商—零售商—消费者
	生产者—加工商—批发商—零售商—消费者
	生产者—收购商—加工商—批发商—零售商—消费者
	生产者—代理商—收购商—加工商—批发商—零售商—消费者

(1)直接营销渠道。直接营销渠道是指畜牧产品生产者将畜牧产品直接销售给消费者，即所谓的“没有中间商赚差价”。如奶牛养殖企业直接将鲜牛乳运至城市小区门口出售。

(2)间接营销渠道。间接营销渠道是指畜牧产品生产者将畜牧产品通过中间商环节出售给消费者。间接营销渠道是畜牧产品营销的主要类型。根据渠道中间商层级的多少，又可细分为以下几种间接营销渠道模式：

①生产者—零售商—消费者(一层渠道)。

②生产者—批发商—零售商—消费者(二层渠道)。这种营销渠道模式为大多数中小型畜牧企业和零售商所采用，有利于生产者批量销售产品，加快资金周转。

③生产者—收购商—批发商—零售商—消费者(三层渠道)。这种营销渠道模式是在畜牧产品生产者和批发商之间增加了一道收购商环节。

④生产者—加工商—批发商—零售商—消费者(三层渠道)。这种营销渠道模式是畜牧产品生产者将畜牧产品出售给加工商,而不是收购商,主要适合于有些畜牧产品的原始形态不适宜消费者直接消费,必须经过加工的产品。例如,奶牛场把鲜牛乳卖给乳品加工企业,经过加工的乳制品通过批发商、零售商最后到消费者手中,加工是整个畜牧产品营销过程的主要环节。

⑤生产者—收购商—加工商—批发商—零售商—消费者(四层渠道)。这种营销渠道模式最适合需要加工的畜牧产品。例如,在肉用活畜集中产区,农牧区收购商将收购的活畜转运至肉联厂屠宰、加工;在鹅鸭集中产区,分散在农村各地的禽羽收购商将零星的禽羽卖给羽绒厂加工成羽绒制品等。

⑥生产者—代理商—收购商—加工商—批发商—零售商—消费者(五层渠道)。这种营销渠道模式比前者多了道代理商环节,是畜牧产品营销渠道中环节最多、最长、最复杂的分销渠道。对一些用户分散,需要分散存货,销量批量小,生产者无力自己推销,又急于销售的畜牧产品,往往会采取这种渠道模式。

2.长渠道与短渠道

这是根据畜牧产品经过的流通环节多少为依据进行的划分。没有中间环节的直接营销渠道显然最短,反之,中间层次或环节越多,渠道越长,也越难以控制。

3.宽渠道和窄渠道

这是按照畜牧产品营销渠道的每个层级中使用的同种类型中间商数目的多少为标准作出的划分。根据营销渠道的宽窄,畜牧企业常采取的营销渠道策略可以分为以下3种类型。

(1)密集型营销渠道。密集型营销渠道也称为广泛性营销渠道,是指畜牧产品生产者在同一渠道层级上选用尽可能多的中间商来经销自己产品的一种营销渠道类型。这种营销渠道类型特别有利于扩大畜牧产品的覆盖面,提升消费者购买产品的便利性,但渠道费用也会相应随之增加,一般适合于单价较低的畜牧产品销售。

(2)选择型营销渠道。选择型营销渠道是指畜牧产品生产者在某一渠道层级上精心挑选少数几个中间商来推销其产品的一种营销渠道类型。此种营销渠道类型可使畜牧企业降低销售成本,增强对中间商的控制力,比较适宜于有一定品牌知名度的高档畜牧产品销售。在具体实施这一策略时,企业往往会先采用普遍性的销售渠道策略,经过一段时间,逐步淘汰效益较低的中间商,而有选择地保留那些效益较高的中间商。

(3)独家经销渠道。独家经销渠道是指畜牧产品生产者在某一渠道层级或某一地区仅选用一家中间商来销售其产品的一种营销渠道类型。采用这种渠道类型往往风险极大,如果选错了经销商,畜牧产品生产者很容易陷入被动局面,甚至会在一定时间内失去该地区的市场经营控制权,造成进退两难的局面。所以,在采用独家经销渠道时通常要注意以下几点:

①在确定经销商资格之前,畜牧企业要对经销商的经销条件进行全面评估。例如,经销商是否将企业产品当成主业推广,是否认同企业的理念和文化等。

②确定试销期。一般情况下为3个月。在3个月内,经销商要完成首付款、产品的铺市等工作。

③区域不要太大。畜牧企业可以与经销商合作一段时间后，再逐步扩大经销商区域。

④注明合同。畜牧企业在合同上可注明“如违反以上协议的内容，经销商协议将自动终止”字样，以便随时掌握主导权。

以上三种营销渠道策略的比较，如表 7-4 所示。

表 7-4 宽窄营销渠道策略的比较

类型	中间商数量	优点	缺点
密集型营销渠道	尽可能多	覆盖面广，速度快	管理易失控
选择型营销渠道	少数几家	易控制，成本低	相互竞争
独家经销渠道	一家	控制力强	风险大

二、影响畜牧企业营销渠道选择的因素

影响畜牧企业营销渠道选择的因素有很多，主要有以下几个方面。

1. 畜牧企业产品因素

主要包括产品的种类、价格、自然属性、体积与重量、产品的技术性、产品的生产批量、产品的生命周期等。例如，鲜肉、鲜乳、禽蛋等畜牧产品，具有新鲜、易腐、易损等特点，应尽可能缩短渠道，及时运至目的地。反之，非易腐、易损畜牧产品则可以选择较长的分销渠道。

2. 畜牧市场因素

主要包括目标市场的定位、市场的分布及规模、市场的覆盖程度、市场的供求及竞争情况、消费者的需求情况、消费者的购买习惯及消费水平等。

3. 畜牧企业自身因素

主要包括生产规模、经济实力、技术能力、经营管理能力、企业声誉等。例如，如果畜牧企业资金雄厚、规模大、市场营销能力强、有较好的品牌信誉，为了有效控制营销渠道，就可以采用直接性的短渠道。

4. 中间商因素

主要包括可供选择的中间商数量、中间商的销售能力及商业信誉、经营的内容及范围大小等。

5. 社会环境因素

主要是指与畜牧产品销售有关的政策、法规、经济形势等对畜牧产品生产者选择营销渠道的制约和影响。

三、畜牧产品营销渠道策略的选择步骤

畜牧产品营销渠道的选择，应以畜牧产品能及时到达目标市场为起点，而且要求选择的营销渠道费用低、效率高，能有效解决生产者和消费者在产品供需上所存在的时间和空间方面的矛盾，使畜牧企业生产能得以持续和稳定发展为目标。畜牧产品营销渠道策略的选择一般包

括如下步骤：

1.确定营销渠道目标

确定营销渠道目标是指在畜牧产品生产者营销目标的总体要求下，通过选择营销渠道希望能达成的服务产出目标。在深入分析影响营销渠道选择决策的主客观因素基础上，划分出若干子市场，然后决定其产品销售于哪些细分市场，进而拟定营销渠道应达到的具体目标。

2.确定营销渠道的长度和宽度

在确定了企业营销目标的基础上，结合畜牧企业自身产品的特点，以及目标市场规模与市场需求面的宽窄来确定营销渠道的长度和宽度。

3.确定企业与渠道成员彼此间的权利和义务

主要包括营销服务的项目、覆盖的地区范围、许可经营的权限、价格政策、具体营销目标和考核标准、奖惩条件及违约责任等内容。

4.及时对营销渠道实施方案进行评估

当畜牧生产企业确定了营销渠道方案后，还需要对实施效果进行及时评估，然后根据评估结果进行相应的调整。评估标准主要包括经济性标准（成本与效益比较）、可控性标准（企业对中间商的有效控制程度）和适应性标准（能否适应市场的客观要求）三个方面。

四、畜牧产品促销组合策略

（一）促销与促销组合的概念

1.促销

促销（promotion）即促进销售，是指畜牧产品生产者通过人员和非人员的方式，将产品或服务的性能、特征等信息传递给消费者，引发、刺激其消费欲望和兴趣，进而使其产生购买行为的过程。

在现代畜牧产品市场营销中，促销是畜牧产品营销的重要组成部分。从本质上讲，促销是一种信息的传播和沟通活动，是畜牧企业与购买者之间的信息沟通。

2.促销组合

促销组合是指将人员推销与非人员推销的促销方式结合起来，有计划、有目的地进行综合运用，最大限度地发挥整体的促销作用，从而顺利实现促销目标。

（二）畜牧产品促销组合的构成

畜牧产品促销组合主要由人员推销和非人员推销两大类促销方式构成。其中，非人员推销的基本方法有广告、营业推广和公共关系 3 个方面。

1.人员推销

人员推销是企业利用营销人员直接向顾客推销产品或服务的促销活动，以达到使消费者了解并购买本企业产品的目的。

2.广告

广告是企业以促进销售为目的，在支付一定费用后利用大众传播媒介传递有关企业及产品的信息，以引导其购买行为的促销活动。

3. 营业推广

营业推广是企业在短期内运用各种诱因鼓励、刺激顾客和中间商尽快购买其产品或服务的促销活动。如打折、返利、赠品等。

4. 公共关系

公共关系是指企业在市场营销活动中正确处理自身与社会公众的关系，以便树立企业的良好形象的促销活动。如赞助、参加慈善活动等。

这几种促销方式各有优缺点，如表 7-5 所示。

表 7-5　主要促销方式优、缺点比较

项目	人员推销	广告	营业推广	公共关系
沟通方式	双向	单向	单向	单向、双向
市场策略	推式	拉式	推式	拉式
时效性	中长期	中长期	短期	长期
优点	直接沟通，针对性强，信息反馈及时，有利于当面促成交易及与消费者形成长期的关系	覆盖面广，传播信息速度快，节省人力，形象生动	激发购买兴趣，可立即促成交易，短期内销售额增长	有利于提高畜牧企业及产品形象，传达力强
缺点	占用人员多，费用高，接触面窄	不能立即成交，单方面信息传递	接触面窄，适用于短期促销行为，有时会降低产品身价及产品形象	费用高，见效慢，可控性差

（三）畜牧产品促销组合策略

促销组合策略是多种促销方式组合的某种结果或具体表现形式。畜牧产品的促销组合并无固定模式，畜牧企业究竟采用何种促销组合策略，需要根据不同的促销目标、产品特点、市场条件和促销预算等因素确定。

1. 促销目标

促销目标即畜牧企业从事促销活动希望达到的目的，促销组合策略的制定首先要符合企业的促销目标。

2. 产品特点

(1)产品的类型。按照畜牧产品的不同用途，可分为生活消费品和产业用品两大类。一般来说，对于生活消费品的促销，因市场范围广而更多地采用拉式策略，通常以广告和营业推广促销组合为主；而对于产业用品，因购买者购买数量较大，市场相对集中，则以人员推销为主要手段，其他方式为辅的策略。

(2)产品的生命周期。促销目标在畜牧产品生命周期的不同阶段是不同的，这就决定了在畜牧产品生命周期的不同阶段应选用不同的促销组合策略。例如，在畜牧产品的成长期，由于产品已逐渐打开了销路，销售量上升，同时也出现了竞争者，这时仍需加强广告宣传，进一步强化企业产品的特色，以增进消费者对本企业产品的购买兴趣，故可采用以广告为主的促销组合策略。

3. 市场条件

市场条件不同，促销组合策略也会有所区别。例如，在市场竞争特别激烈的市场条件下，畜牧企业在选择促销组合策略时应充分考虑竞争者的促销形式和策略，有针对性地变换自身的促销组合及促销策略。

4. 促销预算

畜牧企业开展促销活动，必然要支出一定的费用，而企业能够用于促销活动的费用总是有限度的。因此，在满足促销目标的前提下，应尽可能选用效果好而费用低的促销组合策略。

任务八　畜牧产品网络营销策略

一、畜牧产品网络营销的含义与特征

(一)畜牧产品网络营销的含义

畜牧产品网络营销是以现代营销理论为基础，以互联网为核心平台，以网络用户为中心，利用数字化的信息和网络媒体的交互性所进行的新型市场营销方式，是畜牧企业整体营销战略的一个重要组成部分。

(二)畜牧产品网络营销的特征

1. 跨时空性，营销机会成倍增长

网络营销打破了传统营销的时间和空间限制，只要有网络覆盖的地方就能接触到潜在客户。同时，网络营销可以实现 24 h 不间断的服务，使畜牧企业有了更多时间和更大的空间进行营销活动，增加交易的可能性。

2. 针对性强

网络营销可以利用大数据，通过对目标受众的精准定位，实现一对一的营销策略，提高转化率。

3. 成交过程快速

相比于传统营销，网络营销能够迅速促成交易，因为用户可以直接在网站上完成购买过程，减少中间环节和交易成本。

4. 发展空间较大

随着互联网的普及，网络用户数量持续增长，这为畜牧产品网络营销提供了巨大的市场潜力。

5. 推广途径广泛

畜牧产品网络营销可以通过多种渠道进行推广，如新媒体、搜索引擎优化等，这些渠道覆盖了广泛的受众群体。

6. 与客户互动能力强

网络营销提供了即时通信工具，使得畜牧企业和客户之间的双向沟通更加便捷和高效，消费者参与的可能性和选择的主动性得到提高。

二、畜牧产品网络营销的主要方法

畜牧产品网络营销职能的实现需要通过一种或多种网络营销手段。随着科学技术的进步，大数据、人工智能、VR/AR、物联网、移动终端等新技术、新手段的不断更新和演变，就现阶段而言，常见的畜牧产品网络营销主要有以下几种方法。

1. 搜索引擎推广

网络平台实现了聚合效应，将畜牧企业与消费者聚合到一张隐形的大网中，实现了资源的集中，但同时也带来一个共性的问题，即如何在海量的资源里快速找到有效的目标资源。为此，以百度为代表的搜索引擎公司推出了搜索引擎推广业务，让用户通过搜索相关关键词，并点击搜索引擎上的关键词创意链接进入网站/网页进一步了解其所需要的信息。借助这种方法即便是微小型企业也能实现比大型公司更为快速地接近消费者，抢占消费者认知领域，赢得市场先机。

2. 自媒体营销

自媒体营销是基于移动网络发展而兴起的，是畜牧企业通过数字科技平台发布、分享产品信息的载体。从最早的论坛、贴吧、博客、微博，到如今的微信、抖音、快手、直播平台，每一个新兴的自媒体平台的出现都在营销界掀起一番新的混战。自媒体平台具有人际传播快、产品说服力大、粉丝聚拢效应强等特点，从而得到了飞速发展。

3. 大数据营销

大数据营销是在依托大数据技术的基础上，通过收集和整理消费者信息，分析其消费习惯与模式等数据并应用于互联网广告行业的营销方式。相较于传统营销方式，大数据营销在传递营销信息方面更为精准有效，甚至做到了“比用户更了解自己”，推广成本也大幅度降低。大数据营销的核心在于让网络广告在合适的时间，通过合适的载体，以合适的方式，投给合适的人。

4. 直播营销

自 2016 年起，互联网直播进入爆发期，直播平台层出不穷，用户超过 3 亿人。直播营销是一种营销形式上的重要创新，也是非常能体现出互联网视频特色的板块。对于畜牧企业而言，直播营销有着极大的优势。

(1)某种意义上，在当下的语境中直播营销就是一场事件营销。除了本身的广告效应，直播内容的新闻效应往往更明显，引爆性也更强。一个事件或者一个话题，相对而言，可以更轻松地进行传播和引起关注。

(2)能体现用户群的精准性。在观看直播视频时，用户需要在一个特定的时间共同进入播放页面。这种播出时间上的限制，也能够真正识别出并抓住这批具有忠诚度的精准目标人群。

(3)能够实现与用户的实时互动。相较于传统电视，互联网视频的一大优势就是能够满足用户更为多元的需求。不仅仅是单向的观看，还能一起发弹幕吐槽，喜欢谁就直接献花打赏，甚至还能动用民意的力量改变节目进程。这种互动的真实性和立体性，也只有在直播的时候能够完全展现。

(4)深入沟通，情感共鸣。在这个碎片化的时代及去中心化的语境下，人们在日常生活中的交集越来越少，尤其是情感层面的交流越来越浅。直播，这种带有仪式感的内容播出形式，能让一批具有相同志趣的人聚集在一起，聚焦在共同的爱好上，情绪相互感染，达成情感气氛上的高位时刻。如果畜牧产品品牌能在这种氛围下做到恰到好处的推波助澜，其营销效果一定也是四两拨千斤的。

三、影响畜牧产品网络营销的主要因素

1.产品因素

畜牧产品通常含有较高的水分和营养成分，这使得它们容易受到微生物的侵袭而腐败变质。其次，正是由于畜牧产品易腐败，不易贮藏和不耐长途运输的特性，就成为影响畜牧产品网络营销的重要因素。

2.消费者需求变化因素

网络营销时代，消费者需求呈现出高度个性化的趋势。因此，畜牧产品只有在营销模式方面高度契合消费者需求，才能更好地实现产品价值。

3.网络营销平台因素

网络营销平台是消费者选择生鲜畜牧产品的重要渠道，而网络平台的品牌形象及商业信誉则是消费者选购产品时的重要考量因素。例如，京东、淘宝等知名网络营销平台所具有的声誉保障了对消费者的黏性，京东集团与海鲜生鲜食品獐子岛集团的合作就是通过知名网络营销平台进行营销推广的典型案例。

4.物流配送能力因素

畜禽类生鲜产品的保质期相对较短，在配送的过程中需要通过冷链物流等方式才能保证产品品质。同时，还需要尽可能缩短产品物流时间。因此，物流配送能力就成为畜禽类生鲜产品网络营销的关键营销要素之一。

四、畜牧产品网络营销的策略

互联网的发展与普及，进一步重构了传统的营销模式，以互联网平台为基础，极大降低了产品流通环节的复杂性，以及市场供需主体之间的信息非对称性，提高了市场运作效率。同时，随着互联网营销平台的发展和现代冷链技术应用等物流体系的完善，为畜牧产品营销提供了良好机遇，是破解畜牧产品区域限制较大、销路不畅、价格水平偏低、品牌价值缺乏等困境的有效途径之一。因此，深入研究畜牧产品的网络营销策略，就具有重要的实践意义。

(一)畜牧产品网络营销的产品策略

就畜牧产品生产整体而言，具有较为明显的区域性、季节性、鲜活性和易腐性，以及畜牧产

品标准化程度低，一般不适宜长途运输等特点。而这些特征在一定程度上制约了畜牧产品的网络营销活动。因此，实施畜牧产品网络营销的产品策略可从以下几方面进行。

(1)广泛推广现代畜牧业生产新技术，提高畜牧业的生产水平，将畜牧业生产的全过程纳入标准化生产和管理。这样不仅可以提高畜牧产品生产的品质与数量，更有利于畜牧产品的标准化生产。

(2)实施对畜牧产品的再加工，改变畜牧产品不利于网络营销的属性，使其适合在网上销售。通过对畜牧产品的再加工及包装保鲜处理，可以克服畜牧产品易腐性的缺点，且包装保鲜后的畜牧产品更便于长途运输、贮藏和搬运，减少贮藏和运输过程中的损失和散落，并有利于易变质畜牧产品的保存，同时还具有促销作用。

(3)创建畜牧产品的品牌。品牌是一个复合概念，是集商标、名称、包装、价格、历史、声誉、符号、广告风格等无形价值的总和。可以利用各种传播途径形成受众对品牌在精神上的高度认同，建立一种清晰的品牌定位，所以品牌化的产品更利于网络营销。

(二)畜牧产品网络营销的价格策略

简而言之，网络营销的价格策略就是网络营销产品价格的制定。在网络营销条件下，交易成本较低、交易的互动性更强、交易的形式更为多样化，尤为重要的是，消费者有更大的选择余地，因此往往会造成商品的价格弹性较大。所以，畜牧产品营销者应充分审视所有销售渠道的价格结构，设计合理的网上交易价格。

1. 个性化定价策略

个性化定价策略是利用网络互动性和消费者的需求特征来确定畜牧产品价格的一种策略。由于越来越多的消费者对畜牧产品外观颜色、式样等方面存在着不同的个性化需求，这就为畜牧产品在网络营销中实施个性化定价奠定了基础。

2. 自动的调价议价策略

根据季节变动、市场供求状况、竞争状况及其他因素，在成本及收益的基础上设立自动调价系统，自动进行价格的调整。同时建立网上协商价格的集体议价系统。

3. 竞价策略

畜牧产品营销者可以给出一个最低价，然后让消费者竞拍。采用此种方式，畜牧产品供给者的销售成本会相当低。

4. 集体砍价策略

可以借鉴拼多多电商平台的拼团低价促销模式，刺激消费者的购买欲望。参加购买的人越多，价格就越低。即销量达到不同数量时，畜牧产品营销者会制定不同的价格。

5. 特有产品特殊价格策略

主要是针对在某些区域中特有的或是特别知名的畜牧产品，这类畜牧产品通常具有一定的文化内涵或极佳的品牌声誉，在网络营销中可以采用特殊价格策略。

(三)畜牧产品网络营销的渠道策略

网络营销渠道是借助互联网，以合理的方式选择营销渠道和组织产品、服务信息流通的方式，满足消费者信息沟通、产品转移和支付清算要求的一整套相互依存的中间环节。合理的营销渠道，一方面可以更有效地把畜牧产品及时提供给消费者，满足消费者的需求；另一方面也有利于扩大销售，加速畜牧产品和资金的流转速度，降低营销费用。畜牧产品网络营销通常采用“双道法”的渠道策略。

“双道法”是指同时使用网络营销渠道和传统营销渠道，以达到最大销售量的目的。畜牧产品网络营销是传统营销方式与现代网络工具的有机结合，这种营销方式不仅为买卖双方带来了直接的经济利益，合并了中间渠道环节，为消费者提供了更为详尽的商品信息，而营销者几乎不需要销售成本，同时还使买卖双方的互动性增强，可即时地利用网络交流信息。在买方市场的现实情况下，通过两条渠道推销畜牧产品比通过单一的渠道更容易实现“市场渗透”。

(四)畜牧产品网络营销的促销策略

畜牧产品网络营销促销策略是指畜牧产品营销者利用网络技术向网上虚拟市场传递有关畜牧产品的信息，以激发需求，引起消费者购买欲望和购买行为的各种活动的总称。畜牧产品网络促销的形式有多种，如网络广告、网站推广、网络服务、网络公共关系、网络营业推广等。网络广告和网站推广是两种主要的网络促销方式，特别是网络广告已成为一种新兴产业的时代背景下。

1. 网络广告

网络广告是指畜牧产品营销者利用网络对畜牧产品的介绍和推广，其目的在于引起消费者的共鸣，促使消费者产生试用、购买等直接反应。当前与畜牧业有关的网站几乎都有表现形式多样的畜牧产品营销广告，如横幅广告、链接广告、旗帜广告等。

2. 网站推广

网站推广是畜牧产品网络促销的重要方式，只有通过推广才能使畜牧产品在浩如烟海的互联网中被消费者注意，使更多的消费者能够利用浏览器很方便地进入畜牧产品的网站。推广畜牧产品网站一般有两种途径：

(1)通过传统广告媒体，如报纸、杂志、电视、广播等来宣传网址。

(2)通过网络上的一些著名畜牧产品营销有关网站来“曝光”和推销网址。

3. 网络服务

与传统的由营销员直接拜访潜在消费者不同，网络服务不是面对面而是在虚拟网络由网络服务人员给消费者或潜在消费者提供咨询、培训和解决方案等服务。例如，利用网络聊天室等网络工具，举办消费者与畜牧产品生产者情感交流会或及时回答问题等形式，以增进消费者对畜牧产品的了解与情感认同，达到稳定消费者群的目的。

4. 网络公共关系

网络公共关系是指畜牧产品营销者以网络为主要手段争取对营销较为有利的宣传报道，协助畜牧产品生产者与各界公众建立和保持良好关系，建立和保持良好的形象，以及消除和处理对畜牧产品营销不利的谣言、传说和事件。

5. 网络营业推广

网络营业推广是指除网络广告、网站推广、网络服务、网络公共关系外的其他网络促销方式。网络营业推广方式多种多样，如在畜牧产品营销网站上开展网上抽奖、网络会员制、开办优惠酬宾活动、提供免费畜牧业科技信息等。

复习思考题

1. 简述畜牧市场的含义。
2. 影响畜牧产品需求的因素有哪些？
3. 畜牧产品市场调查的范围有哪些？
4. 畜牧产品市场调查的基本流程包括哪些步骤？
5. 市场调查报告的基本结构包括哪些内容？
6. 畜牧产品组合包括哪4个要素？
7. 品牌与包装在畜牧产品营销中有何作用？包括哪些相应的营销策略？
8. 影响畜牧产品定价的因素及定价方法有哪些？
9. 畜牧产品营销渠道包括哪些类型与模式？
10. 影响畜牧产品营销渠道选择的因素有哪些？
11. 什么是促销组合？畜牧产品促销组合策略有哪些？
12. 畜牧产品网络营销有哪些特征？网络营销的方法有哪些？以实例说明。

项目八 教学实训

实训一　以具体案例分析当前畜牧业家庭经营的利弊及解决措施

一、实训目标

1.加深对畜牧业家庭经营现状的理解。

2.培养运用所学畜牧企业经营与管理理论知识指导实践的能力。

二、实训内容及方法

1.利用网络或实地调查等途径选择典型案例。

2.通过查阅资料或分组讨论等方法对具体案例进行分析。

3.形成一份书面分析报告。

三、考核标准

1.结合所选案例,分析入情入理,提出的措施有一定的可行性。

2.报告的结构完整,内容充实,条理清晰,有自己的见解。

实训二　分析当地在发展畜牧业生产方面存在哪些有利因素和不利因素

一、实训目标

1.通过实训,增进对当地畜牧业生产现状的了解。

2.培养分析问题和解决问题的能力。

二、实训内容及方法

1.通过实地调查或网络等途径收集相关资料。

2.分组讨论并推荐代表归纳本组讨论的结果。

3.教师对分组讨论的结果进行总结和评析。

三、考核标准

1. 对当地畜牧业生产现状的分析依据充分，条理清晰。
2. 能根据分析结果提出如何优化当地畜牧业产业结构的具体措施。

实训三　猪场配种分娩计划编制

一、实训目标

1. 了解猪场的猪群结构。
2. 掌握猪场年度配种分娩计划编制的方法。

二、实训材料与用具

1. 某猪场的猪群结构资料。
2. 某猪场现有配种记录。
3. 某猪场年度发展规划等资料。
4. 准备计算器或电脑等用具。

三、实训方法与步骤

1. 查阅该猪场生产记录及猪场发展规划。
2. 统计该猪场基本母猪、检定母猪、后备母猪的头数。
3. 统计该猪场各类可用猪舍的情况。
4. 确定该猪场下一年度的生产规模。
5. 编制该猪场下一年度母猪更新计划。
6. 制订该猪场母猪配种分娩计划。

四、实训案例

1. 已有该猪场资料：①计划年初存栏基础母猪 50 头，检定母猪 12 头和 6～7 月龄的后备母猪 3 头。其中，上一年度最后 4 个月的配种记录情况详见表 8-1；②基础母猪和检定母猪的计划年淘汰更新率为 30％；③母猪受胎率为 95％，年分娩指数为 2 胎，基础母猪和检定母猪平均窝产活仔猪数分别为 12 头和 10 头；④后备母猪 7 月龄开始初配，商品猪 6 月龄、体重 90 kg 左右出售。新生仔猪育成，出栏率为 95％；⑤上年转存的仔猪和育成猪不计，更新母猪自留。

2. 要求编制计划时反映计划年内：①各月的受胎数、繁殖窝数、产仔数、留种数、肉猪出栏头数；②各月的母猪更新淘汰头数(要求按最大产仔量安排)；③计划年末各类猪的存栏量。

表 8-1　上一年度母猪配种头数和时间

类别	配种月份				合计
	9 月	10 月	11 月	12 月	
基础母猪头数/头	6	7	7	10	30
检定母猪头数/头			5	7	12

五、实训考核内容

猪场配种分娩计划编制见表 8-2。

表 8-2 配种分娩计划编制实训考核表

序号	考核项目	考核内容	考核标准	分值
1	过程考核	实训态度	精力集中，积极主动，服从安排	10
2		协作意识	有合作精神，能积极与小组成员配合，共同完成任务	10
3		资料查阅	能积极思考，认真查阅、收集资料	10
4		统计分析	方法得当，结果正确，并对任务完成过程中的问题进行分析和解决	10
5		计划制订	思路正确，条理清晰，系统完整	20
6	结果考核	综合评价	依据准确，全面完整	20
7		工作记录和总结报告	工作记录完整全面，字迹工整；总结报告结果正确，上交及时	20
合计				100

实训四 畜牧产品成本核算

一、实训目标

通过实训，掌握畜牧产品成本核算的方法。

二、实训准备

某猪场年初存栏母猪 140 头，公猪 7 头；全年生产断奶仔猪 2 160 头，活重 43 200 kg；断奶仔猪猪粪收入 5 000 元；年初存栏育肥猪 750 头，活重 36 000 kg，成本 324 000 元；全年转入育肥猪 2 160 头，活重 43 200 kg，全年销售育肥猪 2 600 头，活重 234 000 kg，全年育肥猪猪粪收入 19 500 元；全年死亡育肥猪 5 头，体重 200 kg，残值 2 000 元；年末存栏育肥猪 310 头，活重 17 800 kg。该养猪场全年生产成本费用如表 8-3 所示。

表 8-3 养猪场全年生产成本费用统计 万元

成本费用	费用项目	断奶仔猪	育肥猪	合计
直接费用	固定资产折旧费	3.6	6.0	9.6
	产畜摊销费	10.0	17.0	27.0
	工资和福利费	2.4	9.6	12.0
	饲料费	16.0	90.0	106.0
	畜禽医药费	0.8	0.4	1.2
	燃料、动力费	1.8	0.6	2.4
	固定资产修理费	0.4	0.6	1.0
	低值易耗品	0.1	0.2	0.3
	其他直接费用	0.1	0.4	0.5
直接费用小计		35.2	124.8	160.0

续表 8-3

成本费用	费用项目	断奶仔猪	育肥猪	合计
间接费用	经营管理人员的工资、福利费	4.4	15.6	20.0
	生产经营中的折旧费、修理费、低值易耗品摊销			
	经营中的水电费、办公费、差旅费、运输费、劳动保险费、检验费			
	季节性、修理期间的停工损失			
	土地开发费摊销			
	其他间接费用			
总计		39.6	140.4	180.0

三、实训方法

根据以上提供的资料，计算断奶仔猪和育肥猪的总成本、断奶仔猪活重单位成本、育肥猪增重单位成本、育肥猪活重单位成本。

四、考核标准

1. 能熟练运用所学畜牧产品成本核算的方法。

2. 计算步骤清晰，计算结果正确。

实训四　畜牧产品成本核算参考答案

实训五　编写合同

一、实训目标

1. 通过实训，进一步了解合同的格式和内容要求。

2. 掌握编写合同的技巧及注意事项。

二、实训准备

可根据合同类型，教师事先准备一些可供编写合同的材料，也可由学生自拟。

三、实训方法

根据所提供或自拟的材料，编写一份与畜牧企业生产经营相关的合同。教师随堂辅导，课堂结束前教师做总结，并针对学生在编写合同中存在的共性问题给予重点分析和讲解。

四、考核标准

1. 合同基本要素完备，结构合理。

2.措辞准确、规范、专业。

3.格式正确,内部逻辑清晰,条款设计无不合法及明显漏洞等现象。

实训六　调查问卷的设计与调查报告的撰写

一、实训目标

1.通过实训,进一步了解市场调查问卷及调查报告的基本格式要求。

2.加深对畜牧产品调查基本知识的理解,掌握市场调查及撰写调查报告的基本方法。

3.培养分析问题和解决问题的能力。

二、实训内容及方法

1.拟定一份市场调查问卷,并根据调查结果撰写一份调查报告。

2.教师可事先拟定调查的主题及要求,也可由学生自拟调查主题。

3.根据调查主题,学生自行在学校或周边市场进行实地调查。

4.分组讨论并推荐代表评析调查问卷及调查报告的质量。

5.教师对分组讨论的结果进行总结和评析。

三、考核标准

1.市场调查表与调查报告的格式正确,结构合理。

2.调查问卷的问题设计符合本次调查的主题,调查报告内容充实。

3.市场调查的方法得当,调查报告的结论及建议有一定的创新性。

实训七　畜牧企业市场预测方法的应用

一、实训目标

1.熟练掌握市场预测方法。

2.为今后从事畜牧生产经营奠定扎实的基础。

二、实训内容及工具

1.用所学市场预测方法计算所给材料中的预测值。

2.材料可由教师事先提供,也可由学生自选。

3.所需工具:计算器。

三、实训方法及考核标准

1.根据所给材料,学生在课堂上进行计算。

2.计算步骤和预测值正确。

3.教师随堂辅导和讲评。

实训八　畜牧产品营销渠道的设计与评估

一、实训目标

1. 了解畜牧产品营销的特点及营销渠道的主要类型。

2. 掌握畜牧产品营销渠道的设计及评估方法。

二、实训内容及方法

1. 学生自主选择一个畜牧产品。

2. 通过实地走访，了解该产品的分销渠道；分析现有分销渠道的优缺点，拟定自己的营销渠道设计方案（表 8-4）。

3. 本实训与项目教学时间同步，课外完成。

三、考核标准

1. 对所选畜牧产品的特点分析透彻。

2. 设计的营销渠道方案有一定的新颖性。

3. 表述条理清晰，有自己的独特见解。

表 8-4　实训记录表

畜牧产品名称	市场上的营销模式	优、缺点分析	改进后的营销渠道方案	设计思路

实训九　畜牧产品网络营销策略体验与操作

一、实训目标

1. 实际体验畜牧产品网络营销策略的制定过程。

2. 思考如何根据畜牧产品的特点进一步创新网络营销模式。

二、实训方案及考核方式

实训方案及考核方式见表 8-5。

表 8-5　实训记录表

	训练步骤	训练内容	时间
训练方案	准备工作	1. 3～5 人组成一个团队，以团队为单位进行训练。 2. 收集资料，深入了解当前畜牧产品网络营销策略。	与本项目教学时间同步，课外完成。
	制定网络营销策略	自主选择某一种畜牧产品，为其设计网络营销策略： 1. 确定网络营销目标受众。 2. 确定所定营销策略主题。 3. 确定网络工具类型并拟定推广策略。	
	形成报告	1. 将团队制定的畜牧产品网络营销策略制作成 PPT。 2. 利用多媒体展示团队报告。	
考核形式	依据团队制定的畜牧产品网络营销策略展示情况评定成绩。		

参考文献

[1] 高嗣慧.畜牧物联网技术[M].北京:中国农业出版社,2024.

[2] 李建国.畜牧学概论[M].3版.北京:中国农业出版社,2019.

[3] 张京和.畜牧场经营与管理[M].北京:中国农业大学出版社,2013.

[4] 孙凡花.畜牧场经营与管理[M].北京:中国农业大学出版社,2021.

[5] 张炳亮,张桂新.畜牧市场营销[M].2版.北京:中国农业出版社,2023.

[6] 乔娟,潘春玲.畜牧业经济管理学[M].3版.北京:中国农业大学出版社,2018.

[7] 孙月华,张慧玲.养殖企业经营管理[M].2版.北京:中国农业大学出版社,2023.

[8] 朱捷,陈晓健,孙增兵.市场营销[M].成都:电子科技大学出版社,2020.

[9] 靳胜福.畜牧业经济与管理[M].2版.北京:中国农业出版社,2008.

[10] 乔光华,李翠霞.畜牧业经济管理[M].北京:中国农业出版社,2021.

[11] 张利庠.农业企业管理学[M].北京:中国人民大学出版社,2021.

[12] 方天堃.畜牧业经济管理[M].北京:中国农业大学出版社,2003.

[13] 张炳亮,王维新.畜牧企业经营与管理[M].北京:中国农业出版社,2017.

[14] 韩俊文,丁森林.畜牧业经济管理[M].北京:中国农业出版社,2003.

[15] 于丽艳,徐光明,王立进.市场营销[M].上海:上海财经大学出版社,2016.

[16] 郑文堂,邓蓉.畜牧企业经营管理[M].北京:中国农业出版社,2015.

[17] 菲利普·科特勒.营销管理[M].13版.卢泰宏,高辉,译.北京:中国人民大学出版社,2009.

[18] 王明利.转型中的中国畜牧业发展研究[M].北京:中国农业出版社,2008.

附 录

附录一 猪群类别的划分

序号	类别	说明
1	哺乳仔猪	指从初生到断奶前的仔猪
2	保育猪	指断奶到70日龄左右(6～9 kg到20～30 kg)的幼猪
3	生长育肥猪	指70～180日龄的猪,一般体重在25～100 kg阶段的猪。另外,以体重大小来区别,一般把60 kg以前的猪称为生长猪,60 kg以后的猪称为育肥猪
4	后备猪	指从初选入围到配种以前暂时选留的公母猪
5	检定公猪	指自参加初次配种始,到其与配母猪的第一批子代的待测性状测定结束止,这个阶段的年青公猪
6	检定母猪	指自参加初次配种始,到其第一胎仔猪的待测性状测定结束止,这个阶段的年青母猪
7	成年公母猪	即基础公母猪,是指经过检定合格的生产公母猪
8	繁殖猪群	包括后备公母猪、检定公母猪和成年公母猪
9	淘汰猪	指失去种用或(利用)价值的后备、检定和成年公母猪,以及因病不愈或因伤致残的生长育肥猪

附录二 猪场主要技术参数

指标	参数	指标	参数
妊娠期/d	114	公母比例(本交)	1:25
哺乳期/d	28～35	公母比例(人工授精)	1:(50～100)
断奶后至发情天数/d	5～10	种公母猪利用年限/年	3～4
情期受胎率/%	80～85	种猪年更新率/%	25
分娩率/%	85～95	生产节律/d	7
母猪年产仔窝数	2.1～2.4	妊娠母猪提前进产房天数/d	7
经产母猪每窝产活仔数/头	11	转群后空圈消毒天数/d	7
初产母猪每窝产活仔数/头	10	35日龄仔猪断奶重/kg	8.0～9.0
仔猪初生个体重/kg	1.2～1.3	保育仔猪成活率/%	95
哺乳仔猪成活率/%	90	70日龄仔猪个体重/kg	20～25
育成期成活率/%	98		

附录三　猪场日报表填报项目解释表

填写类别	填写项目	项目说明	填写说明
配种	断奶配	配种母猪为断奶 7 d 内母猪头数	
	后备配	配种母猪为后备母猪	后备配的母猪要求有后备母猪转基础母猪的转群记录
	返情配	配种母猪为返情母猪	要有返情记录
	流产配	配种母猪为流产母猪	
	空怀配	配种母猪为空怀母猪	
	B 超空怀	母猪配种后经 B 超检查,结果判断未受孕	用于核对各场受胎率,每个月检查 1 次
	返情	已配种母猪在发情周期时再次发情的母猪数	所有返情配的母猪必须有返情记录
	流产	配种后 18～105 d 发现的母猪流产,超过 105 d 的流产为早产	
	精液配置份数	采集本场公猪精液稀释后的份数	
	精液购入份数	从场外购入精液的份数	
产仔情况	胎数	分娩母猪的头数	包括全部产死胎或木乃伊的母猪头数
	健仔数	出生时发育正常且出生重>0.8 kg 的仔猪数	记为活仔数,计入成活率
	弱子数	出生时先天发育不足、体质衰弱、不会吃奶、体重<0.8 kg 仔猪数	记为活仔数,不计入成活率
	畸形	出生时先天发育异常的仔猪,如八字腿、无肛门等	记为活仔数,不计入成活率
产仔情况	木乃伊	母猪在妊娠中、后期,胚胎由于某种原因死亡,而不能被子宫吸收,所形成的干尸	计入总仔数
	死胎	妊娠期间的死亡胚胎	计入总仔数
	总仔数	母猪分娩所产活仔、弱仔、畸形、木乃伊和死胎的总和数	
	胎平健仔	平均每头分娩母猪所产的健仔数	公式＝健仔总数/产仔总胎数

续附录三

填写类别	填写项目	项目说明	填写说明
断奶情况	母猪胎数	停止哺乳的母猪头数	
	仔猪头数	已停止哺乳的健康与非健康的仔猪群体总称	
	仔猪重量	断奶时，所有仔猪的总重量	
哺乳仔猪转保育	头数	断奶时，转入保育舍的体况正常、体重达标的健康仔猪头数	
	重量	转入保育舍健康仔猪的总重量	
	转群抛	断奶时，由于体重不达标或存在其他问题的仔猪头数	该部分仔猪计入在保育存栏数，但不计入保育成活率，由产房作为死亡数上报
保育仔转育肥	头数	保育转育肥时，转入育肥舍的合格保育猪头数	
	重量	转入育肥舍的合格保育猪的总重量	
	转群抛	转入育肥舍时，不合格保育猪头数	该部分保育猪计入育肥猪存栏数，但不计入育肥成活率，由保育阶段作为死亡数上报
种猪淘汰	正常淘汰	淘汰母猪胎龄在 8 胎以上	
	非正常淘汰	淘汰母猪在 8 胎以下	
存栏	待配母猪	断奶 7 d 内的母猪群体	
	空怀母猪	断奶超过 7 d 的因流产、B 超空怀、返情不配等原因造成的尚未配种的母猪群体	
	妊娠母猪	配种后饲养管理至产仔前的母猪群体	
	哺乳母猪	分娩后饲养管理至断奶前的母猪群体	

附录四　配种妊娠舍饲养管理技术操作规程

【工作目标】

(1)按计划完成每周配种任务,保证全年均衡生产。

(2)保证配种分娩率在90%以上。

(3)保证窝均产活仔数11.8头以上,仔猪初生均重1.3 kg。

(4)后备母猪利用率达到85%。

【操作规程】

一、后备母猪饲养管理

1.引种前准备

彻底清洗、消毒棚舍,排放粪水,检查设备等。

2.饲喂

后备母猪使用后备料,饲喂量2.5 kg/(头·d)。配种前1个月换妊娠后期料,进行优饲,优饲时2.5 kg/(头·d)以上,可自由采食。

3.诱情

后备母猪日龄达到165 d时,每天要用公猪诱情,并做好记录。对于不发情母猪,要定期将其赶到运动场,通过运动、混群促进发情,超过9月龄未发情的母猪要淘汰。

4.标识化管理

进行标识化管理,把发情与未发情后备母猪进行分栏饲养。

5.驯化

提前1个月转入大群前,要进行驯化工作,把本场老母猪赶入栏中混养或将老母猪粪便置于后备栏中,同时进行药物保健。

6.检测

即将加入配种的后备母猪,要采血对猪繁殖与呼吸综合征和猪瘟抗体进行检测,保证猪繁殖与呼吸综合征的S/P值<2.5,才能混群。

二、断奶母猪饲养管理

1.断奶时间及饲喂

根据栏舍周转情况,在仔猪21～28日龄时断奶。要求在上午断奶,产房断奶当天上午不喂料。下午下班前每头饲喂1 kg,第2天饲喂3～3.5 kg/(头·d),第3天开始少喂多餐(4～6餐/d),喂湿拌料,要求料量达到6 kg/(头·d)。保证充足、洁净的饮水,饮水器流量要求2～2.5 L/min。母猪发情后采食量会下降,要及时根据母猪采食情况降低饲喂量,避免饲料浪费。每头母猪每天饲喂葡萄糖200～250 g,适当添加营养药物,根据情况还可以进行防炎症保健。

2. 分群饲养

饲养员将断奶母猪赶入棚舍时，每栏放 7 头，个体大小要均匀，要集中一个区域，便于查情；后备母猪与经产母猪分开驱赶，繁殖卡及时准确地悬挂于母猪栏前。

3. 淘汰

需要更新淘汰的断奶母猪在断奶时及时淘汰。

4. 诱情、查情

断奶后第 3 天开始使用公猪或者诱情剂进行诱情、查情工作，并做好记录，适时配种。第 3～4 天发情静立的，推迟 24 h 配种。

附：查情五步法

(1)使公猪与母猪进行充分的口鼻接触。

(2)用手抚摸母猪乳房。

(3)手呈握拳状按摩母猪外阴。

(4)双手提拉，并用膝盖刺激母猪后腹部。

(5)按背刺激。

注：每个阶段进行 10 s，整个过程持续 1 min 左右。

查情公猪要性欲好、唾沫丰富。1 岁以上，每周采精 1 次，公猪精液涂抹于长期未发情的母猪的背部，促使母猪发情。

5. 环境调控

舒适温度为 18～22 ℃；湿度 60%～75%；保证合理通风，舍内氨气控制在 10 ppm 以内；大栏饲养密度为 2.5～3 m^2/头；200 lx 以上光照每天 16 h；注意做好断奶发情栏舍卫生，减少炎症发生比例。

6. 断奶超期母猪的处理

断奶 10 d 以后还没有发情配种或者发情后由于疾病、体况等原因选择调理一个情期后再配种的猪只定义为断奶超期猪。没发情的，按照后备猪情期管理中非发情区管理要求操作；发过情的按照后备猪情期管理中发情区管理要求操作。超过 3 个情期(断奶后 49 d)还没配种的猪只，及时淘汰。

三、非生产性母猪饲养管理

(1)非生产性母猪包括返情、流产、不发情等。

(2)流产猪和提前断奶猪要单独饲养。此类猪饲喂时，参照断奶母猪的饲养管理，通过观察膘情来控制饲喂量。对长期病弱，或 2 个情期没有配上的，应及时淘汰。

(3)流产母猪 18 d 内发情，不能配种，应推至第二个情期配种。

(4)返情猪及时复配；空怀猪转入配种区，要按照超期断奶猪饲养管理办法及时处理。

(5)根据实际情况制定母猪淘汰标准，严格控制非生产性母猪数(不超过基础母猪数 2%)。

四、妊娠母猪饲养管理

(1)所有母猪配种后按配种时间呈 S 形排列，妊娠前期(0～90 d)喂前期料，妊娠后期(90 d

至进产房)喂妊娠后期料。饲喂量由技术员调控,饲养员辅助。

(2)饲养员每次投放料要准、快,以减少应激和机械性流产。

(3)定期清空料塔,保证不喂发霉变质饲料。

(4)配种猪进限位栏之前,对空栏位进行冲洗和消毒。

(5)配种后1个月内,严禁移动母猪。

(6)配种后50～60 d的药物保健工作,每吨饲料添加组氟罗2 kg、爱乐新500 g。

(7)妊娠母猪进产房之前,饲养员驱赶母猪至洗猪台,对母猪躯干、乳房、外阴、肢蹄等部位进行仔细清洗。

(8)母猪上产房时,后备母猪与经产母猪分开驱赶,便于分批次管理。

(9)饲养员清理卫生时应注意观察猪群,遇到特殊情况做上相应记号,并通知技术员。

(10)棚舍内外要定期清理杂物(如棚内蜘蛛网、棚外杂草等),消毒池要定期清理、换水,人员进出要走消毒通道。

(11)春秋季节早晚温差大时,技术员要控制升降幕帘(升降时一定要把所有风机关掉)。

(12)妊娠舍周围要保持安静,减少猪群的惊吓,减少应激(特别是在下午2:00—4:00)。

五、料线使用

(1)目的:保证喂料量准确。

(2)定期清空、防霉变、无异物。

(3)设备使用维护及安全(略)。

六、妊娠棚

1.对配量器准确,分为5个阶段

(1)断奶到配种(发情排卵期),自由采食。

(2)胚胎着床期,0～8 d,2.0 kg。

(3)体膘调节期,9～70 d,2.0～3.0 kg。

(4)乳腺发育期,71～90 d,2.0 kg。

(5)保胎期,91 d至进产房,3.75～4.0 kg。

2.注意事项

(1)定期检查配量器固定是否牢固,是否错位;喂完料,检查料是否完全投喂,牵引绳是否存在松动现象。

(2)配量器内要每批猪清洗一次,下料喇叭口要清洗,防霉变和霉块,夏季尤为明显。

(3)料塔需定期清空,料塔下绞龙处需拆卸,看有无霉料和霉块。

(4)当设备发生异常(料线停止工作或间断性停止不转)时,检查探头,用卫生纸擦拭,拧紧链条,当拧到尽头,通知修理工把链条剪掉一段。

(5)当自己无法解决时,通知修理工,切勿蛮干,保证人身安全。

七、环控器使用

(1)春秋季节:变频风机和风机组投入使用,水泵停用。主要通过屋顶气窗通风,早晚与中午温差大,做好温控,防止温差大导致母猪胀气现象。

(2)冬季:变频风机和风机组投入使用,水泵停用,湿帘池做好杂物的清理工作。湿帘和耳房小门用彩条布封严，防贼风。主要通过屋顶通风。

(3)夏季：风机组投入使用，变频风机停用，用彩条布密封。湿帘通风，湿帘使用时保证湿帘池补水，定期投放高锰酸钾(1 周 2 次)，防蚊虫繁衍。湿帘启动温度为 27 ℃，湿帘启动 3 min，停 15 min，可以保证降温效果。棚内可使用管道消毒机，不添加消毒药和不关闭风机的情况下使用，也可以有效降低棚舍温度。

八、安全

(1)冲棚时必须穿戴防护头盔、绝缘手套和绝缘靴，电源线需要腾空，防止漏电。

(2)卖淘汰猪时，要注意自身安全。

(3)赶猪时，需要有技术员在场。

(4)来回的路上要穿戴好隔离服。

【注意】

1. 日常要保证棚舍地面干燥。
2. 棚舍内要清洁卫生，物品摆放整齐，湿帘口无杂物，以防影响通风。
3. 冬季保温同时要通风换气，降低氨气浓度，减少呼吸道疾病。
4. 1 周 2 次带猪消毒，连续阴雨天至少 1 周 1 次。

九、驱虫程序

(1)用茵伟虫康进行体内驱虫，加药后第 5 天清空棚舍内的积粪。

(2)用 2%敌百虫溶液进行喷洒母猪躯干以及母猪周围区域，连续使用 3 d。

(3)1 周后继续使用 2%敌百虫进行喷洒母猪躯干以及周围。

十、精液检查

精液从冰箱拿出后轻轻沿着一个方向摇匀，加热显微镜的恒温加热板到 37 ℃，在载玻片上滴加 1～2 滴精液，用盖玻片压好，开始镜检。精液活力大于 0.7。

十一、保健程序

(1)每月 1 次。

(2)纽氟罗 2 kg＋阿莫西林 4 kg＋磺胺类药物 1 kg。

(3)纽氟罗 2 kg＋阿莫西林 4 kg＋替米考星 1 kg。

十二、定时输精

(1)断奶第 2 天，注射血促 1 头份 4 mL。

(2)断奶第 5 天，注射生源 1 头份 2 mL。

(3)断奶第 6 天，全部开始进行配种。

(4)断奶后 3～5 d 内，发情母猪直接注射生源进行配种。

十三、配种程序

(1)配种前，提前半天把配种的母猪赶到配种栏，把公猪赶到待配母猪前进行刺激。

(2)配种前工具准备：精液、纸巾、输精管、润滑剂、针头、毛巾、盆子、水、高锰酸钾。

(3)用清水从外向内进行清洗，先擦大腿，后阴户，再擦尾根。

(4)用 0.1%的高锰酸钾进行消毒(3～5 min)。

(5)用清水洗净高锰酸钾残留,并用毛巾从内到外擦干。先擦外阴,后尾根,再擦大腿旁边。

(6)撑开阴户,用纸巾由内向外擦干净。若很脏,需用双蒸水进行清洗。

(7)检查输精管是否损坏。如若损坏,需要更换。

(8)打开输精管,在前端涂上润滑剂(若没有封口,需挤掉最前端的),润滑剂不能碰到海绵头。

(9)撑开阴户,先向下 45°插入海绵头,后向上 45°逆时针插入,直至遇到阻碍,轻轻转动输精管。如果转不动,说明已经到位。

(10)把精液顺一个方向,进行轻轻转动。

(11)检查精液信息是否正确。

(12)打开精液盖,插到输精管中。

(13)先排尽输精管中空气,刺激母猪阴户及乳房来促进空气的排空。

(14)横放输精瓶,用针头戳个洞,根据母猪的吸收快慢来调节输精管的高度,使其输精时间维持在 3～5 min。

(15)在输精过程中,不断刺激母猪敏感部位来促使其加快吸收。

(16)输精后扎好输精管,并对母猪进行短时间按摩刺激。

附录五　产房舍饲养管理技术操作规程

【工作目标】

(1)按照计划完成母猪的分娩产仔任务。

(2)保证哺乳期仔猪成活率96%～97%,力争98%。

(3)仔猪30日龄断奶,平均体重8～8.25 kg。

(4)母猪断奶1周发情率90%以上(7—9月87%)。

(5)加强防疫意识,严格遵守防疫制度,积极配合防疫员做好日常疫苗注射工作。

(6)细致做好各类原始数据的记录、统计及上报工作,并认真完成上级领导安排的工作任务。

(7)沟通协调好与其他阶段(妊娠和保育)的工作,完成临产母猪转入和断奶母猪的转出以及仔猪的转出工作。

【操作规程】

一、产房母猪的管理

(一)产前准备

1.清洗前准备工作

清洗前,饲养员先将棚舍所有电源切断(照明电路除外),将红外线保温灯移走,并将插座防水盖盖好,将棚内的扫把、簸箕、粪扒、麻袋等可移动的用具移出棚舍清洗。然后进行初步棚舍卫生清扫,清除垃圾、粪便等。清扫结束后,将粪塞提起进行放粪水工作。粪水清放结束后,将下粪口用粪塞塞好。冲洗前要检查漏保,将冲棚机器电线悬空挂好,不能拖在地上,挂好后检查线路有无破损处。若有损坏立即告知技术人员或者电工进行检修,确保无安全隐患后方可开始冲洗棚舍。冲棚前必须头戴防水面罩、手戴绝缘手套、脚穿绝缘靴子、雨衣。开启机器前,饲养员必须两人同时在场,一人拿着枪头,一人开启电源,进行清洗工作。

2.清洗棚舍

先用清水将棚舍打湿,然后用洁可利喷洒棚舍,浸泡1 h后再进行冲洗。冲洗时要遵循从里到外、从上到下的原则。清洗部位:母猪料槽及料槽底部、仔猪料槽、产床、保温箱、保温板、防护栏、地面。对于犄角旮旯里不好冲洗的部位或者残留较实的粪料污渍,冲洗机冲不掉的,要用清洁球进行擦洗。

3.冲洗注意事项

天花板、水管、风机百叶窗、料桶、料管、插座防水盖,不能直接用枪头冲洗。料管壁有发霉变黑的,需要卸下来进行清洗。百叶窗需要卸下来,用水管冲洗。风机的电动机要包裹好,防止进水烧坏。水线清洗:从里到外逐一将母猪饮水器拆下,放在消毒水中浸泡消毒,将水管内剩余积水排净。晾干棚舍后,等待消毒等工作。冲洗结束后,技术人员要对饲养员冲洗的棚舍进行检查,看是否冲洗干净,冲洗不干净的,进行返工。

4. 检修

待棚舍干燥后，检查棚内设备有无损坏的地方，并及时修理。装上水嘴，按压每个水嘴，保证都能出水。将擦洗消毒过的保温灯逐一摆放在保温箱上并固定好，装好百叶窗、调节好配量器至产前饲喂标准等。

5. 进猪前物品准备

进猪前，准备棚舍生产时所要用的药品：庆大霉素、青霉素、链霉素、鱼腥草、益母草等。把用具（粪耙子、簸箕、扫把、剪牙钳、鞋子等）都放入棚舍等待消毒。

6. 消毒

待棚舍晾干后，先使用卫可浩普 1∶400 浸泡消毒；待棚舍干燥后，可再进行一次水剂消毒。自然晾干，棚舍干燥后，进行棚内白化工作。栏内栏外，墙面等都要用石灰水涂好，然后进行最后一次熏蒸工作，用熏蒸药进行棚舍的熏蒸消毒。

7. 上猪工作

上猪前及时通知饲养员进行准备工作，提前沟通好。母猪上产房时，妊娠舍按照预产期顺序进行上猪，妊娠和产房饲养员进行洗猪工作。在洗猪栏内将母猪彻底清洗干净，消毒、驱虫后缓慢赶到棚舍内。每次饲养员赶猪控制在 4～5 头母猪，不宜过多。赶猪缓慢，要防止母猪滑倒。母猪赶到棚舍栏内后，固定好母猪后躯的栏杆。母猪上产房当天，挂好母猪繁殖卡。如若出现繁殖卡错误或者缺失，应及时由带棚技术员联系前面妊娠棚技术员。

8. 环境调控

产前日标温度设置 18～20 ℃，产中目标温度设置 22～24 ℃，产后目标温度设置 21～23 ℃。

9. 饲喂

母猪产前的饲喂，与妊娠后期同步。主要维持怀孕后期的饲喂量，将母猪料量调整到 3.2 kg/d。

（二）分娩接产

1. 母猪临产前的征兆

（1）母猪的表现：母猪会出现停食、不安、时起时卧、频频排粪尿、拉小而软的尿，每次排尿量少但次数频繁等情况，则当天会产仔。

（2）乳房的变化：母猪产前 15～20 d，乳房由后向前逐渐下垂，临产前两侧乳头呈“八字”形。

（3）乳头的变化：母猪前面的乳头能挤出乳汁时，约 24 h 产仔；中间乳头能挤出乳汁时，约 12 h 产仔；最后一对乳头能挤出乳汁时，4～6 h 产仔。

（4）母猪羊水破裂从其外阴部流出时，0.5～1 h 内就要分娩。

母猪产前会发生一系列的变化，如母猪阴户松弛变软；观察母猪的乳房有光泽、两侧乳房外胀、用手挤压可以挤出乳汁，但个别母猪产后才有乳汁的分泌。初乳出现后 12～24 h 内都会分娩。有的母猪行动不安，一会站立一会趴卧，频频排尿。阴门流出淡红色或者是淡褐色黏液即是羊水流出。这时接产饲养员应将接产应用之物准备好，做接产工作。同时打开保温灯，并将母猪的乳房和后躯用高锰酸钾溶液擦洗消毒。

2. 接产

母猪在分娩期间，饲养员需 24 h 轮流接产工作，换班吃饭休息，不能擅自离岗，产仔时无人监护。仔猪出生后，需要及时地擦净口鼻腔的黏液，仔猪身上涂抹干燥粉，断好脐带后放入保温箱内烘烤 30 min 后，进行吃初乳。仔猪断脐带要求：断脐带前要把脐带内的血液往猪腹部方向挤压 3 次，在留 3～4 cm 处将脐带挫断，如有出血可在挫断处捏紧 5 s，流血不止的需要用线进行结扎。不流血后用碘伏进行脐带消毒，把仔猪放入保温箱。每头母猪分娩结束后，死胎、木乃伊等不能扔，必须等技术员登记后再处理。

3. 剪牙和断尾

在仔猪分娩 6 h 后，可对仔猪进行剪牙、断尾，并在剪牙、断尾时对每头仔猪灌服 2.5 mL 庆大霉素。剪牙要求：剪牙时将剪牙钳在碘伏中浸泡消毒，打开仔猪口腔，剪去仔猪口腔两侧犬牙。不可贴着牙龈，剪掉牙尖即可，剪过的牙齿要平整、无裂缝。断尾要求：将仔猪倒提保定好，用剪牙钳剪掉仔猪尾巴，留 1/3，剪好之后蘸取高锰酸钾即可。结束之后，再次对脐带进行消毒。技术员要对饲养员剪牙断尾进行监督检查，防止牙齿剪得不平整或者尾巴留得过长，造成母猪乳头损伤和仔猪后期咬尾。饲养员要严格按照剪牙断尾的标准进行操作。

4. 假死仔猪的急救

假死仔猪是指仔猪出生时没有呼吸或者呼吸比较微弱，但心脏还在跳动的仔猪。遇到这种情况，应该立即抢救。主要有两种方法：一种是刺激胸肋。首先将假死仔猪口鼻腔的黏液擦去，然后一手抓仔猪的颈部，一手抓仔猪的臀部，向内侧做节律性曲伸。另一种是倒提拍打法。首先将假死仔猪口鼻腔的黏液擦去，将仔猪的后腿提起，用手稍用力拍打假死仔猪的臀部，发现假死仔猪躯体抖动，深呼一口气，说明呼吸中枢启动，假死仔猪已经抢救过来。以上两种方法都可选用。

5. 母猪难产的处理

(1)正常分娩过程。母猪从第一头仔猪产出到排胎衣结束，整个的分娩过程持续时间为 2～4 h，多数母猪 2～3 h。产仔间隔一般为 10～15 min，正常的产仔间隔为 15～20 min，但第 1 头与第 2 头仔猪的产仔间隔可能长些，30～40 min，产仔间隔超过 30 min，考虑为难产。

(2)难产。由于各种原因致使分娩进程受阻称为难产。造成难产的原因有很多，如初产母猪容易发生难产；饲喂过肥、产道狭窄、胎儿过大、胎位不正、母猪体况差有疾病、身体虚弱等都会造成难产。具体判断难产的方法是：①羊水排出后，有努责，半小时后产子，产子间隔 30 min。②破水后，半小时后不努责，40～50 min 不产子，可进行人工助产。③羊水流出时间经 30～40 min，母猪躁动不安或者非常疲惫，呼吸急促，烦躁紧张，伴有怒责频频用力等却不见仔猪产出。可视为难产，应进行难产的处理。④新鲜死胎较多，也可判断为难产。⑤产出仔猪身体呈黄色，身躯胎粪较多。

(3)难产的处理。

①发生难产时，对于产道正常、胎位正常或胎儿不大情况下，处理方法是：进行母猪乳房的按摩，用双手按摩前 3 对乳房 5～8 min。对于母猪乳房的按摩，可促进催产素的分泌，有利于分娩。也可将强壮仔猪放出吃奶(按摩乳房)，刺激母猪自身释放催产素努责分娩。

②辅助用力：随着母猪努责节奏踩腹部。也可赶起母猪，让母猪运动，换个躺卧的姿势。

③若仔猪未下产道并且以上操作均无效时，则使用缩宫素[使用缩宫素时要保证产道内无

仔猪，并小剂量使用(每次 1～2 支)，并且在产了八九头仔猪后，使用过多会造成子宫颈锁住，导致仔猪窒息死亡。在母猪分娩的整个过程中最多使用 3 次缩宫素]。使用催产素前，必须进行子宫口是否有小猪的检查；助产时注意卫生，防止子宫内感染。

④人工助产(掏猪)：剪平指甲，手和胳膊清洗消毒，戴上助产手套均匀抹上液状石蜡，助产时另一只未戴助产手套的手翻开外阴，另一只手五指并拢呈锥状随着母猪子宫的收缩缓慢进入产道，手掌心向上，五指并拢；抓仔猪的两后腿或下颌部；母猪子宫扩张时，开始向外拉仔猪，收缩时停下，动作要轻；拉出仔猪后应帮助仔猪呼吸(人工助产方式无效时，必须第一时间通知技术员，不可擅自处理)。

⑤助产注意事项：助产时，如果掏出一头胎儿后，可转为正常分娩了，就不要再助产。如果实属母猪分娩子宫收缩乏力，可全部掏出。产仔无力的母猪需要及时补充能量，可以静脉注射葡萄糖、葡萄糖酸钙等。凡是进行过助产的母猪繁殖卡上必须做好记录，挂水消炎，应针剂治疗 5～7 d，1 次/d。

⑥产后母猪判断胎衣是否下完：若仔猪较多，胎衣较少则没有下完；外阴有羊水流出、有努责行为、产后采食异常的母猪一般都未产净；母猪产程超过 4 h；母猪产死胎、木乃伊较多；母猪产后流脓；母猪产后发烧，不吃料。母猪有后 5 项症状之一的，及时通知技术员处理。

(三)母猪保健和产后护理工作

1. 产前

虽然产前产后的大部分疾病对母猪本身构不成生命威胁，但一旦发病，就算是普通的小病，也会对猪场经济效益及仔猪造成严重威胁，有时候甚至出现小病演变成淘汰母猪的惨剧。因此，根据母猪产前产后生理特点及容易出现的情况，加强饲养管理，实施药物保健。这里涉及的就是母猪的保健工作，母猪的保健分为产前和产后的保健，也就是产前 7 d 和产后 7 d。产房产前产后主要用：利高 1 kg/t＋10％阿莫西林 3 kg/t＋强力拜固舒 1 kg/t。

2. 产后

分娩对于母猪是非常大的应激，这时母猪的抵抗力很低，对母猪进行保健不仅可以有效地控制母猪体内的病菌数，同时可以防止各种病菌传播给仔猪导致仔猪的发病。母猪产完后清洁产床、地面，及时拿走胎衣，收拾并清洁好接生工具(胎衣的处理，统一放在口袋里，用绳子扎紧放在外面。一方面避免夏季苍蝇的滋生，另一方面方便托送)。母猪产后需用抗生素进行消炎，预防发生子宫炎和乳房炎。

(四)产后消炎

1. 产后消炎工作的重要性

(1)对种猪的影响。母猪产后消炎如果做得不好的话会出现子宫炎、阴道炎、乳房炎和无乳症，造成屡配不孕、流产、发情时或配种前流脓等现象，直接危害种猪群的正常生产，增加种猪的淘汰率，降低种猪群的利用率。

(2)对仔猪的影响。母猪产后消炎直接关系到产后采食量，从而影响产后母猪的奶水和仔猪的健康，甚至影响后代的日增重和料肉比。母猪产后消炎没做好，就会导致母猪产后不吃料或吃料不正常，吃料不正常则奶水不好，奶水不好则仔猪会因为吃不到足够的初乳而免疫力不够，或因觅食不洁食物而感染肠胃病，进而会造成仔猪在整个生长期体弱多病，生长速度慢，饲料回报率低，从而影响整个生长期的免疫等。另外，母猪产仔时一般因应激过大，体能消耗过多造成乳房血液循环不良，形成乳房水肿或乳房发炎，且母猪产后也易发生产后热或形成“火奶”，仔猪吃到这些“火奶”以后就会脱水衰竭，快速死亡，从而出现死亡率高的现象，因此，母猪产后消炎也是不可忽视的。

2. 产后消炎方式

(1)青霉素 2 支＋链霉素 2 支＋鱼腥草 20 mL/头，正常 2 次/头。

(2)熬制中草药进行饲喂，主要是益母草＋王不留行＋路路通。产后连续饲喂 7～10 d(熬制益母草一般选择使用益母草和王不留行一天喂 2 次，每天半包一直喂到 7～10 日龄。益母草熬制好以后用水盆盛出草药汤，加上葡萄糖粉。然后将草药汤均匀地分给每只母猪的料槽，然后放料，再把母猪保健药均匀分给母猪，确保母猪吃到保健药)。

(3)产后助产的母猪和产中无力的母猪，或者产后阴户水肿严重的母猪，需要连续消炎 3～5 d，同样以上述方式进行。也可以选择挂水。挂水一般选择：第一瓶生理盐水 500 mL＋鱼腥草 3～4 支＋青霉素 6 支＋缩宫素 2 支(缩宫素一般在第 1 瓶水剩余 1/3 时进行添加)，第 2 瓶主要是能量的补充，5％葡萄糖注射液＋B 族维生素 10 mL＋维生素 C 10 mL(夏季第 3 瓶还可以用碳酸氢钠，主要是调节酸碱平衡)。

(4)对于人工助产的母猪或子宫感染严重的母猪，应注射抗生素治疗和进行冲宫。用鱼腥草 20 mL＋青霉素 6 支或者鱼腥草 20 mL＋头孢(速克)2 支肌内注射。

子宫冲洗。宫内输入配伍的药液进行子宫清洗，使用温的生理盐水配抗生素。母猪阴户先用碘伏冲洗一下，再把输精管用碘伏消毒，用输精方式挤入母猪子宫内。输完后静置，让混合脓物的盐水往外流出，再拔出输精管(产后有炎症可治愈的，一般选择这种方式进行治疗)。冲洗液配伍：生理盐水 500～1 000 mL＋林可霉素注射液 10 mL＋缩宫素 10 IU＋丁胺卡那 2 g 或者是生理盐水 500～1 000 mL＋青霉素 5 支＋缩宫素 10 IU。

药物配伍优势：林可霉素对革兰阳性菌有效，且对厌氧菌增殖有阻断作用，而丁胺卡那对革兰阴性菌有效，二者有协同增效作用。

3. 母猪产后消炎效果的判断标准

以产仔 3 d(以登记繁殖卡时间为准)后是否还有恶露继续流出为判断标准。如果还有，则为产后消炎不合格，反之则为合格。做得好，一般第 2 天就差不多干净了。产后消炎做不好的母猪容易诱发子宫炎，有炎症后母猪不食造成无乳，严重的还会造成母猪淘汰，降低猪场效益。日常巡棚时看到不食的母猪，需要及时治疗，可用 6 支青霉素＋2 支安痛定肌内注射治疗；连续 2 d 不吃，采用静脉滴注，用 500 mL 生理盐水＋6 支青霉素＋20 mL 鱼腥草，必要时加 500 mL 生理盐水＋10～20 mL B 族维生素＋10～20 mL 维生素 C。治疗的疗程越短，对母猪的泌乳量越有帮助，也会避免仔猪喝不到足够的母乳从而增加仔猪死亡。

特别提示：第一胎母猪产后的养护非常重要。

(1)第一胎母猪产后消炎工作直接关系到其一生。第一胎消炎工作做好了，以后几胎就会省心些，否则会有过早淘汰的危险。第一胎断奶母猪配种较难、发情或屡配不孕等都与此有关。

(2)预防断奶母猪产后继发感染的最好办法，就是做好产后消炎工作。因此，母猪产后消炎工作为猪场疾病控制和建立良好管理的第一关，是千头万绪的线头。

(五)母猪的饲养管理

1.产前母猪的饲养管理

(1)产前母猪的饲养。母猪喂料时间、次数与妊娠舍保持一致,早上 7:00 喂料,下午 3:30 喂料。技术员和饲养员要清楚栅舍的预产期,以便调节喂料量,并在预产期前 2 d 进行母猪的产前产后的药物保健。

注意:偏瘦的母猪不要控料;临分娩前 3 d,按照预产期调节喂料量。产前 3 d,母猪喂料量逐步递减,按照 0.5 kg 阶梯递减到 1.5~2 kg 每顿(控制第一胎猪或过肥母猪)。

(2)产前母猪的管理。首先,待产的栅舍需保持安静,动作要轻,温度最好控制在 18~20 ℃。其次,待产栅舍的产床卫生要保持干净,喂料的时候进行扒粪,没有特殊情况不要进去打扰母猪休息。饲养员饲喂过程中注意没有吃料或吃料少的母猪。技术员诊断母猪不吃料的原因并及时治疗(待产母猪临产前不吃,精神状态好的,可以不予以治疗)。技术员和饲养员准备好产前待产工具和药品:干燥粉、庆大、益母草、麻袋、消毒水、碘伏、助产工具等。

2.产中母猪的饲养管理

(1)产中母猪的饲养。分娩当天,母猪只喂一顿,不强行将母猪赶起吃料;饲喂时饲养员需根据每头母猪具体情况喂料,不站起来吃料的母猪不需要放料,以免造成饲料和药物的浪费。喂料后 20~30 min,技术员检查母猪吃料情况,并及时让饲养员扒出料槽内未吃完的余料并匀给其他母猪,防止饲料霉变(尤其是夏季)。在分娩过程中要保持产床干净、无积粪,胎衣不能落入下面的粪水池。

(2)产中母猪的管理。分娩过程中需将温度控制在 22~24 ℃,既要保温也要注意通风。且分娩环境需安静(产房不安静会吓到母猪,导致母猪的肾上腺素升高,抑制自身催产素的释放)。在母猪破羊水时,饲养员需用高锰酸钾水清洗母猪后躯、擦洗干净乳房及冲洗产床。并将保温灯打开进行预热,用栏板将保温箱拦住,提高小环境的温度。接产人员不得离开现场超过 20 min。

分娩过程中必须注重观察第 1 胎母猪的分娩情况,若有特殊情况必须及时通知技术员。分娩结束后饲养员必须注意母猪胎衣是否下完。

3.产后母猪的饲养管理

(1)产后母猪的饲养(温度控制在 21~23 ℃)。母猪饲喂的时间要固定,在春、秋、冬季节一般时间固定在早上 6:00、中午 10:30、下午 4:30 为宜。饲喂原则一般是早上喂料必须让母猪吃好,中午要平均少喂,晚上要让母猪吃饱。最后一餐切不可提前,否则会造成母猪无饱腹感,夜间起来拱食料槽,母子不安,从而增加母猪压死仔猪的比例。分娩后 5 d 内喂料时间、次数、料量也与妊娠舍保持一致,料量以每天 0.5 kg 递增,并在喂料后 20~30 min 将料槽清理干净,把未吃完的饲料分给还在拱料槽的母猪;分娩 5 d 后,喂食 3 餐,为自由采食;产后 5~14 d 内料量要缓慢递增,不可加得过快,否则易造成顶食现象。产后 14 d 时,母猪的采食量要达到 7 kg/d,14 d 以后要让母猪自由采食,能吃多少吃多少,可不定期地对饲料进行称重,便于精细化饲喂。技术员要经常监督和巡视饲养员调节的饲料量,确保整个饲喂过程中母猪的采食量达到理想状态。其中,第 1 胎猪更要多关注。饲料投喂的好坏可以减少母猪子宫炎症的发生,对仔猪腹泻的防制起着很重要的作用。饲养员喂料时必须关注每头母猪的采食情况，若有不吃料或少食的母猪必须及时告知技术员进行治疗。喂料的同时也要随时检查母猪饮水器是否出水良好，并及时检修。饲养员喂料后20～30 min，技术员也要进棚进行巡视。并且每天和饲养员沟通，了解每头母猪的采食情况。饲养员做好产前、产后1周的拌药和益母草熬制的工作。

(2)产后母猪的管理。除要注意不吃料的母猪外，还要注意产后7 d是否有脓流出的母猪，需再进行消炎治疗。除了注意子宫炎，还要注意乳房炎。乳房炎的症状：母猪蜷缩、不喂奶，有硬块发红，食欲减退，治疗同子宫炎相似。有子宫炎肯定有乳房炎，反之则不成立。

母猪断奶时间选择：经产母猪选择23 d断奶，第1胎母猪选择21 d断奶。母猪断奶前1 d，技术员要对断奶母猪做好标记，与配种技术员和防疫员沟通协调好(如果有非正常母猪断奶要提前通知)，并告知饲养员对即将断奶的母猪进行控料，断奶当天不需要饲喂。经产母猪与第1胎猪分开驱赶，赶猪结束后，技术员要把断奶母猪信息填写好后将繁殖卡清理干净转交给配种员。

二、哺乳仔猪的饲养与管理

(一)哺乳仔猪的生理特点

(1)生长发育快，物质代谢旺盛。

(2)消化器官不发达，消化机能不完善。

(3)体温调节机能不健全，抗寒能力差。

(4)缺乏先天性的免疫力，容易得病。

(5)哺乳仔猪死亡的原因：冻死、压死、踩死、病死、饿死、咬死、初生重小。

(二)仔猪的寄养

(1)母猪所生的仔猪由于各种原因需要别的母猪代养，称为寄养。

(2)仔猪寄养的原因：产仔过多、母猪泌乳力不好、有效乳头数不够、母猪死亡或淘汰、母猪母性差。

(3)仔猪寄养的原则。

①要按照每头母猪产仔多少来寄养，寄养前先要了解母猪的带仔能力。选择后备或者2～5胎的母猪。1～2胎母猪带仔数不低于13头，最多可以带到14头(目的是以后带仔成活数不低于12头，明显提高仔猪成活率)。在第1胎次得到充分使用的乳房产奶量会更高，而且在第2胎次哺乳期时会比第1胎次未经哺乳的乳房发育得更好。头胎母猪的乳房发育好了，以后没有无效乳头，仔猪会一胎比一胎养得好。

②寄养前查看母猪情况。首先看母猪的有效乳头数，即看这头母猪有多少对正常乳头，然后来判断让它带的仔猪头数。再看这头母猪本身所带仔猪头数是否合适，大小是否均匀。

③需要按照时间寄养，时间越近越好。仔猪同期分娩的可以进行寄养，仔猪出生时间和寄养母猪的生产时间前后不应超过3 d，尽量产的时间早的仔猪向产的时间晚的母猪寄养。寄养前仔猪必须吃够24 h初乳，以保证寄养的成活率，不吃初乳的仔猪很难养活。

④寄养时个体小的尽量留在原圈，把大的调走，也可以根据大小多少来定，大的少就把大的调走，小的少就把小的调走。大的让胎龄大的母猪带，小的尽量让胎龄小的母猪带，以提高

成活率。

⑤寄养在晚上进行，代养母猪一般选择奶水好、母性好的母猪。将弱仔猪和母猪寄养在一起，也要观察母猪是否吞咬仔猪。弱小仔猪寄养时，要选择细长的奶头，两排乳头间距小的母猪。在寄养时发现母猪奶水不好时，可以让其带较大的仔猪，刺激母猪乳房再次发育。

⑥经过一周寄养的仔猪，可以观察其均匀程度，这个时候几乎都没有掉队的了。如果发现还有掉队仔猪，就需要重新寄养，然后继续观察寄养效果。

(三)仔猪的补铁和去势

(1)仔猪出生 3 日龄时，进行补铁，肌内注射益多邦/血多邦 100 mL/瓶＋2 支速克(头孢噻呋)1.5 mL/头，同时口服 5%百球清 0.8 mL/头。仔猪补铁应严格按照分娩日期计算 3 日龄时进行，不得推迟不补铁(如不能在仔猪出生后 2～3 d 内补铁，会在 7 日龄出现缺铁，会表现缺铁性贫血，严重则会造成仔猪下痢、生长停滞，甚至死亡)。在仔猪哺乳期间若出现毛色苍白、体形消瘦的仔猪，需进行第 2 次补铁。

(2)仔猪出生 7 日龄时，对仔猪进行阉割。仔猪的阉割：准备好阉割工具，2 个手术刀柄、2 个手术刀片，喷壶内分别装入碘伏与酒精。阉割前将 2 个手术刀片浸泡在酒精内，2 把手术刀交替使用。仔猪阉割时饲养员要配合技术员抓猪，阉割人员一只手将仔猪倒立保定好仔猪，另一只手拿刀柄呈持笔状，用大拇指抵住阉割部位，方便固定睾丸。阉割部位竖着开 2 个刀口，刀口要尽量往下，不要横切刀口，这样更利于组织液的流出与恢复。术后的消毒，用碘伏喷洒伤口，再用鱼石脂涂抹伤口，对伤口进行一个封闭(阉割时，注意不能伤到他人)。

(四)仔猪免疫

(1)仔猪出生后，通知防疫员进行伪狂犬病疫苗滴鼻，最好在登记好产仔表后进行(不能超过 24 h)。

(2)仔猪在 7 日龄的时候，进行支原体免疫接种。

(3)仔猪在 14 日龄时，进行猪繁殖与呼吸综合征和圆环疫苗接种。

(4)30～35 日龄转群时进行猪瘟的免疫。

(5)免疫注意事项：技术员应和防疫员提前沟通好仔猪的免疫时间，免疫前提前通知饲养员配合防疫员进行抓猪，接种前对于腹泻、弱仔可进行缓防，以免造成应激。

(五)仔猪教槽

(1)如果母猪生产很多的奶，小猪就不会对教槽饲料感兴趣。如果母猪哺养很多的小猪或母猪生产的奶不够，就应用各种办法教小猪采食教槽饲料。最好是在仔猪注意力最集中的时候(一般是下午 4:00)放置料盘让其接触，让仔猪在嬉戏中学会接触教槽料。

(2)在 10 日龄对仔猪进行教槽，在料槽内放入少量的教槽料，保证料槽内干净，时刻有干净新鲜的饲料。饲喂原则是少给勤添(料槽的摆放：远离保温箱、水源和下粪口)。随着仔猪日龄的增长，料量也随之增加，但不可以浪费饲料。对弱仔猪可喂食液态料，如奶粉等。还有一种是抹料法：给小猪嘴里抹料，抹料的最简单办法是，在小猪睡觉时，饲养人员轻轻走过去，一手将猪嘴掰开，一手用指头蘸上糊状料抹到猪嘴里。抹料时，不必将所有猪都抹到，一窝中抹 2～3 头即可，而且抹料时不要惊醒小猪。

三、断奶仔猪的管理

(一)饲喂

(1)在断奶前 3 d,可对仔猪添加液态料,可持续喂 1 周,帮助仔猪尽快过渡到干料。

(2)断奶后对仔猪进行调群,挑出病弱猪方便护理。对于上料差、病弱猪可继续饲喂液态料,也可以在饲料中添加一些葡萄糖,增加能量。其他断奶后仔猪饲喂教槽料,可将粉料和颗粒料混合起来饲喂,到后期可直接饲喂颗粒料。

(3)断奶后仔猪要有 2～3 h 空料,给仔猪以适应的时间。每天都保证仔猪有控料的时间,早上及下午都要清空料槽 30 min 左右,保持仔猪的饥饿感,尽快上料。

(4)仔猪断奶后会产生一系列的应激反应,此时也需要在仔猪的饲料中添加相应药物进行保健 7 d。主要用纽氟罗 2 kg/t＋10％阿莫西林 3 kg/t＋利好 2 kg/t＋强力拜固舒 1 kg/t。

(二)疾病治疗

在整个仔猪的饲养管理中还有各种疾病的治疗,如腹泻、肿腿等。

(1)腹泻的治疗:发现一头仔猪有腹泻症状时,对全窝进行治疗。及时灌服或注射治疗腹泻的药物,并按照仔猪日龄或体重大小调节剂量。在腹泻过程中要将产床上的污物清洗干净(准备用具包括 2 个桶分清水和消毒水、刷子、水瓢、干拖把、毛巾、干燥粉,用清水浸泡产床 5～10 min;然后边刷边用水瓢淋洗,再用毛巾擦干;消毒后用干拖把把水拖干,在产床内撒上干燥粉),仔猪垫板要拿出来清洗消毒充分干燥后方可放进去,母猪后躯清洗干净并消毒(此项工作随时进行,直至仔猪好转为止)。

(2)肿腿的治疗:肌内注射安痛定＋青霉素,按照仔猪日龄的大小和体重调节剂量。

(三)温控

断奶后要提高棚舍的温度,加强保温,温度控制在 25.5～26 ℃。

(四)仔猪日常护理

每天检查所有产床及仔猪,一直到仔猪转群。站在产床前观察母猪和仔猪的行为是否正常。仔猪大小不一致,在乳房边乱找或是挤在一起,说明有问题。及时检查母猪是否有乳房炎和保温箱温度是否合适。如果发现母猪有很严重的乳房炎,无法保证仔猪正常吃奶,就需将仔猪转其他母猪进行寄养。每天检查仔猪饮水器是否正常,水碗内有无粪便,及时清理干净。仔猪喜欢在有水的地方排粪尿,所以要每天关注。每天观察是否有腿部问题以及是否有腹泻的情况等。发现有病的仔猪及时治疗,治疗效果不明显的及时淘汰。

四、各项台账的管理

疾病死亡可以控制,行情却无法主宰。我们关心行情的同时,更要学会预算和记录。通过认真的预算和记录,才能知道在整个养殖周期中真实的料肉比、发病死亡率、防疫兽药等各种成本是多少,让我们做到心中有数。重视每个管理细节,降低猪场隐性浪费,这也为我们以后生产管理和疾病防控打下坚实的基础。对于各类台账的记录要完善、精准。做好消毒台账的记录和母猪、仔猪的治疗记录,对自己评估整条棚的成绩有很大的帮助。所以技术员对涉及的各项台账应认真记录和对待。

五、消毒管理

实践证明,谁的消毒到位,谁的猪就养得好。消毒是贯彻“预防为主”方针的一项重要措施。采取有效的消毒措施,及时地杀灭各种病原体,预防和控制疾病,确保猪群安全健康。饲养员和技术员要认真按消毒程序操作，平时应该做好以下工作：

(1)分配好消毒时间，每周 2 次带猪消毒。

(2)消毒时间：一般温度相对高时消毒效果更好些，上午选择 9:30—11:30，消毒时间 20～30 min。

(3)选择消毒水：用卫可 1∶400、牧可消 1∶(20～400)、戊二醛 1∶(200～400)等消毒。

(4)消毒前，通知饲养员彻底清扫粪便；地面要干净，使消毒剂发挥作用。

(5)遇到天气不好时，可选择推后 1 d 再进行消毒工作，保证每周 2 次。

(6)现用现配，混合均匀，配好之后再进行消毒工作。

(7)不同性质的消毒液不能混合使用。

(8)消毒药要定期更换，不能一直使用一种消毒药进行消毒。

(9)猪舍门口消毒盆和中间消毒池 2 d 换一次，需要专人负责。

六、饲养人员的管理

猪是活口，生长期短，吃、喝、病、死全由饲养员来管理。饲养员情绪的变化，对猪只的生长影响很大。在平时管理中，要尊重饲养员，常沟通、了解饲养情况，发现问题及时解决；交流饲养心得，掌握思想动态，并认真帮助解决。只有这样，猪场的各种规章制度、管理方案才会执行到位、落到实处、做到细处。

总结：人需要星级服务，养猪同样需要“用心”服务。要想养好猪，每一位技术员和饲养员必须具备爱心、细心、责任心和耐心。就产房母猪和仔猪的饲养，不论是技术员还是饲养员，都应充分发挥积极性和主动性，有足够的责任心和耐心，才能把产房里的猪养好。

附录六 保育舍饲养管理技术操作规程

【工作目标】

(1)保育期正品率≥97%;力争98%。

(2)70日龄转群均重≥25 kg;力争26 kg。

(3)料肉比≤(1.65∶1)。

【操作规程】

一、棚舍的准备工作

1. 清洗

转完群后,先将转群走道冲洗干净,然后清除空棚舍内的粪便、杂物和余料,要保证转群时料槽里没有饲料。清理好后,将棚舍内栏位进行初步发泡、冲洗。

2. 放粪

当棚舍内猪群转完后,需进行放粪工作。放粪前,技术员应及时与沼气工联系放粪。等技术员接到沼气工通知后,饲养员才能放粪,不可在不告知的情况下私自拔开粪塞。放粪时需要斜对着漏粪板站立,当站立稳当后方可拔粪塞。当粪水排放完毕后,将粪塞塞好后方能冲棚。

3. 冲棚

进行初步的清洗(注意一定要佩戴绝缘手套、绝缘靴、雨衣和帽子,确保安全)。清洗前,冲棚机电线必须悬挂,不得拖地,并检查有无损坏。若有损坏,立即告知电工进行检修,确保无安全隐患后,方可开始冲洗棚舍。清洗时,要实现彻底清洗,保证任何部位无粪迹和污物,冲完棚后的水不可再次排放。

4. 消毒

冲洗干净结束后,先进行一个初步的消毒工作,可用1∶400卫可浩普进行空棚消毒,自然晾干。

5. 检修工作

主要是对饮水线和料线进行检查。对饮水器进行逐个检查,检查有无堵塞,每个水嘴按3～5 s/个。排除主管道的陈水,检查料线能否正常使用。其次,检查料槽有无损坏,灯泡有无不亮,有损坏的及时通知水电工进行修理。

二、进猪前的准备工作

1. 预热

冬季产房转保育,需将空棚进行预热。通常提前1 d通知电工将棚内接入插油汀的线和鼓风机,从而减小转群后的应激。将需进棚舍湿帘口和风机口用彩条布封好。刚进小仔猪选择使用木质垫板,避免小仔猪腹部受凉。将棚舍窗户的配重器调到最外围,减小窗户通风口。及时将天窗插板拔出,选择屋顶通风。

2. 备料

进猪前1 d,可备好仔猪断奶后的教槽料(如810T和810)。

三、进猪后的管理

(1)技术员及时告知饲养员进猪时间与进猪头数,准备好棚舍内所用工具,等待进猪。进猪结束后,饲养员要根据猪群大小,按照 A、B、C、D 分等级调群。D 级分为弱小仔猪栏、病猪栏与康复栏等。饲养过程中,每换一次料,需进行一次全面的调群工作,平时巡棚过程中仍需小范围的调群。从而确保大猪中没中猪,中猪中没小猪,小猪中没病猪,见附表 6-1。

附表 6-1　猪群按大小分等级调群

D		D	D		D
C		C	C		C
C	过	C	C	过	C
B		B	B		B
B	道	B	B	道	B
A		A	A		A
A		A	A		A

(2)进猪后及时将弱小仔猪进行湿拌料护理,将病弱仔猪用青霉素＋安痛定进行注射治疗(治疗 2～3 次/d)。

(3)及时完善猪群信息。

(4)转进的仔猪,会有漏阉割情况,技术员应及时做好阉割工作。

(5)进猪后,及时将仔猪进行进棚后的药物保健工作。

(6)调节饮水器高度:每周调节一次饮水器高度,高度水平主要是高于仔猪颈部 5 cm 左右。检查每个饮水器是否有堵塞,且每个按 3～5 s,排清主管道陈水。

四、饲养管理

1. 巡棚工作

每天上班后,先进行巡棚,主要是五看一听。通过看皮毛、看睡姿、看采食、看鼻液、看粪便、听叫声。检查的内容主要是:猪只的毛色、睡姿、是否打堆、有无脱肛,是否有死猪、查看猪的采食情况、粪便颜色形态、呼吸状况、行走姿势等。及时将病弱猪挑到病猪栏进行治疗。做到早发现,早调群,早治疗。

2. 保健工作

发现猪群出现异常状况时,及时做好猪群的保健工作,以防延误治疗时机。保健时间主要分为 3 个阶段。

(1)进猪后的保健。

(2)45～60 d 为猪繁殖与呼吸综合征病活跃期的保健。

(3)口蹄免疫期间的保健。

3. 发现猪群腹泻时的处理

在保育段饲养过程中,如发现猪群腹泻,可通过以下方法来减小腹泻对猪群的影响。

(1)冬季猪群不稳定,采食量就不达标,在 810 颗粒料过渡乳 $3^{\#}$(大北农)时会出现腹泻的问题。采取的办法:对不稳定的猪群延长过渡时间,1 周过渡结束(通常 5 d)。

(2)对腹泻情况稍微严重的棚舍进行补充口服补液盐，每袋 200 g 口服补液盐兑水 200 kg，自由饮水，防止仔猪脱水。

(3)腹泻过于严重的棚舍需进行适当控料，同时大群用药，防止继发感染，使用 20%氟苯尼考粉＋磺胺类药物＋肠炎康进行保健。

五、温控管理

从产房进保育舍时，保育舍温度要与产房保持一致，26 ℃。每周降低 1 ℃，至转群时保持 21～22 ℃，与育肥段要交接好，见附表 6-2。

附表 6-2 保育舍温控管理

日龄/d	目标温度/℃	昼夜变频风机转速/(r/min)
30～40	26.0～25.5	50/30
41～50	25.5～24.5	60/40
51～60	24.5～23.5	70/40
61～70	23.5～22.5	80/40
71～80	22.5～21.5	80/50
大于 81	21.5～20.5	80/60

六、病弱猪固定栏护理和无价值仔猪的处理

(1)将产房进保育舍的弱猪进行湿拌料护理。

(2)进入产房后，根据仔猪的个体情况进行一批处理，小范围，如腿肿治疗不好的、毛刺严重的。

(3)发病关键期在 45～60 日龄，根据病猪治疗情况判定是否处理。

七、日常巡棚工作

(1)上班后，先进行巡棚。主要检查内容是：猪只的毛色、睡姿、是否打堆、是否有脱肛、是否有死猪、猪群采食情况、粪便颜色形态、呼吸状况、行走姿势、是否有关节肿胀等。及时将病弱猪挑到病猪栏，进行个体治疗。做到早发现，早调群，早治疗。

(2)巡棚发现死猪时，及时将死猪进行拍照，确保照片清晰，不可有重复照片的存在，及时完成生猪保险索赔工作，并及时在信息化平台上做好死亡记录。

(3)在进猪前后，及时完成信息化工作(确保准确无误)。

(4)检查棚舍温控器温度与实际温度的温差，检查风机开关情况。

(5)检查卫生情况，是否有蚊、蝇、蜘蛛(网)，是否有水管、饮水器损坏长流水现象。

(6)巡棚时做好每条棚舍的记录工作(死亡记录、治疗记录和台账记录)。

八、饲喂工作

1. 饲喂方式

保育舍主要有两种饲喂方式：断奶后的仔猪，主要是实行人工喂料；过渡后，以自由采食为主，无特殊情况，自动料线打料。

2. 注意事项

必须按照要求过渡饲料，不能出现随意换料，过渡时及时告诉技术员采食量。断奶仔猪少食多餐，尤其是刚入舍 2 d 内的仔猪，应当适当限饲，以防仔猪消化不良腹泻。自由采食后，每

天及时观察猪群的采食量，及时调整料管的长度，以便饲料供应及时。当猪群发生腹泻时，需将猪群进行一个适当的控料。

3. 饲喂料型

饲喂料型主要有 3 种：810、大北农 001(乳 3＃)、小料 1＃，见附表 6-3。

附表 6-3　饲喂料型及过渡方式

日龄/d	过渡料型	过渡方式	过渡时间
35	810—乳 3＃（大北农）	20％—40％—60％—80％—100％	5～7 d
55	乳 3＃(大北农)—小料 1＃	20％—40％—60％—80％—100％	5 d

九、消毒

1. 加强人员管理

本阶段人员出场必须严格按照场规进行洗澡、换衣和消毒的过程。进入生产区前要将生活区中的鞋子换成短靴，进入棚舍前将短靴换成长靴；进棚舍前需进行踩脚踏盆消毒，穿上隔离服方可进入棚舍。

2. 定期消毒

空棚清洗彻底晾干后，需对棚舍进行“白化”处理。进猪前进行一次熏蒸消毒，平时常规的带猪消毒 1 周进行 2～3 次。

十、免疫工作

1. 免疫失败的原因

免疫失败的原因很多，但有 2 个关键点必须重视和把握：一是猪本身抗体的中和干扰，二是疫苗质量。

2. 注意事项

(1)必须注射到肌肉中。

(2)灭活疫苗注意回温，未完全回温的疫苗在稀释时不易完全融化，同时疫苗的注射对猪只也会有较强的应激。

(3)散毒的可能性。在免疫操作排除注射器空气时，禁止排向空气中。

(4)注射时注意剂量，不可少剂量免疫，见附表 6-4。

附表 6-4　疫苗免疫剂量

日龄/d	疫苗	份量
30～35	CSF	1 头份
60～65	CSF＋SEV 单	1 头份＋1 头份
70～75	FMD＋PR	2 mL＋1 头份

十一、转群

保育猪到 80 日龄左右，转群至育肥舍。转群前，需对大群进行一次微调后方可转群。转群时，饲养员应将一栏猪分 2 趟有序安全地转出，同时需要做到不伤害猪、不被猪伤害。转群结束后，及时将批次信息化处理。技术员和饲养员需配合做好猪群的转群工作。转群结束后，技术员应及时关闭空棚舍的相关报警系统和电源风机。

附录七 育肥舍饲养管理技术操作规程

【工作目标】

(1)成活率≥98%;正品率≥96%(即僵猪和死亡淘汰比例≤4%);

(2)料比(饲料转化率)≤2.95∶1(25～100 kg 体重);

(3)育肥阶段头均药费≤15 元/头;

(4)日增重≥750 g。

【操作规程】

一、育肥舍进猪前的准备阶段

1. 清洗

洗棚的程序如下:①清理粪便;②浸泡 1 遍;③放粪(每个池子逐一排放);④放完粪后塞好所有的粪塞;⑤洗完的水留在棚里,不要排放。

棚舍的清洗与消毒是比较重要的,棚舍用清水冲洗干净,要不留任何杂物(特别要注意棚舍死角、漏粪板夹缝、料槽、护栏、风机百叶窗、饮水器等处),冲洗完用石灰水涂刷每个栏墙壁。

2. 检修

冲洗干净后,检修设备。如暖水管道、圈栏、食槽、漏缝地板、水泥地面、天窗、幕帘、饮水器、加药桶、电器、电线是否完好或损坏。如有损坏,及时修理。

3. 消毒

舍内干燥后,围墙四周用石灰水涂白,用 1∶400 牧可消或普菌杀消毒 2～3 d,自然晾干。进猪前 1 d 下班前,关闭所有通风设施,使用烟熏消毒一次,等待进猪;棚舍入口每 3 d 更换一次消毒液,可使用 1∶200 百胜、卫可或其他消毒药。

4. 备料

提前制定饲料计划,预计几号进猪,提前 1～2 d 将饲料打入料塔。

5. 饮水器

检查饮水器,调整饮水器高度,以猪群背高 5 cm 为标准,检查每个饮水器是否有堵塞,且每个按 3～5 s,排清主管道陈水,必要时可用 1∶1 000 卫可对管道进行消毒。

6. 定位

新进保育猪的定位。在猪群睡觉的地方撒上薄薄的一层饲料,在排粪处洒上水,一般位于饮水器下方。前期要及时打扫散落在地上的粪便,铲到粪堆处。再次撒上饲料,一般猪很快就会养成三点定位的习惯。

二、饲养管理

1. 日常巡棚

(1)检查棚舍温控器温度与实际温度的温差,检查风机开关、水帘幕帘情况。

(2)进棚感官检查棚舍猪群整体状态，是否打堆或其他异常，是否有明显刺鼻气味，风机是否运转正常，干湿度是否有过大偏差。

(3)检查料桶是否有料，检查饮水器是否有水。

(4)检查卫生情况是否有蚊、蝇、蜘蛛(网)，是否有水管、饮水器损坏致长流水现象。

(5)观察育肥猪个体精神状态、睡姿与运动、呼吸与咳嗽、关节、眼耳鼻、毛色与肤色、长势长相、是否有腹泻及稀便颜色等。

(6)检查时发现的病弱猪，及时做上标记或直接调入病猪栏(等待治疗)。

(7)巡棚发现棚舍内有异常情况时，要第一时间记录、上报、处理和解决问题，不得隐瞒情况。

(8)日常巡棚，每日上午、下午至少各1次，下班前再巡1遍，防止发生突发事件。

2. 猪群分栏

(1)猪群按大小等级进行分栏，一般分为4个等级：A级(大猪)、B级(中猪)、C级(小猪)、D级(病弱猪)，见附表7-1。

附表7-1　猪群按大小等级分栏

大猪	大猪	大猪	大猪	中猪	中猪	中猪	中猪	中猪	中猪	小猪	小猪	小猪
大猪	大猪	大猪	大猪	中猪	中猪	中猪	中猪	中猪	中猪	康复猪	弱猪	病弱猪

(2)每栏密度适中(约1 m^2/头)，一般为20～21头。

3. 环境的控制

(1)育肥猪适宜的温度一般在18～22 ℃，不宜太高也不宜太低，需按照猪只的日龄来调试温度。刚从保育舍转来时，温度应该要高一点，要达到保育转群时温度，避免猪只腹泻。夏季要做好防暑降温(一般采取负压通风、水帘)，冬季要做好防寒保暖(一般采取开地暖、封大风机、幕帘、点碳炉)。

(2)小猪(60 kg以下)冬天保温，不低于20 ℃。

(3)冬天在保证温度的情况下，调节变频风机最小转速通风，增加猪只的通风量；夏季应当关闭变频风机的使用。

(4)舍内卫生，每天上午、下午需要清理圈舍走道，保持舍内地面整洁干燥，湿度控制在70%以上。

(5)夏天降温，育肥舍湿帘的启动时间一般为3.5 min，关闭时间一般为10 min。启动时间不宜过长，把湿帘打湿就好，时间过长会导致棚内湿度过大。育肥舍湿帘的启动温度，一般按猪只的日龄来调节。

①90日龄以下，湿帘的启动温度为30 ℃。

②90～120日龄，湿帘的启动温度为29 ℃。

③120日龄以上，湿帘的启动温度为28 ℃。

(6)目标温度以猪只的日龄来调节，见附表7-2。

附表 7-2 以猪只日龄调节育肥舍温度

进棚	1 周后	90～100 d	101～110 d	111～120 d	121～135 d	136～150 d	151～165 d	166～175 d	176 d 至上市
22.5～23.0 ℃	22.0～22.5 ℃	21.5～22.0 ℃	21.0～21.5 ℃	20.5～21.0 ℃	20.0～20.5 ℃	19.5～20.0 ℃	19.0～19.5 ℃	18.5～19.0 ℃	18.0～18.5 ℃

4. 保证猪体健康措施

(1)对有疾病的猪只，调整到病猪栏治疗，单独优饲，集中加药。

(2)每周进行室内外及带猪消毒工作，一般使用卫可、普菌杀、牧可消进行消毒。

(3)120 日龄，进行体内驱虫工作，一般连续加药 3～5 d。

(4)每月清空 1 次料塔，检查料塔底部是否有霉变。如有，应及时清除，避免猪只腹泻。

(5)采用全进全出，避免猪只日龄超出免疫时间(免疫保护时间)，从而发生重大疫情，如口蹄疫等。

5. 猪群调整

(1)转入时，按照整条棚猪的头数、强弱、大小和体重，调群后分栏饲养。一般分为大猪栏、小猪栏、僵猪栏和病猪栏。

(2)日常巡栏时，发现病弱猪应及时调到病猪栏，病猪不需治疗时应及时调至康复栏。

(3)每次更换饲料前，猪群需调栏，一般在 110 日龄和 140 日龄为最佳。

(4)调群秉着“夜并昼不并”的原则，尽量在下午下班前调群。

(5)调群后，对猪喷洒有刺激性气味的消毒液，清除气味差异，减少相互咬架。

(6)每次调群猪只，从外栏舍调入本栏不得少于 5 头，目的是分散本栏猪群的攻击目标。调栏后，饲养员要多加观察，防止因咬架引起的应激死亡。如出现咬架应激时，应及时调出，严重时需注射 1 支地塞米松磷酸钠注射液或耳静脉放血。

6. 饲料过渡

盲目换料往往会造成猪只的应激。为了减少应激现象，应采用以下方案进行饲料过渡：在猪群转入后到 110 日龄左右，可用小料 2 号；110 日龄之后，要换中料(一般过渡 7 d 左右)，直到 135 日龄左右；135 日龄之后，要换大料 1 号(一般过渡 7 d 左右)，直到 165 日龄左右；165 日龄之后，要换大料 2 号(一般过渡 7 d 左右)，直到上市。过渡期间，为了减少应激现象，应添加一些抗应激的药物，如多维。

7. 药物保健

(1)进猪后保健：每吨饲料添加 500 g 氟苯尼考粉(20%氟苯尼考)＋3 kg 阿莫西林＋1 kg 磺胺嘧啶(20%磺胺)，看猪群的情况而定。如果腹泻，可以加 400 g 同肠清(黏菌素)，保健 7 d。

(2)猪只 100～105 日龄，口蹄疫苗保健：每吨饲料添加 3 kg 强力霉素(盐酸多西环素)＋500 g 强力拜固舒(多维)，连续保健 5 d。

(3)猪只 120～125 日龄保健(不稳定期)：每吨饲料添加 500 g 氟苯尼考粉(20%氟苯尼考)＋500 g 替米考星，连续保健一般为 7～10 d。针对不稳定期，如果出现猪群健康状况不好，应立即用阿莫西林饮水。

(4)猪只 150 d,最后一次保健:每吨饲料添加 1.5 kg 泰农,保健天数一般按猪群健康状况而定,最少为 7 d。

8.上市销售

(1)在上市前,应严格执行休药期规定标准。若在休药期内,不能对外销售。

(2)销售前 1 d,要对销售猪只进行检查。若有残次猪(黄膘猪、蛋猪、通肠猪、病猪),做好标记,一律不许对外销售。

(3)销售时,如看见有脓包的猪只,应留在棚舍里,不能对外销售,并及时处理。

9.上市销售步骤

(1)场长前 1 d 上午通知销售方向、上市时间、价格、头数。

(2)接到通知,及时控料,并进行打耳标、尿检等准备工作。

(3)及时安排好饲养员进行三段式赶猪。

(4)装猪的同时,要不时地跟卖猪台的技术员沟通好,控制好赶猪速度,不得过快。过快,会使猪只都挤压在卖猪台,造成猪只应激;也不得过慢,一是让装猪人员等着急,二是猪只从栏里面赶到卖猪台,再直接赶上车,也会造成猪只的应激。

(5)装猪结束后,要及时拿耳标袋子和尿检报告单给装猪人员,并把装猪头数告诉过磅人员。

10.销售过程注意事项

(1)装猪车辆到场后,过磅员(会计和保管)先检查车辆的清洗消毒情况,并对车辆进行二次消毒,步骤如下:先看车辆是否干净(不能有猪粪,更不能有其他猪场的猪只);再检查车辆是否有消毒证(消毒证的日期必须是当天,场名是否正确以及计划装运头数);最后给车辆称皮重后,进行二次消毒。

(2)装猪车辆停靠装猪台后,育肥舍要安排 2 名饲养员和 1 名技术员穿专用的防护服和专用雨靴进入装猪台区域。技术员把车辆消毒证验收并做存档使用,棚舍内技术员对饲养员等赶猪人员安排好工作,落实好棚舍内和赶猪通道的人员数量和工作职责,实行三段式赶猪(①卖猪台 3 人;②赶猪通道 3～4 人;③猪棚 3～4 人)。装猪过程中严禁猪只回头,禁止装猪车辆的人员进入装猪台的分岔口以后的区域。

(3)应激猪只的处理:装猪过程中发现有猪只应激的,技术员要第一时间采取措施,先将猪只拉到独立区域,保持趴卧或者犬坐姿势,对猪只的耳尖血管放血,降低颅脑血压。严重的,肌内注射肾上腺素 1 mL。

(4)装猪车辆快要装满时,留 5～10 头猪只不要赶过赶猪通道的西出口,用卷帘门做隔断,待装猪台技术员确定好需要的头数,再将相应数量的猪只赶上装猪台区域,防止猪只装不下出现滞留装猪台现象。

(5)装猪结束后,安排人员清洗装猪台和装猪台外面的装猪车辆停放区域,最后对装猪台进行消毒。清洗干净专业工作服和专业雨靴,放在指定区域备用,做好三段式赶猪记录和销售记录。并将赶猪通道进行清扫和消毒。

11.无害化处理

(1)每天下午下班前统一收集病死猪、垃圾、胎衣等。

(2)专人负责，必须穿戴专用防护服和靴子沿规定路线拖至深埋地点，严格做好深埋工作。

(3)返场后人在浴室洗澡，洗完后回生活区，不得返回生产区，车辆必须经过严格消毒后方可进入场区。

12. 信息化工作

(1)转群之后，及时做好转群记录，输入正确的头数、批次及棚舍。

(2)每天根据日报，做好死亡信息统计，更新棚舍存栏。

(3)每周四做好下一周的销售计划(头数及估重)。

(4)销售结束后，及时统计好销售批次及头数报给核算员。

(5)棚舍销售完毕后，及时结算该棚舍批次生产成绩。

(6)每周和每月核对棚舍存栏、死亡及销售；若有差异，及时修改。

13. 生猪保险工作

(1)棚舍内出现死猪后，及时拖出拍摄照片，不能出现漏拍照片现象。

(2)无价值仔猪及时处理，拍摄照片。

(3)拍摄照片注意事项：①拍摄像素清晰；②拍摄框线定期涂描；③每组照片，猪与猪之间要有间隔；④同规格一起拍摄不宜过多；⑤拍照时，照片中不能出现其他死猪。

(4)分工明确，责任到人，执行到位。